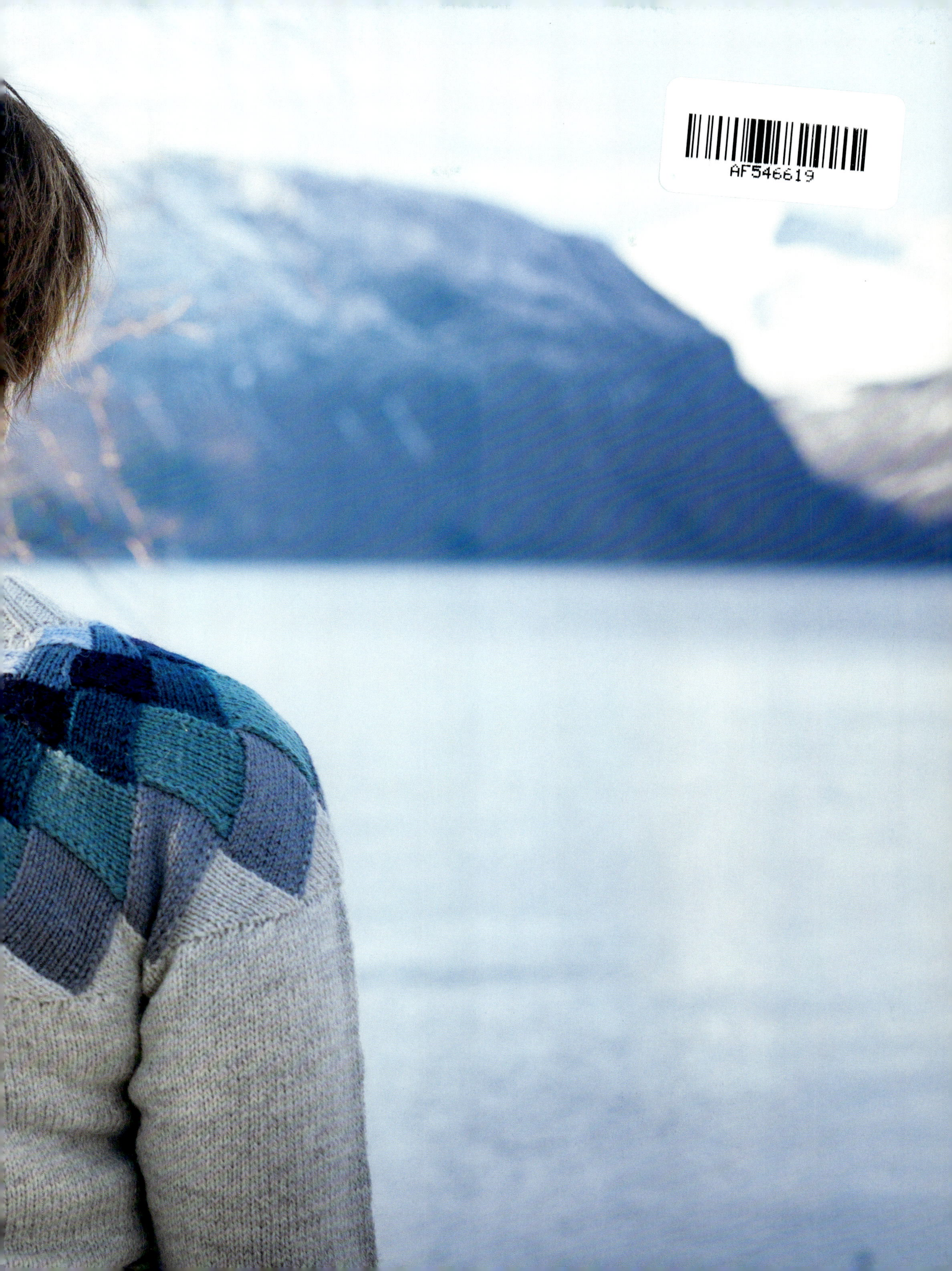

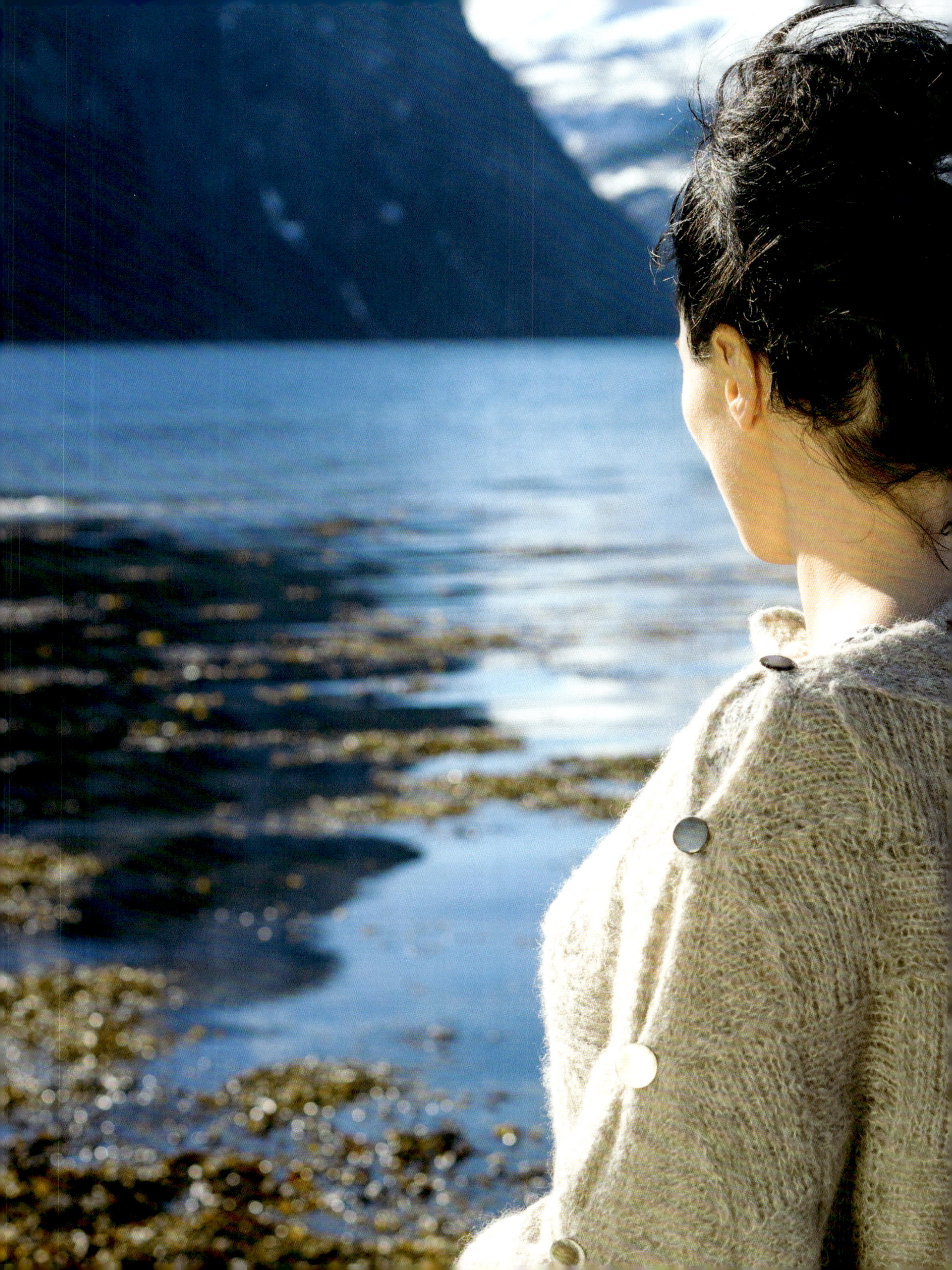

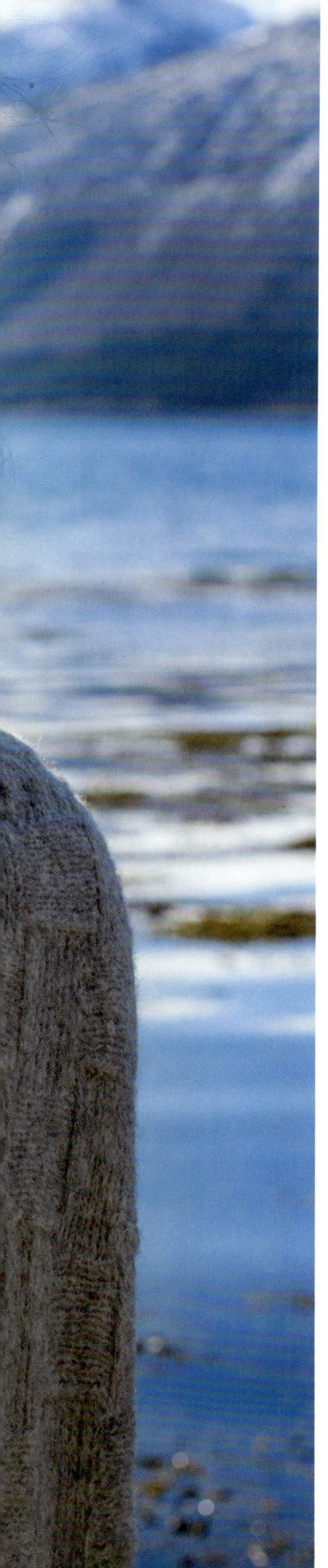

METTE HOVDEN
HEIDI EIKELAND

NADELSPIEL

40 Strickprojekte für Entrelac

stiebner

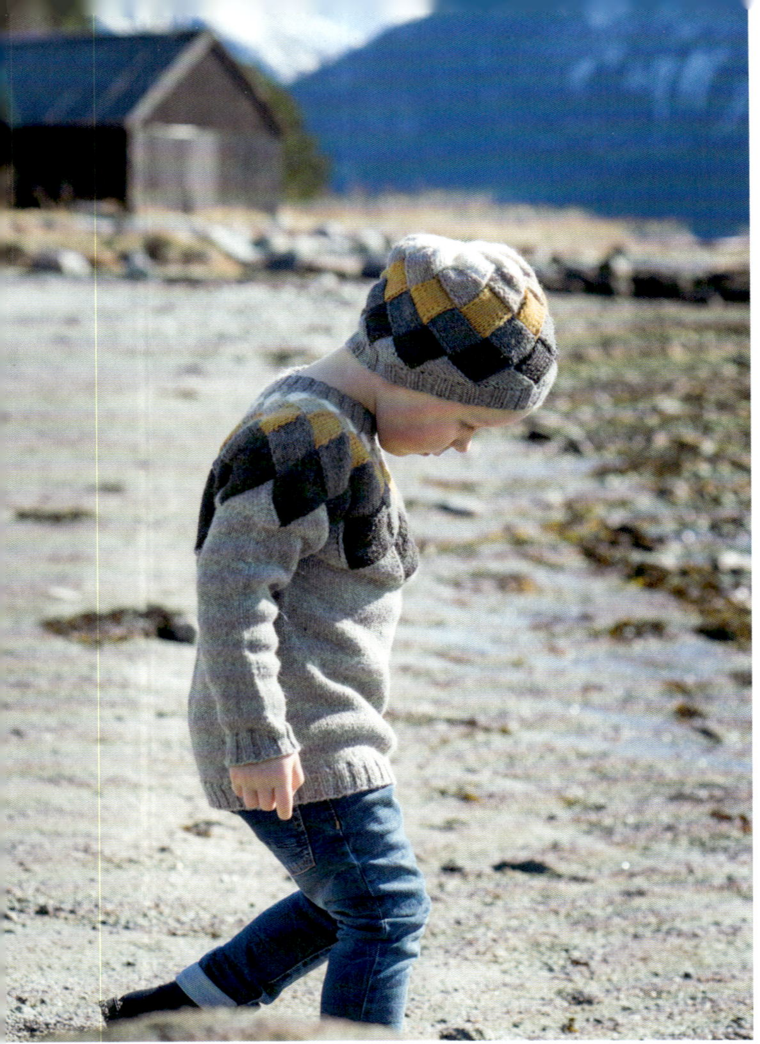

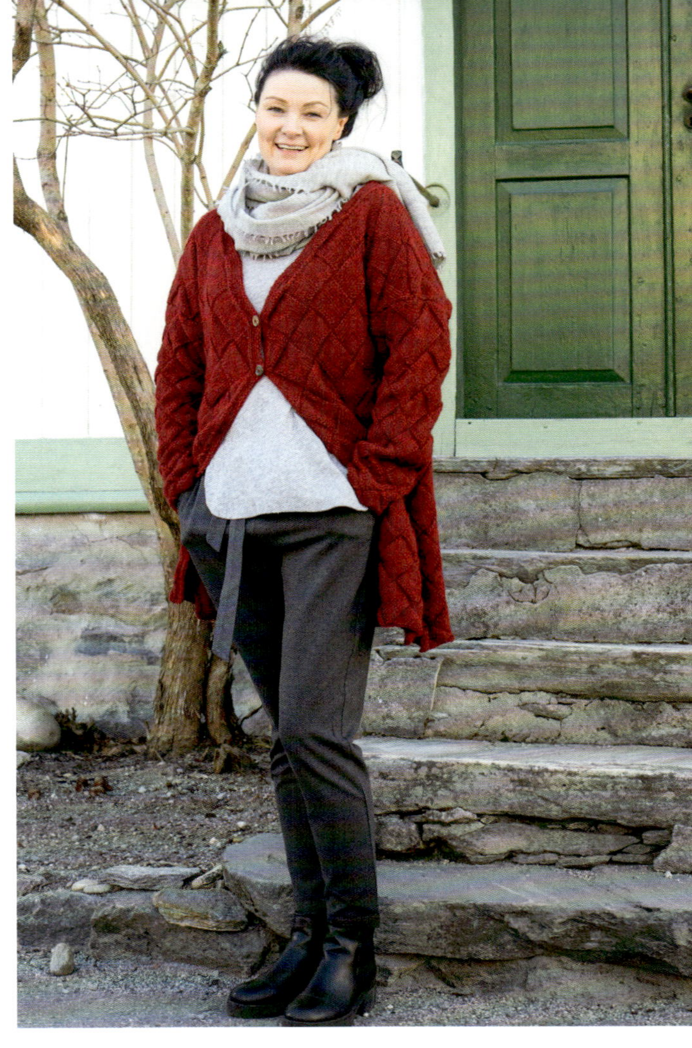

Titel der norwegischen Originalausgabe:
Pinnedans – 40 fine plagg i kontstrikk

Fotos: Livø Moen Eikeland
Illustrationen: Denise Samson
Layout und Gestaltung: Laila Sundet Gundersen
Fachliche Beratung: Kaja Marie Lereng Kvernbakken

Bibliografische Information der Deutschen Nationalbibliothek: Die Deutsche Nationalbibliothek verzeichnet diese Publikation in der Deutschen Nationalbibliografie; detaillierte bibliografische Daten sind im Internet über http://dnb.de abrufbar.

www.stiebner.com

Übersetzung aus dem Norwegischen:
Andrea Hauss-Honkanen
Satz und Redaktion der deutschen Ausgabe:
Karin Leonhart für bookwise GmbH, München

Die Übersetzung aus dem Norwegischen wurde durch NORLA, Norwegian Literature Abroad, finanziell unterstützt.

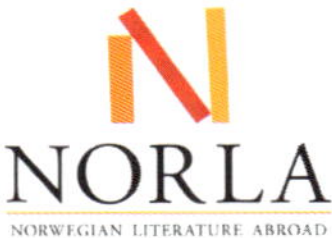

ISBN 978-3-8307-2080-5

Printed in the European Union

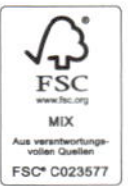

Inhalt

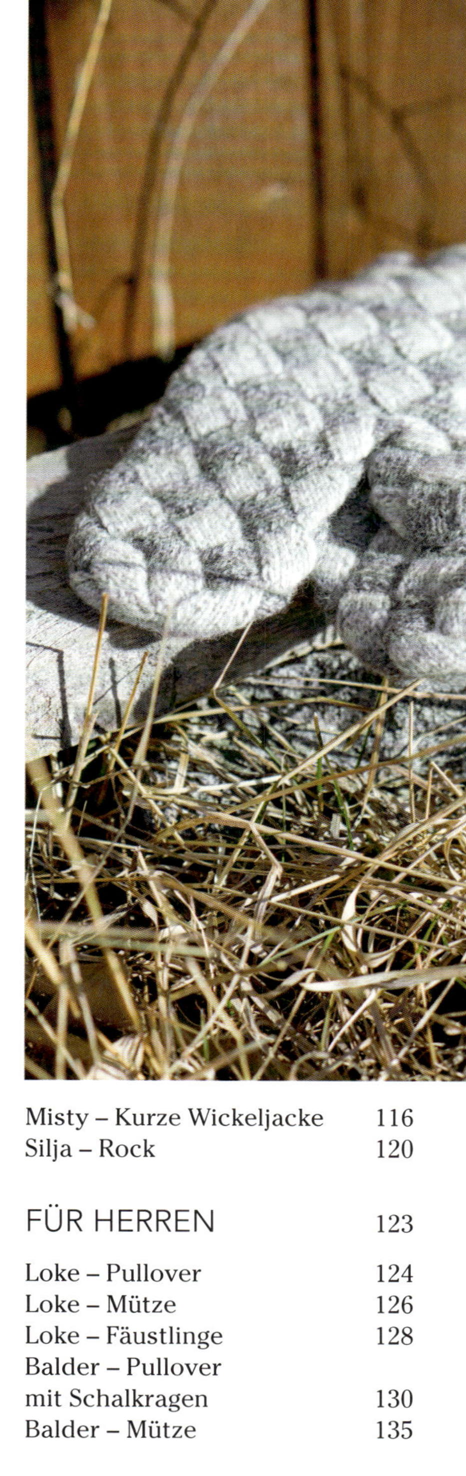

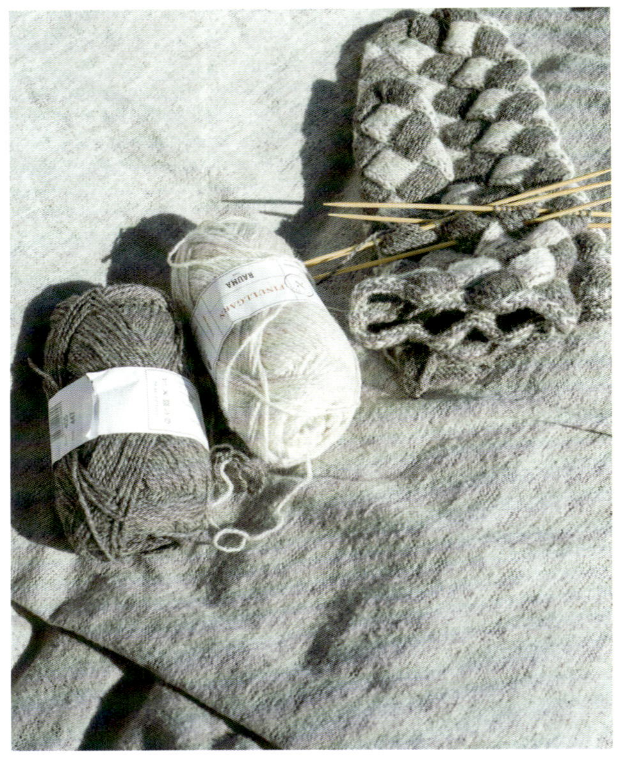

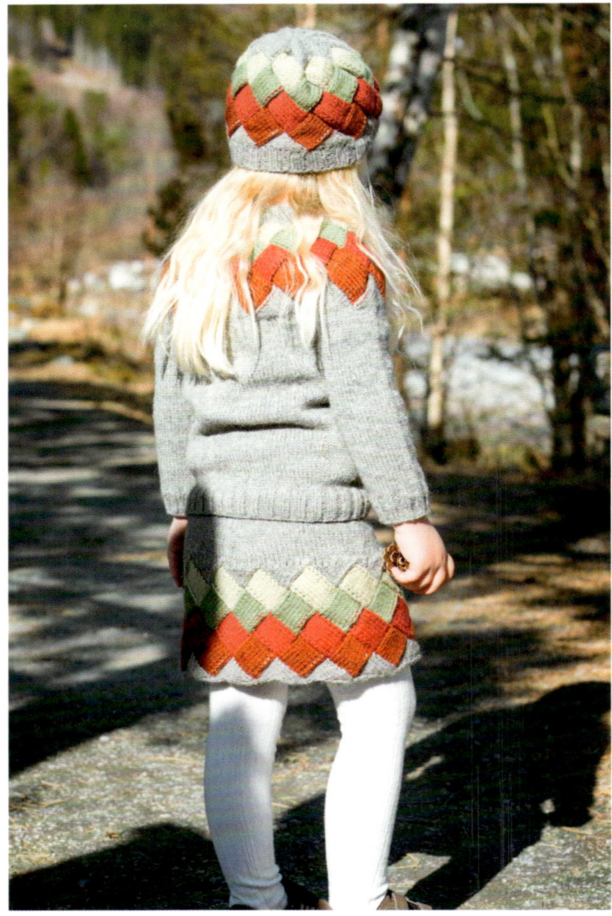

Vorwort

Warum ein Buch über Entrelac schreiben? Weil es nur wenige Anleitungen gibt, weil es eine alte Technik ist, die in Vergessenheit gerät, und nicht zuletzt weil das Entrelac-Stricken unglaublich viel Spaß macht. Wenn das Wissen überleben soll, braucht die Strickwelt Anleitungen dazu. Die Technik können Sie in einem entsprechenden Kurs testen und ein Probestück stricken, aber so richtig Spaß macht es erst, wenn Sie richtige Kleidungsstücke anfertigen können. Vor einigen Jahren haben wir das Buch *Kontstrikk, enklere enn du tror.* [Entrelac – einfacher, als Sie denken; nicht auf Deutsch erschienen] veröffentlicht. Das Werk war gedacht als handliches Büchlein mit einfachen Anleitungen. Die Resonanz war größer, als wir erwartet hatten, und der Wunsch, ein neues Buch zu schreiben, wurde immer drängender. Als der Verlag uns darauf ansprach, schritten wir sofort zur Tat.
Das Erstellen eines Modells in einer Größe ist recht einfach, aber das Gradieren eines Kleidungsstücks in mehreren Größen ist eine fordernde Aufgabe. Quadrate sind feste geometrische Formen mit teilweise fixer Höhe und Breite, was eine Reihe von Herausforderungen darstellt. Daher ist die Arbeit für jedes Kleidungsstück ziemlich anspruchsvoll. Ohne die Hilfe von Test- und Modellstrickerinnen hätten wir es nie geschafft. Und ohne einander hätten wir es auch nicht geschafft. Wenn sich herausstellt, dass die Berechnungen, die man stundenlang durchgeführt hat, nicht stimmen, ist es Gold wert, eine Schwester zu haben, die nur ein paar Tastenanschläge entfernt ist.
Mit diesem Buch hoffen wir, dass mehr Menschen entdecken, wie wunderbar das Entrelac-Stricken ist, und dass wir so dazu beitragen, die Technik vor dem Vergessen zu bewahren. Ohne die Unterstützung und das Verständnis unserer Familien hätten wir dieses Buch nicht schreiben können. Wie viele Stunden die Mutter mit ihren Gedanken ganz woanders war, hoch konzentriert über ihrem Strickzeug oder verloren vor dem Rechner saß, wissen wir nicht und wollen es auch nicht wissen. Eine Sache, die die Familie auf jeden Fall gelernt hat, ist: Will man Aufmerksamkeit, wartet man, bis die Mutter das Quadrat fertig gestrickt hat.

Viel Freude beim Stricken! Wir hoffen, Sie werden mit diesem Buch ebenso viel Spaß haben wie wir.

Liebe Strickgrüße
von Mette und Heidi

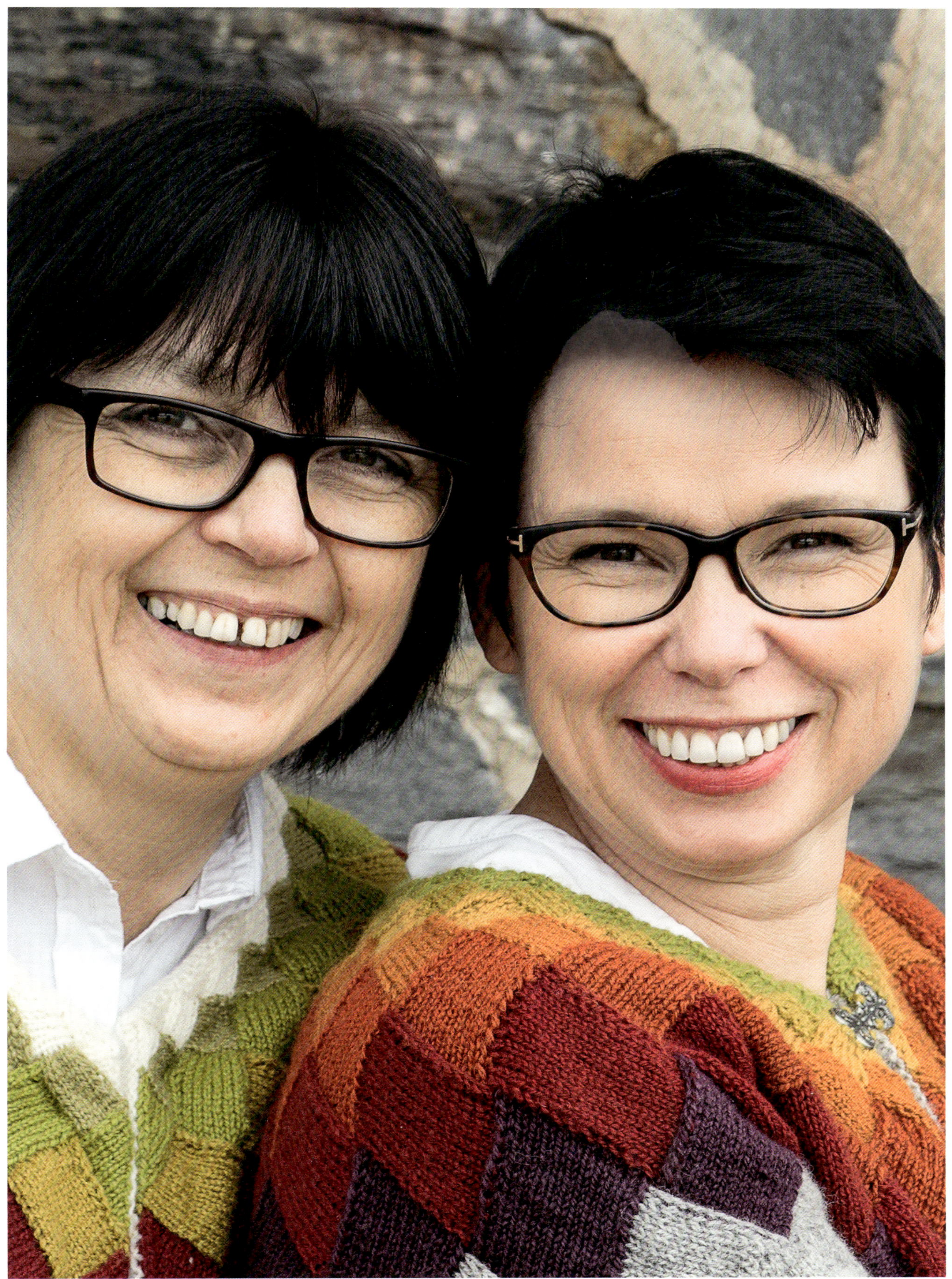

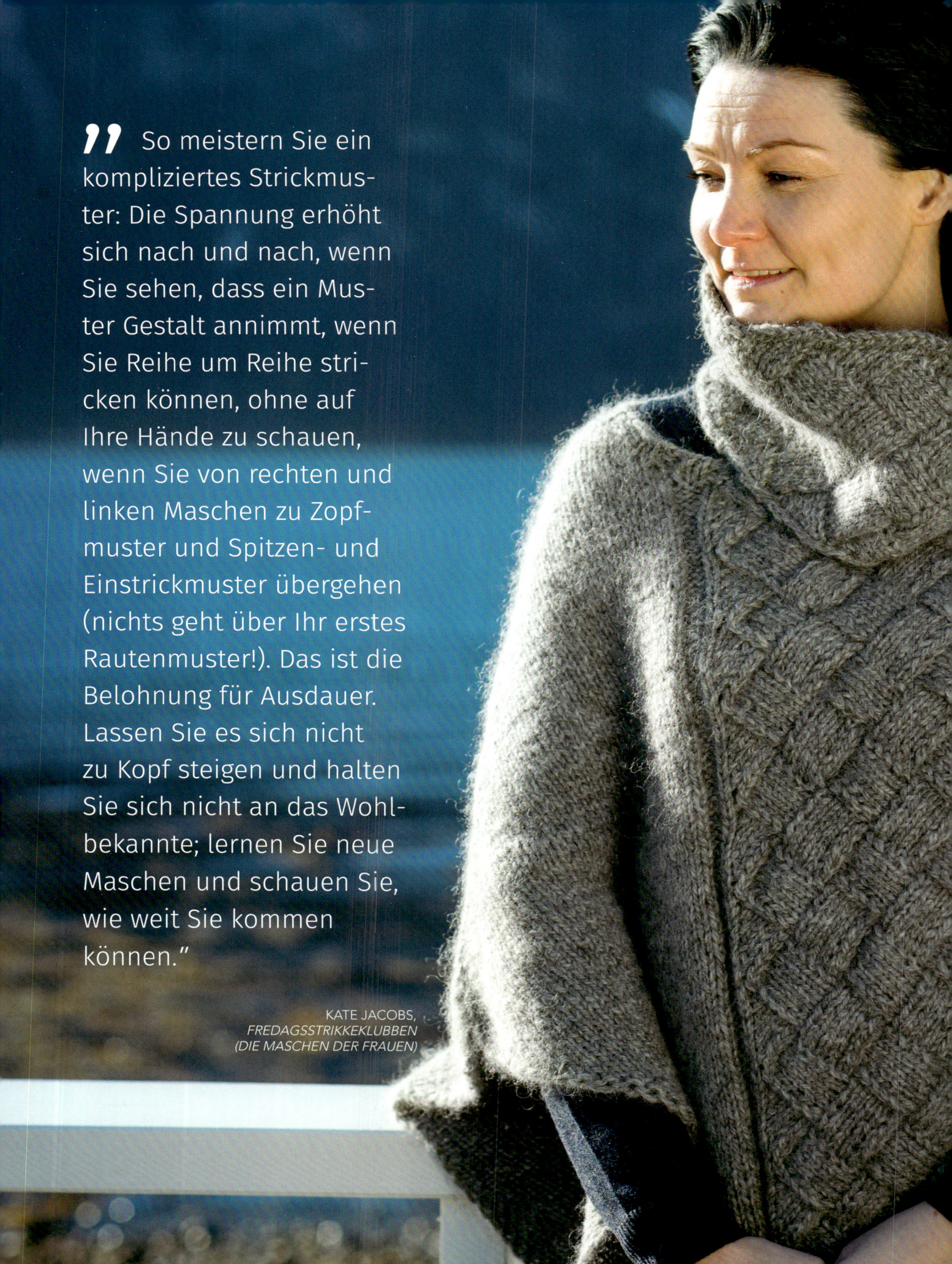

"So meistern Sie ein kompliziertes Strickmuster: Die Spannung erhöht sich nach und nach, wenn Sie sehen, dass ein Muster Gestalt annimmt, wenn Sie Reihe um Reihe stricken können, ohne auf Ihre Hände zu schauen, wenn Sie von rechten und linken Maschen zu Zopfmuster und Spitzen- und Einstrickmuster übergehen (nichts geht über Ihr erstes Rautenmuster!). Das ist die Belohnung für Ausdauer. Lassen Sie es sich nicht zu Kopf steigen und halten Sie sich nicht an das Wohlbekannte; lernen Sie neue Maschen und schauen Sie, wie weit Sie kommen können."
KATE JACOBS,
FREDAGSSTRIKKEKLUBBEN
(DIE MASCHEN DER FRAUEN)

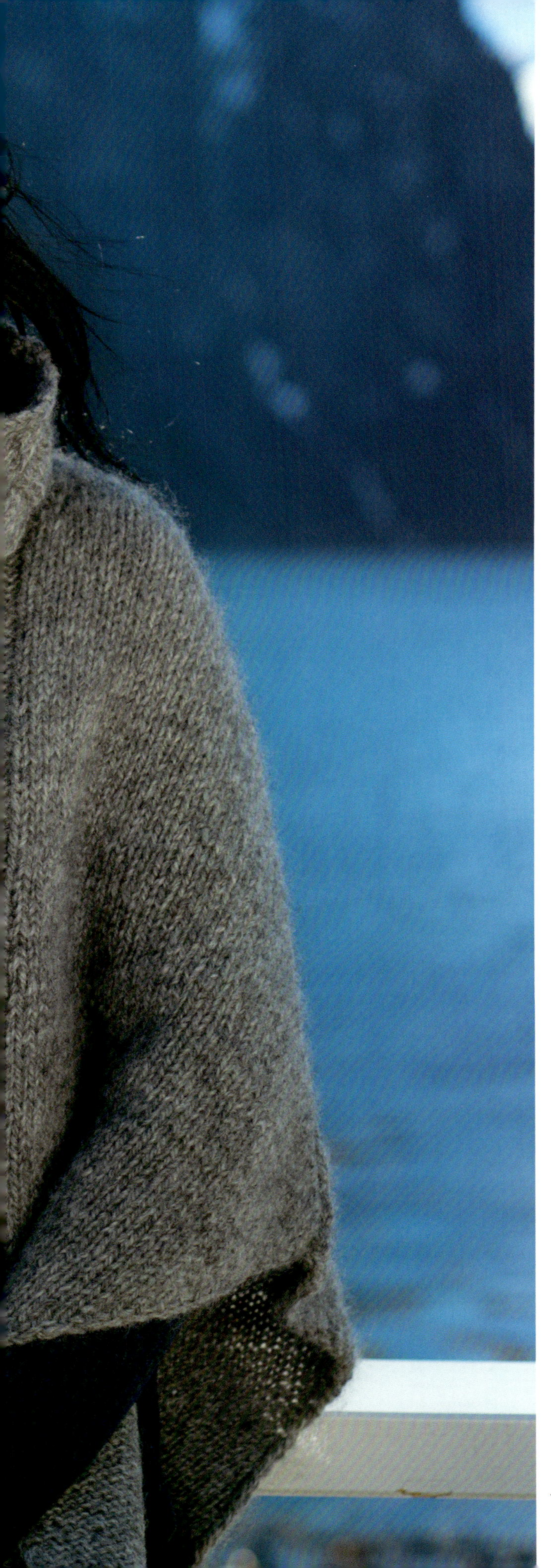

Unsere Geschichte

Wir sind zwei Schwestern, die beide die Leidenschaft fürs Entrelac-Stricken teilen. Mette lebt in Valldal und Heidi in Askøy. Trotz der Entfernung ist bei uns beiden das Interesse am Entrelac-Stricken gewachsen, und die Zusammenarbeit bei der Entwicklung neuer Designs wurde im Laufe der Jahre immer enger.

Wie ging es los mit Entrelac?

In der Strickwelt begegnet man Entrelac eher selten. Wie haben wir damit angefangen? Es geschah durch Zufall, wie vieles andere im Leben. Der Anfang liegt schon einige Jahre zurück. Mette strickt seit ihrer Kindheit und entdeckte zufällig eine Anleitung für ein Paar Socken mit Entrelac. Sie gefielen ihr sofort, und sie musste sie einfach nacharbeiten. Schließlich strickte sie nicht nur ein Paar, sondern viele solcher Paare. Zu dieser Zeit wusste sie nicht, dass diese Technik Entrelac heißt. Sie kannte weder alte Traditionen noch rote Listen. Schließlich suchte sie gezielt nach weiteren Anleitungen mit diesen lustigen Quadraten, aber da war nicht viel. Sie fand heraus, dass dies eine alte Technik war, die „Flechtmuster" heißt. Auf Englisch fand sie den Begriff „Entrelac". Nun fing es an, Spaß zu machen. Obwohl Mette nun intensiv suchte, fand sie kaum Anleitungen. Sie hatte keine andere Wahl: Wenn sie mehr in Entrelac stricken wollte, musste sie eigene Anleitungen schreiben. So entstanden also Anleitungen für Socken, Fäustlinge, Pulswärmer, Mützen und andere Accessoires. Ihre Werke erregten Aufmerksamkeit, und die Fragen nach der Technik und Anleitungen nahmen zu. Mette hatte sich also schon einige Jahre damit beschäftigt, ohne dass Heidi Interesse daran hatte. Heidi war zwar auch eine begeisterte Strickerin, aber das Entrelac-Stricken von Mette interessierte sie lange Zeit nicht. Und zwar deshalb, weil sie es für zu schwierig hielt. Mette schaffte es auch nicht, sie vom Gegenteil zu überzeugen. So verging einige Zeit, bis Mette ihre Anleitungen unter etwas geordneteren Bedingungen herausbringen wollte, und zwar in Form eines Büchleins. Heidi war schnell zur Stelle, um Mette Unterstützung in Form von Korrekturlesen und allgemeiner Hilfe anzubieten. Mette meinte jedoch, Heidi solle sich auch als Autorin beteiligen. Lange Rede, kurzer Sinn: Heidi musste den Wünschen der großen Schwester nachgeben und die Entrelac-Technik lernen. Auf diese Weise hatte Heidi die Gelegenheit, Mettes Anleitungen zu testen, und begann schließlich auch mit eigenen Designs. Das Büchlein *Kontstrikk, enklere enn du tror* kam im Januar 2015 heraus. Zur selben Zeit gründeten sie die Firma PinneDans (dt.: Nadelspiel). Ihr Ziel ist es, zeitgemäße Anleitungen zu entwickeln und der Strickwelt den Wert dieser Technik vor Augen zu führen. Entrelac verdient ganz sicher einen Platz in unserer heutigen Gesellschaft.

Ein kleiner Exkurs

Es gibt keine gesicherten Quellen, die beantworten, wann und wo diese Technik entstanden ist. Wir können jedoch davon ausgehen, dass die Technik sehr alt ist. Dazu, wie sie nach Norwegen kam, gibt es mehrere Theorien. Die stärkste besagt, dass finnische Immigranten die Technik in die Region Finnskogen (dt.: Finnenwald) brachten. Die Finnen, die aus der finnischen Landschaft Savo im 16. und 17. Jahrhundert nach Norwegen einwanderten, brachten ihre Bräuche und Fertigkeiten mit, unter anderem auch die Kunst, aus Streifen von Birkenrinde Taschen zu flechten. Da die Entrelac-Technik eine außergewöhnliche Flechtstruktur ergibt und sehr an verflochtene Streifen erinnert, stammt sie vermutlich von diesen Taschen. Im Schwedischen heißt die Technik auch heute noch *näverstickning*, was wörtlich übersetzt Birkenrindenstricken bedeutet.
Es gibt auch eine Legende über ein schottisches Schiff, das vor der Westküste Norwegens Schiffbruch erlitt, und dass die Schiffbrüchigen die Einheimischen dieses Flechten gelehrt haben. Wir wissen allerdings, dass Entrelac-Strick an mehreren Orten im Land aufgetaucht ist und viele an eine einzigartige regionale Tradition glaubten.
Mit Sicherheit hatte Entrelac den Ruf, schwierig und nur etwas für Eingeweihte zu sein. Das Wissen ging oft von Mutter zu Tochter, und in der Entrelac-Technik gestrickte Kleidungsstücke, meistens Socken, wurden mehr geschätzt als einfache Stricksocken. Sie wurden oft zu festlichen Anlässen getragen – es wurden mehrere Paar Socken gefunden, die von Bräuten und Bräutigamen stammten. Das Wissen über Entrelac wurde auf die Rote Liste von *Norges husflidslag,* einer Vereinigung norwegischer Kunsthandwerker, gesetzt, wie das auch andere lokale Vereinigungen getan haben.
Entrelac findet man an vielen Orten der Welt, aber die norwegische Variante ist insofern besonders, als dass man ausschließlich auf der rechten Seite der Arbeit strickt. Man strickt also glatt rechts, ohne die Arbeit zu wenden und ohne linke Maschen zu stricken. Die stets rechts gestrickten Maschen neigen sich nach links oder nach rechts. Entrelac verleiht den Werken eine einzigartige Optik, und mit der großen Auswahl an verschiedenen Garnqualitäten und Farben, melierten, dicken und dünnen Garnen hat man endlose Möglichkeiten. Das Flechtmuster aus Quadraten macht die Kleidungsstücke sehr elastisch und verleiht ihnen eine gute Passform. Auch Garnreste lassen sich mit Entrelac bestens verwerten.

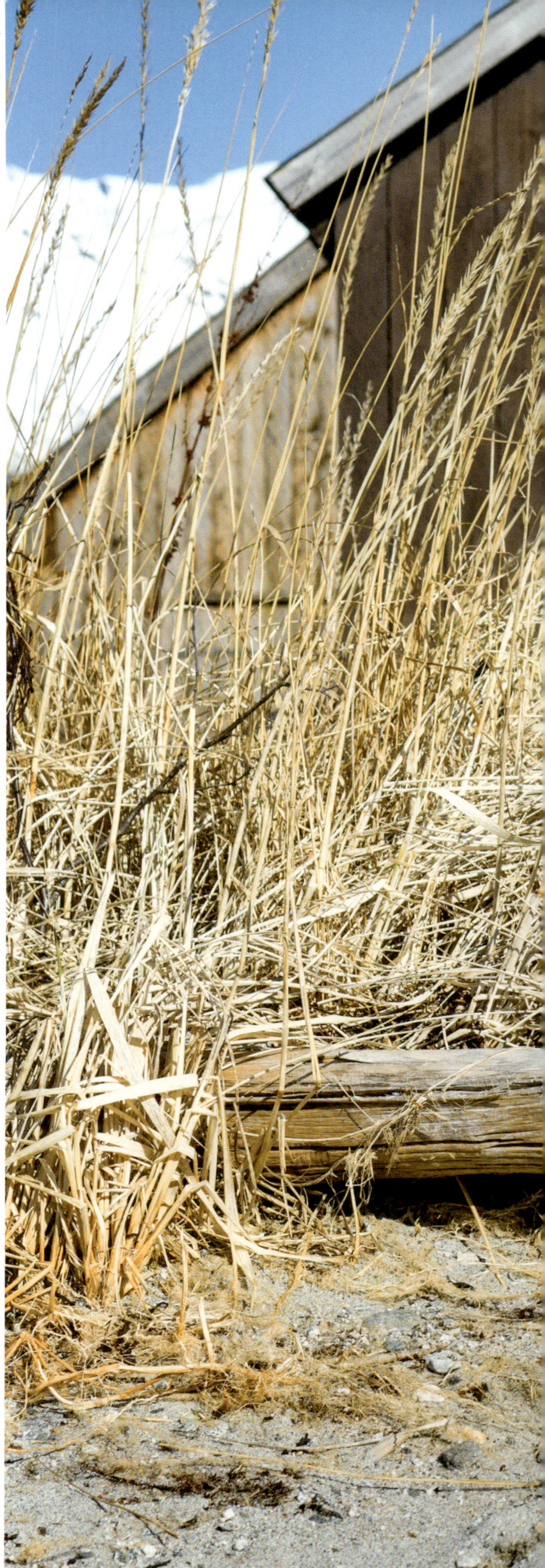

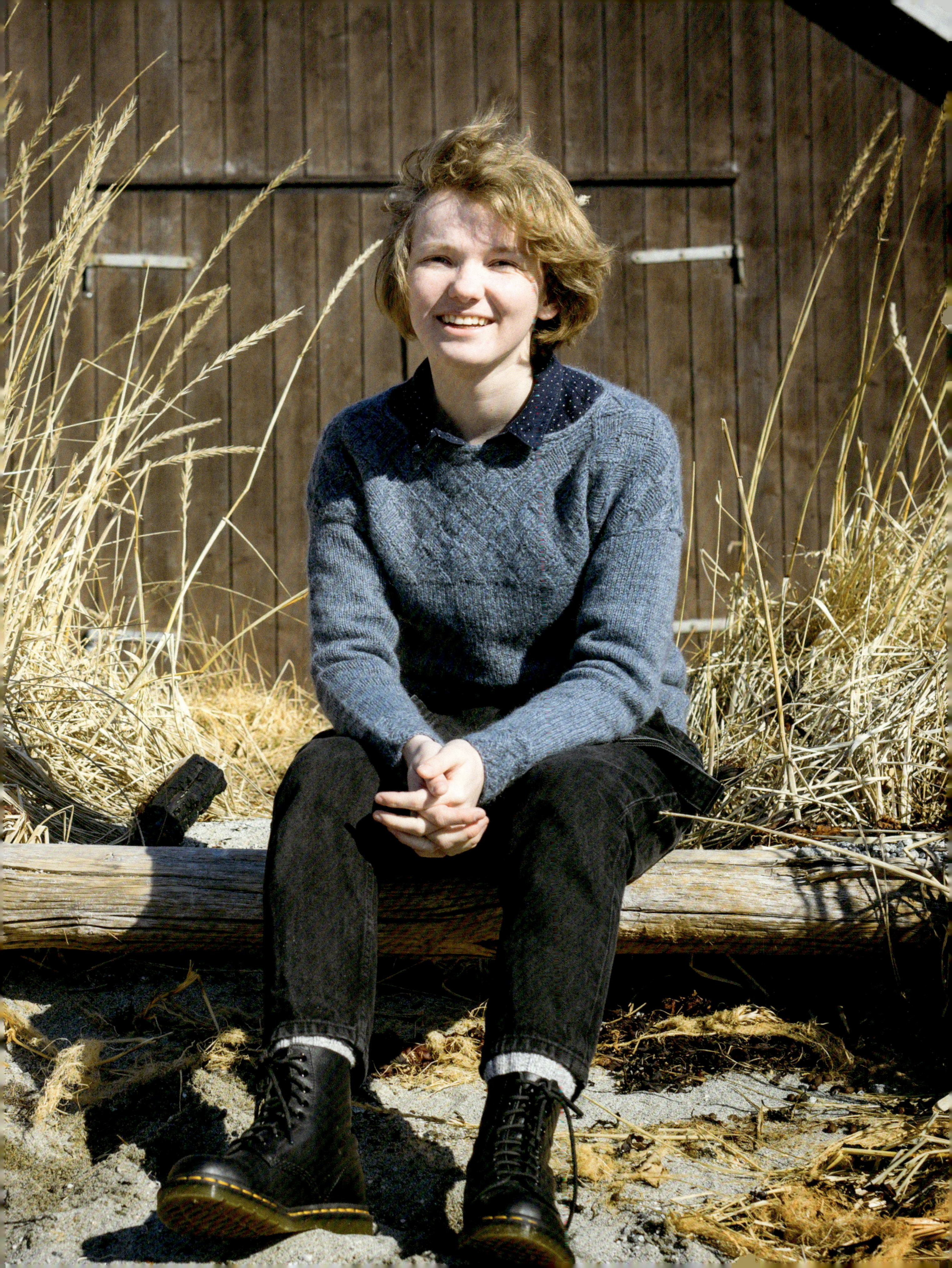

Die Technik

Bevor Sie loslegen ...

Wenn Sie Entrelac-Einsteigerin sind, haben wir ein paar Tipps für Sie. Die Technik ist nicht so schwierig, wie Sie vielleicht denken, aber es gibt einen kleinen Code, den Sie knacken müssen. Sobald Sie das geschafft haben, fehlt nur noch ein wenig Übung.
Ganz am Anfang stricken die meisten bei den Quadraten lockerer als normal. Das gibt sich in der Regel mit ein wenig Übung. Hier geht es, wie immer beim Stricken, um die Strickfestigkeit. Im Abschnitt über die Maschenprobe erhalten Sie Tipps, wie Sie Ihre Strickfestigkeit messen können. Beim Entrelac-Stricken verwenden wir Begriffe wie Quadrate und Streifen. Man strickt ein Quadrat nach dem anderen: Wenn ein Quadrat beendet ist, beginnen Sie mit dem nächsten. Ein Streifen ist eine ganze Reihe von Quadraten, egal ob Sie in Runden oder hin und zurück stricken. Starten Sie mit Garnen und Nadeln, die Sie mögen. Manche bevorzugen dünne Nadeln, andere eher dickere.

Auf der Vorderseite der Arbeit stricken

Beim Entrelac-Stricken haben Sie die ganze Zeit die rechte Arbeitsseite vor Augen. Das ist zwar nicht zwingend erforderlich, erleichtert die Arbeit jedoch sehr. Wir gehen bei allen unseren Anleitungen davon aus, dass in beide Richtungen (sowohl von rechts nach links als auch von links nach rechts) rechts gestrickt wird. Wir wenden die Arbeit nicht, das ist einfach und schnell. Wir empfehlen Ihnen daher, die Herausforderung anzunehmen und zu lernen, wie man in beide Richtungen rechts strickt, ohne die Arbeit zu wenden. Es ist nicht so schwierig, wie Sie denken. Es gibt mehrere Möglichkeiten, so zu stricken. Das Wichtigste ist, dass Sie einen Weg finden, der zu Ihnen passt.
Wir zeigen Ihnen zwei Möglichkeiten:

Methode 1:

Halten Sie die Arbeit wie gewohnt mit dem Faden über dem linken Zeigefinger. Stechen Sie mit der linken Nadel in die Masche auf der rechten Nadel ein (Spitzen zeigen gegeneinander) und heben Sie die Masche auf die linke Nadel. Mit der rechten Nadel die Masche wie gewohnt abstricken. Die neue Masche liegt nun auf der rechten Nadel. Stechen Sie mit der linken Nadel von rechts und von vorn in die Masche ein und heben sie auf die linke Nadel. Wenn Sie die Masche so auf die linke Nadel heben, wird sie in die richtige Position gebracht.

Methode 2:

Halten Sie die Arbeit wie gewohnt mit dem Faden über dem linken Zeigefinger. Stechen Sie mit der linken Nadel in die Masche auf der rechten Nadel ein (Spitzen zeigen gegeneinander) und heben Sie die Masche von der rechten auf die linke Nadel. Legen Sie mit der rechten Nadel den Faden über die linke Nadel, danach die Masche auf der linken Nadel über den Faden ziehen und von der Nadel heben. Die Masche ist dann fertig gestrickt. Eine Variante dieser Methode besteht darin, den linken Zeigefinger zu verwenden, um den Faden über die linke Nadel zu legen, anstatt die rechte Nadel zu verwenden.

Grundlegendes zu Entrelac

Entrelac-Strick besteht aus Quadraten. Um verschiedene Kleidungsstücke und Modelle stricken zu können, verwendet man verschiedene Arten von Quadraten:

- Halbe horizontale Quadrate von links nach rechts
- Halbe horizontale Quadrate von rechts nach links
- Halbe vertikale Quadrate am linken Rand
- Halbe vertikale Quadrate am rechten Rand
- Ganze Quadrate von links nach rechts
- Ganze Quadrate von rechts nach links
- Viertelquadrate am linken Rand
- Viertelquadrate am rechten Rand

Neben der Fähigkeit, diese verschiedenen Quadrate stricken zu können, muss man auch in der Lage sein, innerhalb der Quadrate Maschen zu- und abzunehmen. Wenn Sie das alles beherrschen, können Sie unendlich viele Varianten in dieser Technik stricken.

Bei glatt rechts Gestricktem stehen die Maschen gerade, bei Entrelac-Gestrick dagegen liegen sie schräg. Eine aufrecht stehende Masche benötigt weniger Platz als eine schräg stehende Masche. Dies bedeutet, dass bei Entrelac weniger Maschen benötigt werden, um die gleiche Weite wie bei Glattstrick zu erhalten. Deshalb müssen beim Übergang von Glattstrick zu Entrelac immer Maschen abgenommen und beim Übergang von Entrelac zu Glattstrick Maschen zugenommen werden. Als Faustregel gilt, dass jede 3. oder 4. Masche ab- bzw. zugenommen wird, dies kann jedoch je nach Garn und Modell variieren. Für die Anleitungen im Buch ist dies bereits berechnet, sodass Sie beim Stricken nach unseren Anleitungen nicht groß darüber nachzudenken brauchen.

Ein Quadrat wird über eine bestimmte Anzahl von Maschen hin und zurück glatt re gestrickt, d. h.,es werden rechte Maschen gestrickt, die sich nach links bzw. nach rechts neigen. Für ein schönes, ordentliches Ergebnis heben Sie die erste Masche auf der Nadel immer ab.

Wenn Maschen für ein neues Quadrat aufgenommen werden, fassen Sie dazu stets beide Maschenglieder auf. In manchen Büchern wird beschrieben, nur ins hintere Maschenglied einzustechen. Wenn Sie nur ein Maschenglied auffassen, wird die Arbeit lockerer, als wenn Sie beide Maschenglieder auffassen.

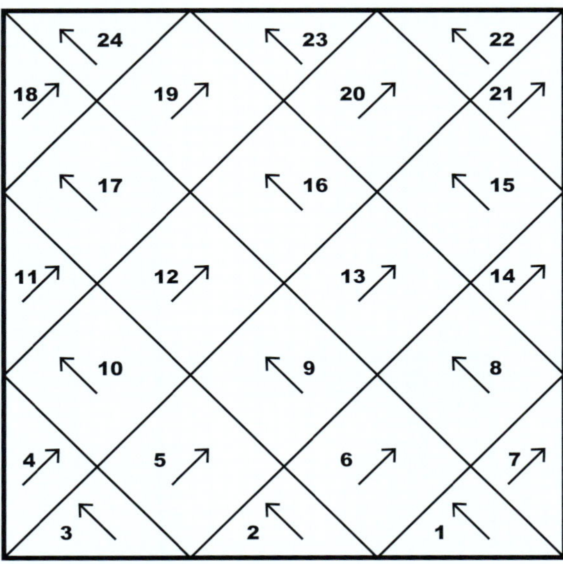

Für die nachfolgenden Anleitungen stellen wir auch Videos auf unserem YouTube-Kanal „PinneDans" zur Verfügung (auf Norwegisch).

HALBE HORIZONTALE QUADRATE ZU BEGINN DER ARBEIT

Quadrat 1, 2 und 3 in der Schemazeichnung

Wenn Sie zu Beginn der Arbeit oder im Übergang zwischen Glattstrick und Entrelac eine gerade Kante in Entrelac haben möchten, beginnen Sie mit einem Streifen halber horizontaler Quadrate.

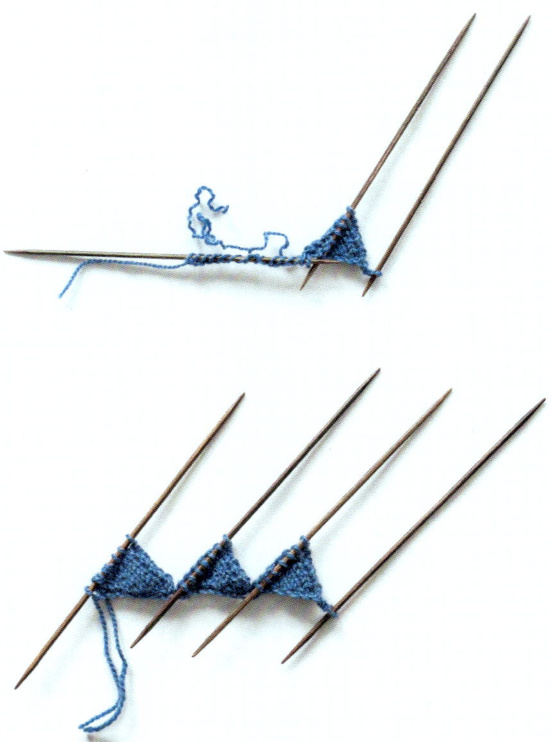

1. R: (von li nach re): 1 M re.
2. R: (von re nach li): 1 M re.
3. R: (von li nach re): 1 M abh, 1 M re.
4. R: (von re nach li): 1 M abh, 1 M re.
5. R: (von li nach re): 1 M abh, 2 M re.
6. R: (von re nach li): 1 M abh, 2 M re.

So fortfahren, dabei von rechts nach links immer 1 M mehr als zuvor abstricken, bis das Quadrat die gewünschte Maschenzahl hat. (Noch 2 R hin und zurück str, nachdem die letzte M im Quadrat gestrickt wurde.)

Bei Handschuhen z. B. möchte man die Quadrate auf den beiden Teilen gegengleich haben. Dafür strickt man den ersten Streifen mit halben horizontalen Quadraten nach links bei dem einen Teil und nach rechts bei dem anderen Teil. Wenn Sie in Reihen stricken und den ersten Streifen mit halben Quadraten von links nach rechts stricken, werden die Methoden für die halben vertikalen Quadrate ebenfalls vertauscht.

HALBE VERTIKALE QUADRATE AM LINKEN RAND

Quadrat 4 in der Schemazeichnung

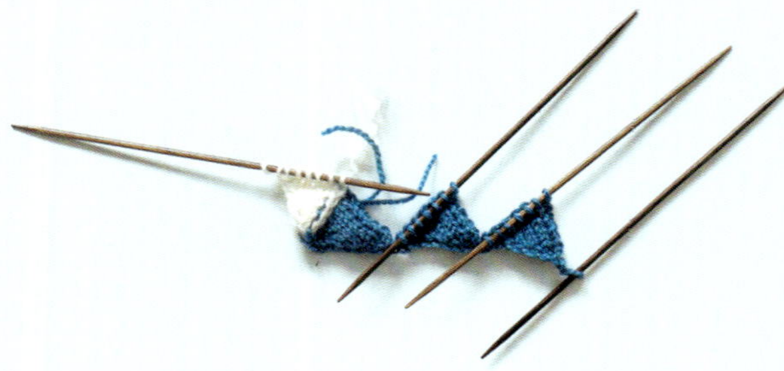

Wenn Sie ein viereckiges Teil, z. B. einen Schal, hin und zurück stricken, müssen Sie an den Rändern der Arbeit halbe vertikale Quadrate stricken. In der Regel beginnen Sie mit einem Streifen halber horizontaler Quadrate. Normalerweise wird in der Anleitung angegeben, dass an jedem Rand der Arbeit jeweils eine Randmasche liegt. Diese Randmasche wird zum Stricken der halben vertikalen Quadrate verwendet. Wenn keine Randmasche berechnet wurde, schlagen Sie eine zusätzliche Masche an bzw. nehmen Sie eine zusätzliche Masche auf, bevor Sie mit dem halben vertikalen Quadrat beginnen. Einige Modelle haben mehrere Randmaschen, die beim Anschlagen schon mit einberechnet sind.

Das halbe vertikale Quadrat wird durch Zunahme innerhalb der Randmaschen und durch Zusammenstricken mit dem rechts davon gelegenen Quadrat (Quadrat 3) gestrickt. Gehen Sie vor wie folgt:

1. R: (von li nach re): 1 M abh (Rand-M), U, 2 M re zusammenstr (von Quadrat 3).
2. R: (von re nach li): Den U re verschr str, 1 M re.
3. R: (von li nach re): 1 M abh, U, 1 M re, 2 M re zusammenstr.
4. R: (von re nach li): 1 M re, den U re verschr str, 1 M re.

R 3 und 4 wdh, jedoch mit jeweils 1 M mehr zwischen dem U und den 2 re zusammengestrickten M, bis alle M mit dem re gelegenen Quadrat (Quadrat 3) zusammengestrickt sind. Wenn die letzten 2 M zusammengestrickt sind, wird das nächste Quadrat begonnen. Es ist nicht nötig, 2 zusätzliche R wie bei halben horizontalen Quadraten zu str.

GANZE QUADRATE VON LINKS NACH RECHTS

Quadrat 5 und 6 in der Schemazeichnung

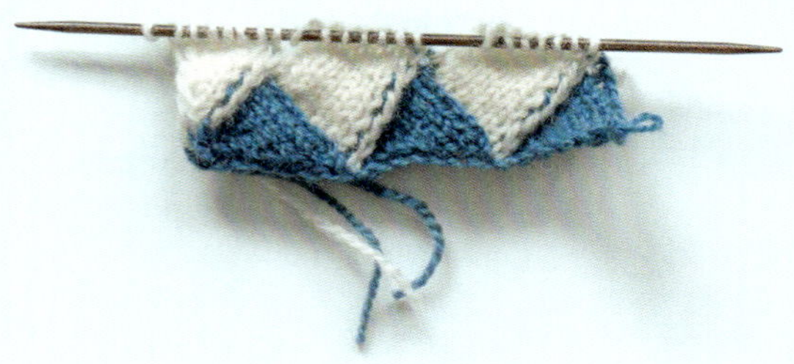

Fassen Sie so viele M aus dem Rand des vorherigen Quadrats (Quadrat 3) auf, wie das neue Quadrat haben soll, stechen Sie dabei in beide Maschenglieder ein. Diese Maschen hin und zurück rechts stricken. Zunächst die letzte der aufgefassten Maschen mit der ersten Masche im rechts gelegenen Quadrat (Quadrat 2) rechts zusammenstricken.

Wie folgt fortfahren:
1. R: (von re nach li): 1 M abh, re M bis Ende.
2. R: (von li nach re): 1 M abh, re bis zur letzten M. Diese M mit der 1. M im re gelegenen Quadrat (Quadrat 2) re zusammenstr.

R 1 und 2 wdh, bis alle M im re gelegenen Quadrat (Quadrat 2) mit dem neuen Quadrat (Quadrat 5) zusammengestrickt sind. Das nächste Quadrat (Quadrat 6) sofort beginnen, nachdem die letzten 2 M zusammengestrickt wurden.

HALBE VERTIKALE QUADRATE AM RECHTEN RAND

Quadrat 7 in der Schemazeichnung

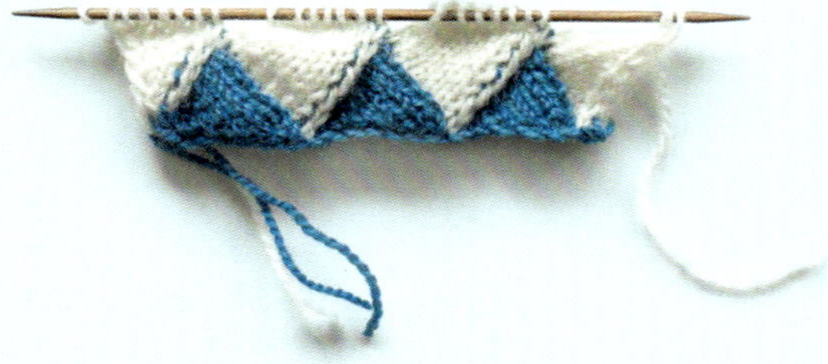

Fassen Sie so viele M aus dem Rand des vorherigen Quadrats (Quadrat 1) auf, wie das neue Quadrat haben soll, stechen Sie dabei in beide Maschenglieder ein. Die M auf die li Nd setzen. Die Rand-M str.

Wie folgt fortfahren:
1. R: (von re nach li): 1 M abh (Rand-M), 1 M abh, 1 M str, abgehobene M über die gestrickte M ziehen, re M bis Ende.
2. R: (von li nach re): 1 M abh, re M bis Ende.

R 1 und 2 wdh, bis wieder 2 M auf der Nd sind (1 Rand-M + 1 M). Die 2. M bildet die 1. M des nächsten Quadrats. Die Rand-M ruht, bis wieder ein halbes vertikales Quadrat am re Rand gestrickt werden soll.

GANZE QUADRATE VON RECHTS NACH LINKS

Quadrat 8, 9 und 10 in der Schemazeichnung

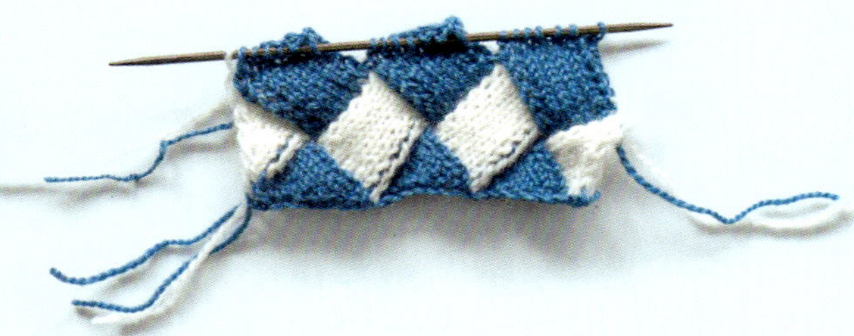

Fassen Sie so viele M aus dem Rand des vorherigen Quadrats (Quadrat 7) auf, wie das neue Quadrat haben soll, stechen Sie dabei in beide Maschenglieder ein. Diese M hin und zurück re str. Zunächst die letzte der aufgefassten M mit der 1. M im li gelegenen Quadrat (Quadrat 6) wie folgt zusammenstr: 1 M abh, 1 M str, die abgehobene M über die gestrickte M ziehen.

Wie folgt fortfahren:
1. R: (von li nach re): 1 M abh, re M bis Ende.
2. R: (von re nach li): 1 M abh, bis zur letzten M str. Diese M mit 1 M im li gelegenen Quadrat (Quadrat 6) wie folgt zusammenstr: 1 M abh, 1 M str, die abgehobene M über die gestrickte M ziehen.
3. R: (von li nach re): 1 M abh, re M bis Ende.

R 2 und 3 wdh, bis alle M im li gelegenen Quadrat (Quadrat 6) mit den M im neuen Quadrat (Quadrat 8) zusammengestrickt sind. Das nächste Quadrat (Quadrat 9) sofort beginnen, nachdem die letzten 2 M zusammengestrickt wurden.

Die Quadrate 11–21 laut Schemazeichnung str.

HALBE HORIZONTALE QUADRATE ZUM ABSCHLUSS

Quadrat 22, 23 und 24 in der Schemazeichnung

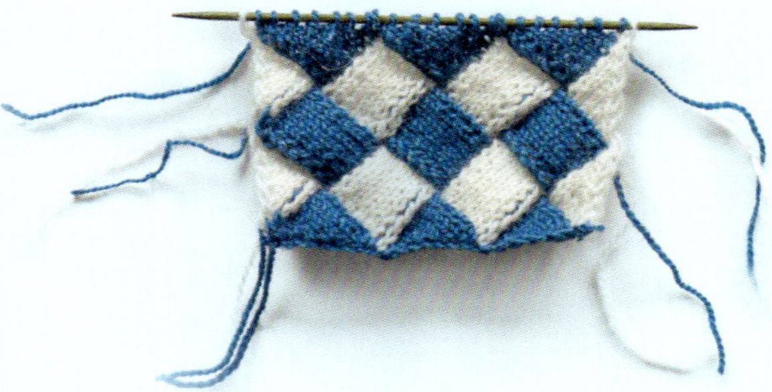

Aus dem Rand des Quadrats am rechten Rand (Quadrat 21) M auffassen, dabei in beide Maschenglieder einstechen. Zunächst die letzte der aufgefassten M mit der 1. M im li gelegenen Quadrat (Quadrat 20) wie folgt zusammenstr: 1 M abh, 1 M str, die abgehobene M über die gestrickte M ziehen.

Wie folgt fortfahren:
1. R: (von li nach re): 1 M abh, so lang str, bis wieder 1 M von den aufgefassten M auf der Nd liegt.
2. R: (von re nach li): 1 M abh, bis zur letzten M str, diese M mit der 1. M im re gelegenen Quadrat wie folgt zusammenstr: 1 M abh, 1 M str, die abgehobene M über die gestrickte M ziehen.
3. R: (von li nach re): 1 M abh, re M str, jedoch 1 M weniger als in R 1.

R 2 und 3 wdh, jedoch von li nach re immer 1 M weniger, bis alle M von Quadrat 22 mit allen M vom li gelegenen Quadrat (Quadrat 20) zusammengestrickt sind. Das nächste Quadrat (Quadrat 23) sofort beginnen, nachdem die letzten 2 M zusammengestrickt wurden.

Ein kleiner Tipp: Wenn Sie sich verzählt haben und nicht sicher sind, wie viele Maschen Sie nach links stricken sollen, bevor Sie die Strickrichtung ändern, zählen Sie die Anzahl der Maschen, die auf der rechten Nadel liegen – das ist die Anzahl der Maschen, die Sie nach links stricken sollen, einschließlich der Maschen, die mit dem rechts gelegenen Quadrat zusammengestrickt werden sollen.

VIERTELQUADRATE

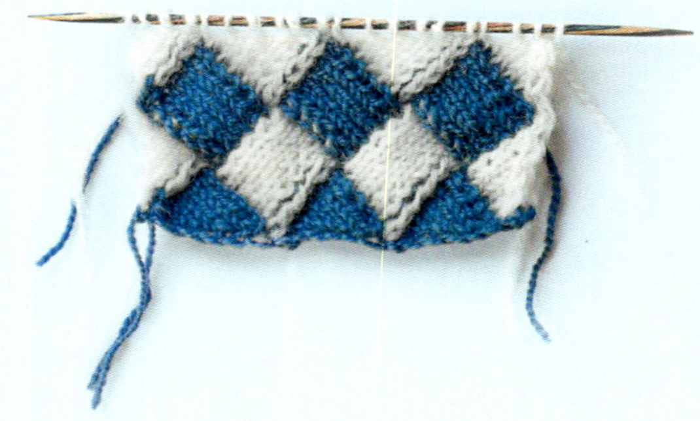

Manchmal sind Viertelquadrate in der Arbeit erforderlich. Die Viertel am linken bzw. rechten Arbeitsrand werden unterschiedlich gearbeitet.

VIERTELQUADRATE AM LINKEN RAND

Der erste Teil des Viertels wird als halbes vertikales Quadrat am linken Rand der Arbeit gestrickt.

Gehen Sie wie folgt vor:
1. R: (von li nach re): 1 M abh (Rand-M), U, 2 M re zusammenstr.
2. R: (von re nach li): Den U re verschr str, 1 M re.
3. R: (von li nach re): 1 M abh (Rand-M), U, 1 M re, 2 M re zusammenstr.
4. M re: (von re nach li): 1 M re, den U re verschr str, 1 M re.

R 3 und 4 wdh, jedoch mit jeweils 1 M mehr zwischen U und den 2 re zusammengestrickten M, bis Sie die Hälfte der Maschenzahl des Quadrats haben. Sie sollten sich nun am rechten Rand des Quadrats befinden.

Das Quadrat wird wie ein halbes horizontales Quadrat am Schluss der Arbeit weitergestrickt.
1. R: (von re nach li): 1 M abh, str, bis noch 1 M auf der Nd ist.
2. R: (von li nach re): 1 M abh, bis zur letzten M str, diese M mit der 1. M im re gelegenen Quadrat re zusammenstr.
3. R: (von re nach li): 1 M abh, re M nach li str, bis noch 2 M auf der Nd sind.
4. R: (von li nach re): 1 M abh, bis zur letzten M str, diese M mit der 1. M im re gelegenen Quadrat re zusammenstr.

R 3 und 4 wdh, bis alle M im re gelegenen Quadrat mit dem Viertelquadrat zusammengestrickt sind.

VIERTELQUADRATE AM RECHTEN RAND

Das Quadrat wird wie ein halbes vertikales Quadrat am rechten Arbeitsrand und wie ein halbes horizontales Quadrat zum Abschluss der Arbeit gestrickt.

Die benötigte Anzahl M aus dem Rand des vorigen Quadrats auffassen, dabei in beide Maschenglieder stechen. Die M auf die li Nd setzen. 1 Rand-M str.

1. R: (von re nach li): 1 M abh (Rand-M), 1 M abh, 1 M re, die abgehobene M darüberziehen, str, bis noch 1 M auf der Nd ist.
2. R: (von li nach re): 1 M abh, re M bis Ende.
3. R: (von re nach li): 1 M abh, 1 M abh, 1 M re, die abgehobene M darüberziehen, str, bis noch 2 M auf der Nd sind.

R 2 und 3 wdh, dabei immer 1 M weniger nach li str, bis noch 1 M auf der Nd liegt.

Rundstricken

Viele unserer Modelle werden in Rd gestrickt. In diesem Fall werden die halben vertikalen Quadrate nicht wie in der Schemazeichnung dargestellt gestrickt, sondern es gibt nur halbe Quadrate im ersten und letzten horizontalen Streifen, der Rest sind ganze Quadrate. Die neuen Quadrate werden mit einem Quadrat aus dem vorherigen Streifen zusammengestrickt. Die Streifen werden in einer Runde abwechselnd von rechts nach links und in der nächsten Runde von links nach rechts gestrickt.

Zunahmen und Abnahmen in den Quadraten

Um Kleidungsstücke formen oder einen Pullover mit Rundpasse stricken zu können, müssen Sie von Streifen zu Streifen zu- bzw. abnehmen. Diese Zu- und Abnahmen erfolgen in den Quadraten.

ZUNAHMEN

Wenn Sie ein neues Quadrat stricken, müssen Sie sowohl in dem neuen Quadrat als auch in dem Quadrat, mit dem das neue Quadrat zusammengestrickt wird, zunehmen. Bei Letztem sollte gleichmäßig zugenommen werden. Entscheiden Sie im Voraus, wo Sie zunehmen möchten. Maschen durch beide Maschenglieder aufnehmen, dabei gleichzeitig für jede Masche, die zugenommen werden soll, einen verschränkten Umschlag arbeiten. Die Umschläge gleichmäßig verteilen. Damit das Quadrat auch quadratisch wird, stricken Sie für jede neue Masche (jeden Umschlag), die angeschlagen wurde, eine Reihe zusätzlich.

Beim Stricken von Quadraten von rechts nach links: Wenn Sie mit dem links gelegenen Quadrat zusammenstricken, nehmen Sie Maschen zu, indem Sie den Querfaden zwischen zwei Maschen in dem Quadrat aufnehmen, das mit dem neuen Quadrat zusammengestrickt werden soll. Sie stricken die Quadrate zusammen, indem Sie die aufgenommene Maschen stricken und über die Masche vom rechts gelegenen Quadrat ziehen. Die Zunahmen gleichmäßig verteilen.

Beim Stricken von Quadraten von links nach rechts: Wenn Sie mit einem rechts gelegenen Quadrat zusammenstricken, den Querfaden zwischen zwei Maschen in dem Quadrat aufnehmen, das mit dem neuen Quadrat zusammengestrickt werden soll. Aber hier den Faden verschränken (wie einen verschränkten Umschlag), bevor Sie die Masche vom linken Quadrat mit der verschränkten Masche vom rechts gelegenen Quadrat rechts zusammenstricken. Die Zunahmen gleichmäßig verteilen.

ABNAHMEN

Bei Abnahmen von Streifen zu Streifen nehmen Sie zunächst die Anzahl an Maschen auf, die das neue Quadrat zu Beginn haben soll. Beim Zusammenstricken mit dem Quadrat daneben stricken Sie eine Masche aus dem neuen Quadrat mit zwei Maschen aus dem vorherigen Quadrat zusammen: Es werden also drei Maschen zusammengestrickt. Für alle abzunehmenden Maschen wiederholen.

Bei einer geringeren Zu-/Abnahme je Streifen wird nur dadurch ab-/zugenommen, indem weniger/mehr Maschen für das neue Quadrat aufgefasst werden, ohne in dem Quadrat daneben ab-/zuzunehmen. Es wird also die gleiche Anzahl von Runden beibehalten. Dann erfolgt die Ab-/Zunahme über zwei Streifen.

Sternenabnahme

Diese Methode verwenden wir zum Abnehmen bei Mützen und Handschuhen sowie zur Spitze bei Socken. Diese Abnahme ist der letzte Streifen der Arbeit.

Das 1. Quadrat wie ein normales ganzes Quadrat str, egal ob nach re oder nach li. Die restlichen Quadrate ebenfalls als ganze Quadrate str, jedoch mit den Quadraten an beiden Seiten des neuen Quadrats zusammenstr. Genauso vorgehen wie sonst, wenn Sie ganze Quadrate arbeiten: An der re Seite 2 M re zusammenstr und an der li Seite 1 M abheben, 1 M str, die abgehobene M über die gestrickte ziehen. Zum Schluss 1x über alle M im Quadrat str, sodass Sie dort ankommen, wo M für ein neues Quadrat aufgenommen werden sollen. Wenn alle Quadrate auf diese Weise gestrickt sind, sind nur die M vom letzten Quadrat auf der Nd. Diese M werden abgekettet. 1. und letztes Quadrat zusammennähen oder zusammenstr. Den Faden durch die Kante der Arbeit ziehen und zusammenziehen. Alle Fäden vernähen.

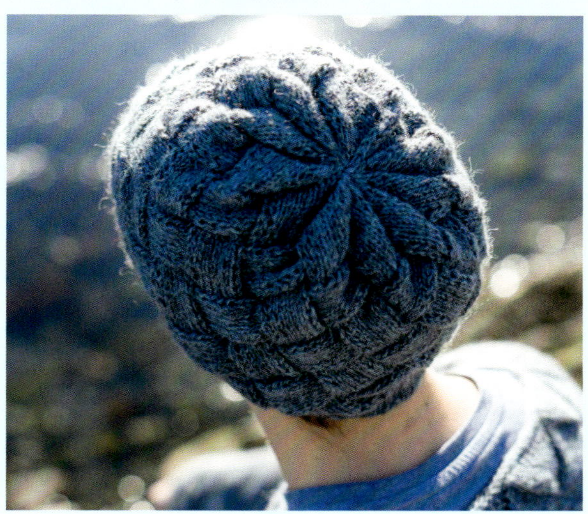

Mit zwei Farben stricken

Wenn Sie mit zwei Farben stricken, d. h. einem Streifen je Farbe, müssen Sie den Faden nicht bei jedem Farbwechsel abschneiden: Im letzten Quadrat eine Reihe zusätzlich stricken, d. h. bis zum oberen Ende des Quadrats. Dann kann mit diesem Faden der nächste Streifen in dieser Farbe begonnen werden. Arbeiten Sie mit zwei Farben, verschiebt sich der Streifenanfang.

Wie Sie „Löcher" vermeiden

Im Übergang zwischen Entrelac und Glattstrick können Löcher in der Arbeit entstehen. Das Problem tritt beim Übergang von Glattstrick zu Entrelac nicht so häufig auf, wenn man sorgfältig arbeitet. Um Löcher zu vermeiden, schlagen Sie eine neue Masche an und stricken diese verschränkt ab, und zwar zwischen allen Maschen in den halben Quadraten in der ersten Reihe (in der über alle Maschen gestrickt wird) nach dem Entrelac. In der nächsten Reihe verringern Sie die Maschen auf die in der Anleitung angegebene Zahl. Das erfordert ein wenig Mühe, aber das Ergebnis ist ein sauberer und nahtloser Übergang. Unserer Meinung nach ist diese Vorgehensweise nicht bei allen Modellen notwendig. Wo es nötig ist, haben wir es angegeben.

Zweiendiges Stricken

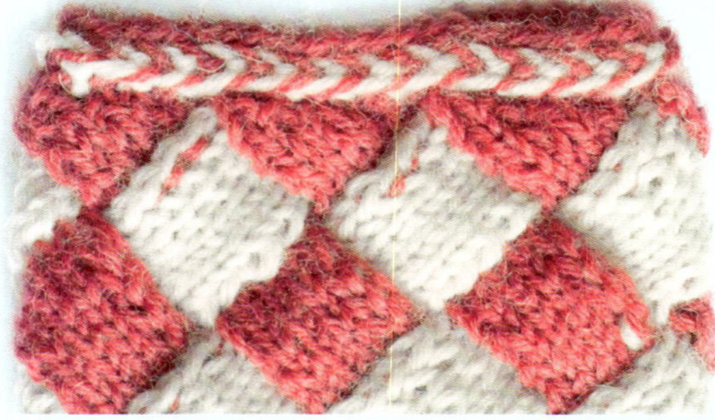

Zweiendiges Stricken hat sowohl in Norwegen als auch anderswo auf der Welt eine lange Tradition. Bei dieser Technik wird mit zwei Fäden gestrickt, und zwar jede zweite Masche mit Faden 1 und jede zweite mit Faden 2, wobei die Fäden nach einem gewissen System sowohl beim Rechts- als auch beim Linksstricken umeinander gewickelt werden. Je nach Wechsel zwischen rechten und linken Maschen und der Art der Verdrehung erhalten Sie ein bestimmtes Muster in der Arbeit. Das Stricken mit zwei Enden macht das Gestrick doppelt so dick und dicht und wird gern für Fäustlinge verwendet.

Zweiendiges Stricken wird auch in Kombination mit Entrelac verwendet, insbesondere beim Maschenanschlag, was als Dekor dient. Vor dem Entrelac werden gern ein paar Runden in der Zweienden-Technik gestrickt, z. B. bei Fäustlingen. Ein Zopf in dieser Technik wird auch als „lettischer Zopf" bezeichnet.

Einen solchen Zopf stricken Sie folgendermaßen:

Wir haben in unserem Beispiel zwei Farben verwendet. Farbe (Fb) 1: Rot, Farbe (Fb) 2: Weiß.

1. Rd: *1 M re in Fb 1, 1 M re in Fb 2*, ab * bis Ende wdh.
2. Rd: Beide Fäden vor der Arbeit halten. Beim Farbwechsel den Faden für die nächste M immer über den Faden der vorherigen M legen. Die Fäden verdrehen sich stark, aber dies wird sich in der nächsten Rd auflösen. *1 M li in Fb 1, 1 M li in Fb 2*, von * bis * wdh.
3. Rd: Beide Fäden vor der Arbeit halten. Beim Farbwechsel den Faden für die nächste M immer unter den Faden der vorherigen M legen. *1 M li in Fb 1, 1 M li in Fb 2*, von * bis * wdh.

Soll der Zopf beim anderen Fäustling gegengleich sein, ändern Sie dazu die Reihenfolge von Rd 2 und 3.

Elastischer Anschlag

Entrelac braucht eine Kante mit guter Elastizität. Eine in Entrelac-Technik gestrickte Masche liegt immer leicht schräg und nimmt daher etwas mehr Platz in Anspruch als eine herkömmliche rechte Masche. Deshalb ist eine normale Anschlagskante im Verhältnis zu einem in Entrelac gestrickten Strickstück zu fest.

Gehen Sie wie folgt vor:
Eine Schlinge bilden und auf die li Nd legen. Die Nd in gewohnter Strickhaltung halten. Mit der re Nd in die Schlinge stechen, 1 M locker aufstricken, die M verschr auf die li Nd legen und leicht anziehen. 1 neue M in der M, die zuletzt auf die Nd gelegt wurde, locker aufstricken und ebenfalls verschr auf die li Nd legen. So fortfahren, bis die gewünschte Maschenzahl erreicht ist. Den Faden nicht zu fest anziehen, sonst wird die Kante zu fest. Weitere Techniken zum elastischen Anschlag sind im Internet zu finden.

Kordelrand

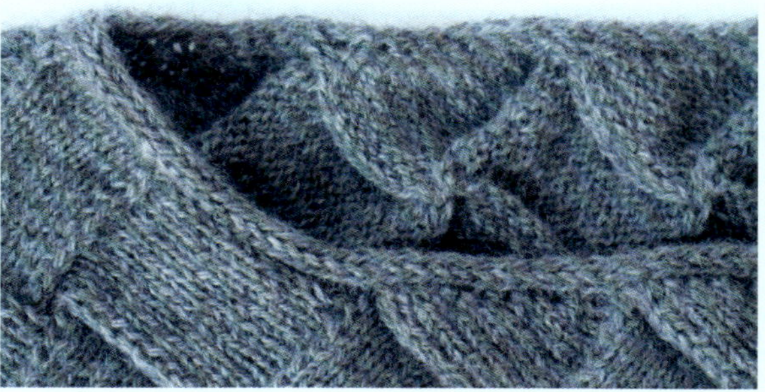

Einige Modelle haben als Abschluss eine Strickkordel, was gut zu einem Entrelac-Gestrick passt.

Gehen Sie wie folgt vor:
Am Rundenanfang 3 neue M anschlagen, um den Kordelrand zu beginnen.

2 M re, die folgenden 2 M re verschr str. Nun sind 3 M auf der re Nd. Alle M zurück auf die linke Nd setzen. Die ersten 2 M re, die folgenden 2 M re verschr zusammenstr. Wieder die 3 M von der re Nd auf die li Nd heben.

So fortfahren, bis noch 3 M übrig sind. Dann die ersten 2 M re zusammenstr, die M von der re Nd auf die li Nd heben, die letzten 2 M re zusammenstr.

Stricken im Allgemeinen

MASCHENPROBE

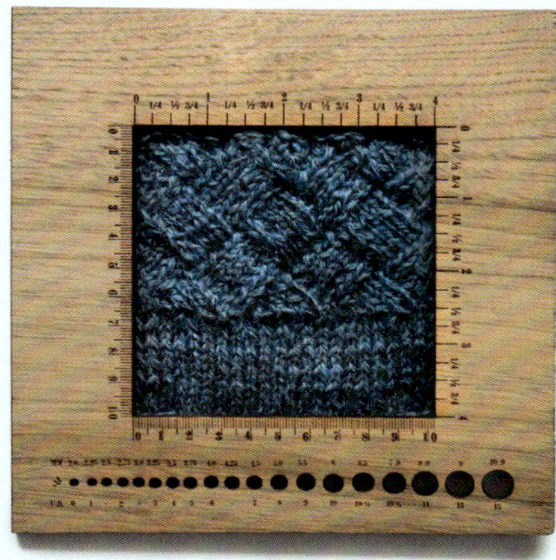

In jeder Anleitung sind Maschenprobe und fertige Maße angegeben. Wie bereits erwähnt, ist die Strickfestigkeit bei Entrelac etwas schwierig zu messen.

Bei Glattstrick stricken Sie ein Probestück von mindestens 10 × 10 cm und zählen die Maschen über 10 cm in der Breite und 10 cm in der Höhe. Wenn Ihre Maschenprobe von der in der Anleitung angegebenen Maschenzahl abweicht, müssen Sie die Nadelgröße ändern, bis die Maschenzahl übereinstimmt.

Für Entrelac empfehlen wir, zuerst eine Maschenprobe glatt re zu str und dann jede 3. M abzunehmen. Nun str Sie 1 Streifen mit halben horizontalen Quadraten, z. B. mit jeweils 6 oder 7 M, danach 2 Streifen mit ganzen Quadraten und halben vertikalen Quadraten an den Rändern und schließen mit 1 Streifen horizontaler halber Quadrate ab. Zum Schluss 1 R glatt re str und dabei auf die ursprüngliche Maschenzahl zunehmen.

Zählen Sie die Maschen über die glatt rechts gestrickten 10 cm, bevor Sie die Quadrate stricken. Wenn die Maschenprobe passt, stricken Sie weiter in der Entrelac-Technik. Wenn Ihre Strickfestigkeit im Glattstrick und Entrelac gleich ist, sollte Ihr Probestück eine schöne, gerade Kante haben. Wenn Sie in Entrelac lockerer als in Glattstrick arbeiten, ist der in Entrelac gestrickte Abschnitt breiter als der glatt rechte. Dann wissen Sie, dass Sie beim Stricken von Entrelac dünnere Nadeln nehmen müssen. Wenn der in Entrelac gestrickte Teil schmaler als der glatt rechts gestrickte ist, stricken Sie in Entrelac fester und nehmen dickere Nadeln.
Eine Maschenprobe zu stricken kann als furchtbar unnötig empfunden werden, aber es ist noch ärgerlicher, einen ganzen Pullover zu stricken, der nicht passt.

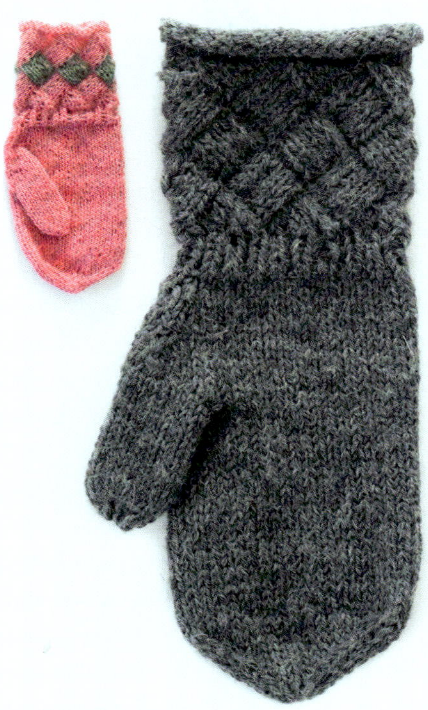

Diese Fäustlinge wurden mit gleicher Maschenzahl und in gleich vielen Reihen gestrickt. Der kleinere mit sehr dünnem Garn und dünnen Nadeln (Nr. 1,5), der größere mit dickem Garn und stärkeren Nadeln (Nr. 4). Hier wird deutlich, wie wichtig die Maschenprobe ist.

ZUNAHMEN UND ABNAHMEN

Es gibt mehrere Möglichkeiten zum Abnehmen. Sollen Sie laut Anleitung jede vierte Masche abnehmen, bedeutet das, zwei Maschen zu stricken und danach zwei zusammenzustricken. Soll jede dritte Masche abgenommen werden, stricken Sie eine Masche ab und danach zwei zusammen.

Wenn Sie gleichmäßig verteilt ab- oder zunehmen sollen, müssen Sie ausrechnen, wie oft abgenommen werden soll. Haben Sie z. B. 40 Maschen und sollen auf 30 Maschen abnehmen, müssen Sie zehn Maschen abnehmen. Nehmen Sie die ursprüngliche Maschenanzahl und dividieren Sie sie durch die Anzahl der Maschen, die Sie abnehmen sollen. 40:10 = 4. Also müssen Sie jede vierte Masche abnehmen. So berechnen Sie auch die Zunahmen: Wenn Sie 30 Maschen haben und auf 40 Maschen erhöhen sollen, rechnen Sie: 40–30 = 10, 30:10 = 3. Also stricken Sie drei Maschen und nehmen dann eine zu usw.

Es gibt verschiedene Möglichkeiten, um Maschen zu- oder abzunehmen. Bei einer Abnahme strickt man gewöhnlich zwei Maschen zusammen, entweder rechts oder rechts verschränkt. Oder Sie stricken einen einfachen Überzug: Eine Masche abheben, eine Masche stricken und die abgehobene Masche über die gestrickte ziehen.

Mit einem Umschlag kann ebenfalls zugenommen werden, wobei der Umschlag in der nächsten Reihe oder Runde verschränkt abgestrickt wird. Durch Aufnehmen und Abstricken des Querfadens zwischen zwei Maschen kann ebenfalls eine Masche zugenommen werden.

Umschlag

Bei einem Umschlag wird der Faden locker auf die Vorderseite der Nadel an die rechte Seite gelegt und verläuft auf der Rückseite der Nadel an der linken Seite, wenn Sie von rechts nach links stricken. Beim Stricken von links nach rechts verläuft der Umschlag auf der Rückseite der Nadel an der linken Seite zur Vorderseite der Nadel an der rechten Seite.

Zubehör

Für das Entrelac-Stricken sind Holzstricknadeln besser als Nadeln aus Metall. Metallnadeln sind schwerer, glatter und rutschen leicht aus der Arbeit heraus. Verwenden Sie spitze Nadeln, damit ist es einfacher, Maschen aus dem Rand der Quadrate aufzunehmen. Wenn Sie Schwierigkeiten beim Auffassen von Maschen haben, können Sie dazu eine Häkelnadel verwenden: durch beide Maschenglieder einstechen, den Faden durchholen und die Masche auf die Nadeln heben. Nadelspiele mit 15 cm langen Nadeln sind einfacher zu handhaben als 20 cm lange Nadeln.

Abkürzungen

abh: abheben
Fb: Farbe
fM: feste Masche(n)
li: links
Lm: Luftmasche(n)
M: Masche(n)
Nd: Nadel(n)
R: Reihe(n)
Rd: Runde(n)
re: rechts
str: stricken
U: Umschlag
verschr: verschränkt
wdh: wiederholen

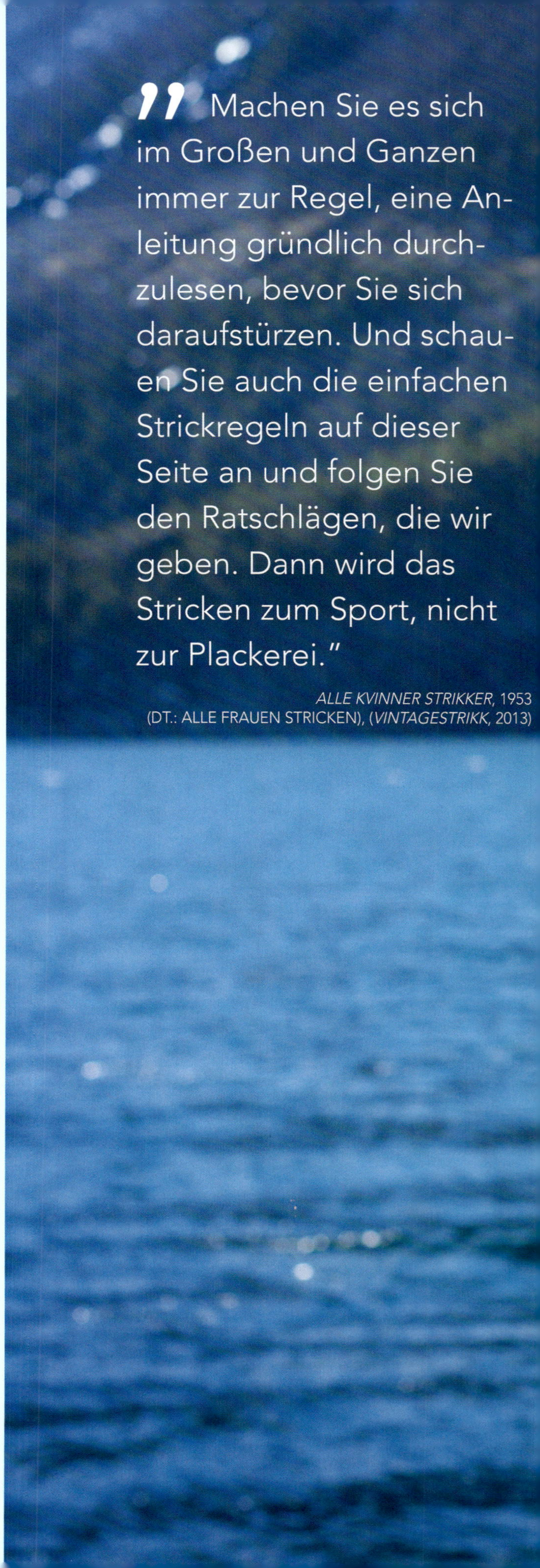

„Machen Sie es sich im Großen und Ganzen immer zur Regel, eine Anleitung gründlich durchzulesen, bevor Sie sich daraufstürzen. Und schauen Sie auch die einfachen Strickregeln auf dieser Seite an und folgen Sie den Ratschlägen, die wir geben. Dann wird das Stricken zum Sport, nicht zur Plackerei."

ALLE KVINNER STRIKKER, 1953
(DT.: ALLE FRAUEN STRICKEN), (*VINTAGESTRIKK*, 2013)

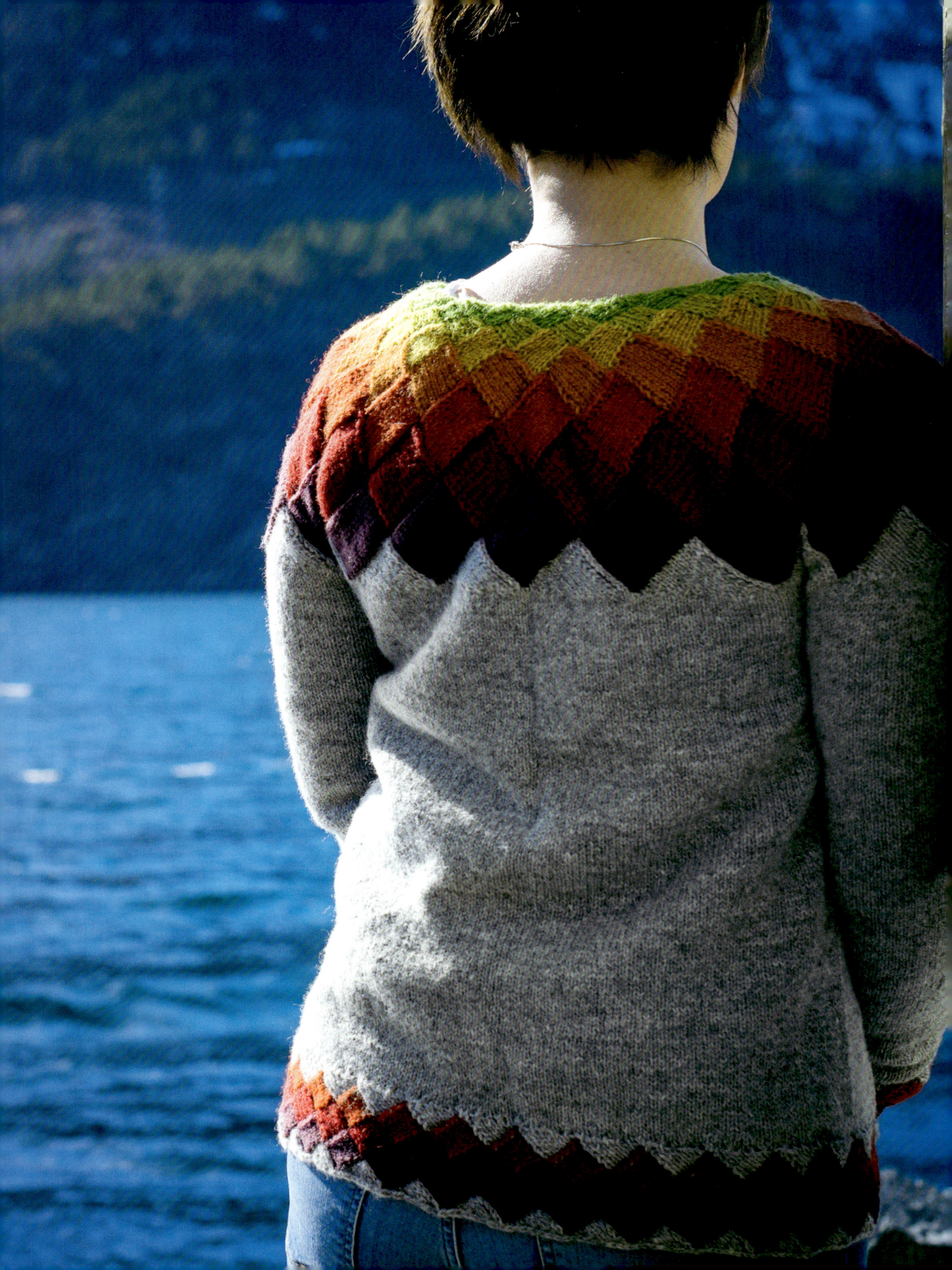

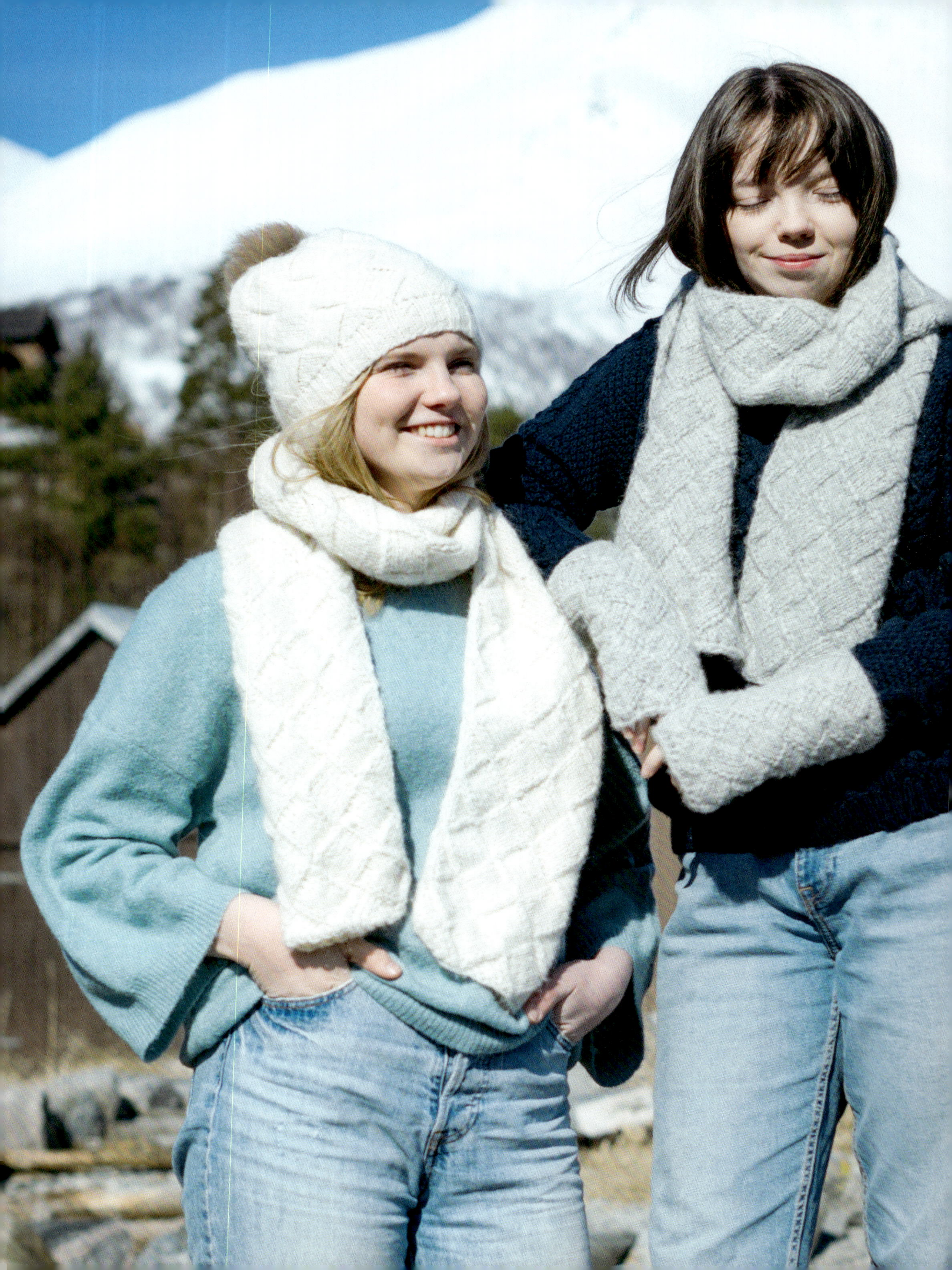

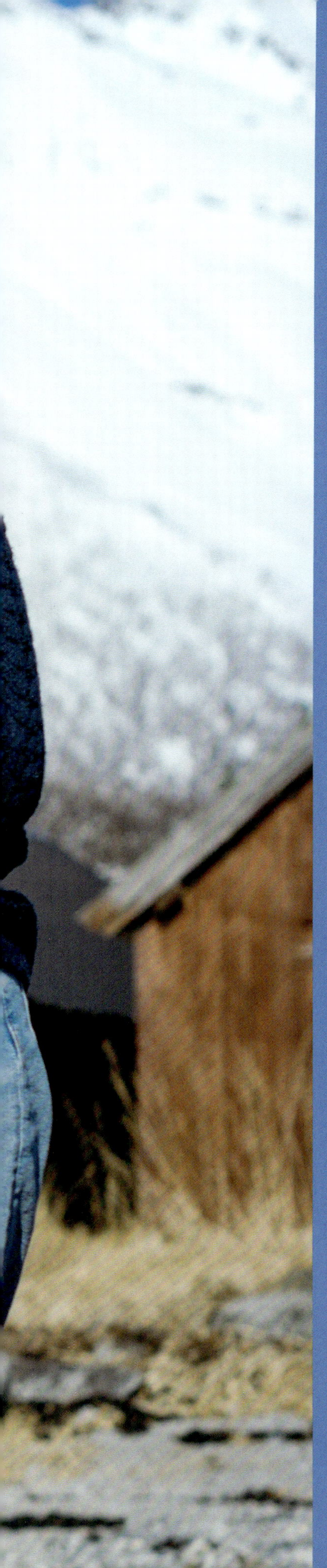

Für Einsteiger

In diesem Kapitel finden Sie Modelle, die sich gut eignen für erste Erfahrungen in der Entrelac-Technik. Unser Rat: Beginnen Sie mit einem kleinen Projekt, das in überschaubarer Zeit zum Erfolg führt. Verwenden Sie Nadeln und Garne, mit denen Sie sich wohlfühlen. Wenn Sie sich jedoch gleich auf ein größeres Projekt einlassen möchten, spricht auch da nichts dagegen.

Nehmen Sie sich die Zeit, den Code zu knacken und mit der Technik vertraut zu werden. Zögern Sie nicht, sondern springen Sie einfach ins kalte Wasser! Sie werden überrascht sein, wie leicht es tatsächlich ist.

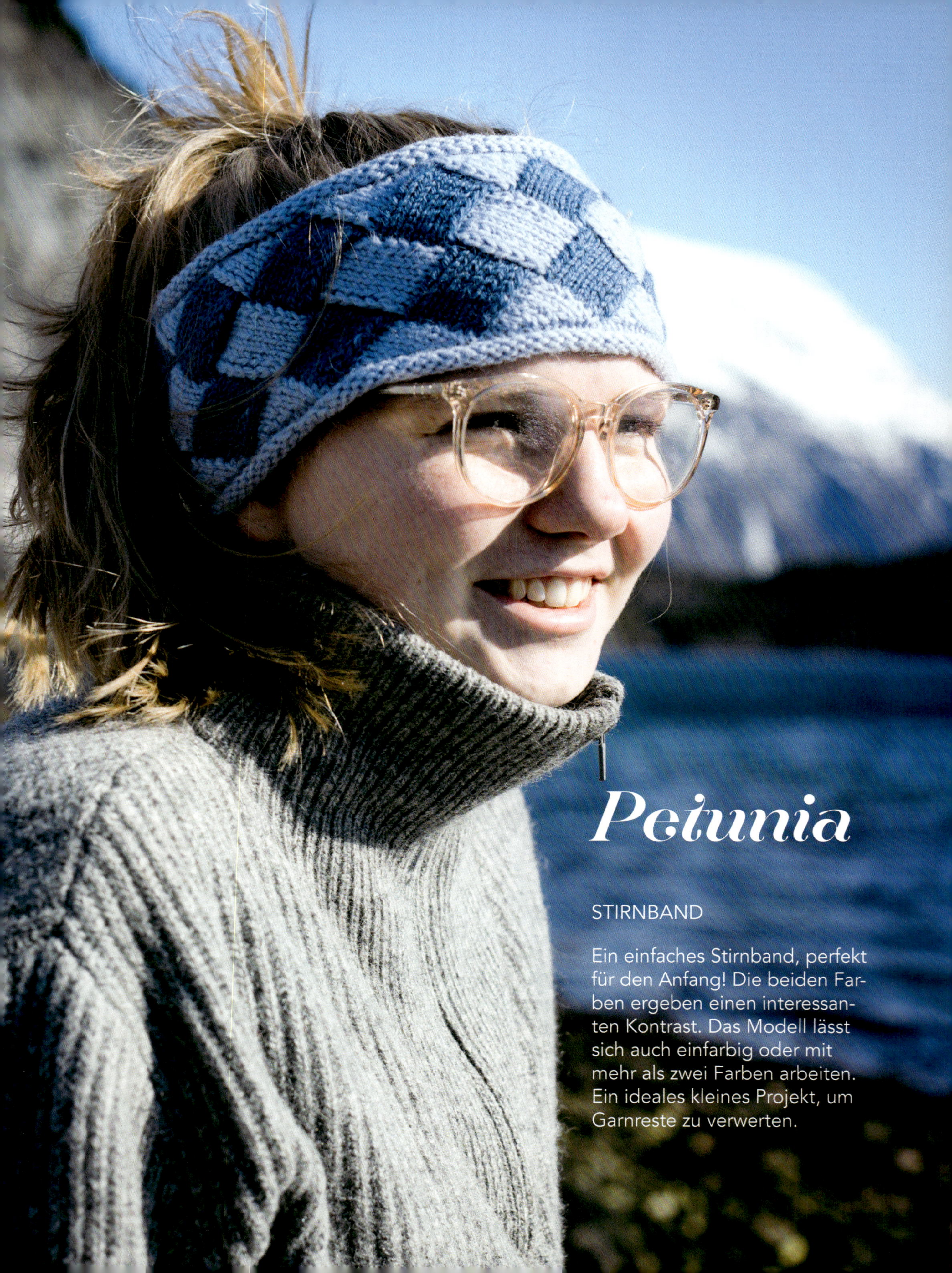

Petunia

STIRNBAND

Ein einfaches Stirnband, perfekt für den Anfang! Die beiden Farben ergeben einen interessanten Kontrast. Das Modell lässt sich auch einfarbig oder mit mehr als zwei Farben arbeiten. Ein ideales kleines Projekt, um Garnreste zu verwerten.

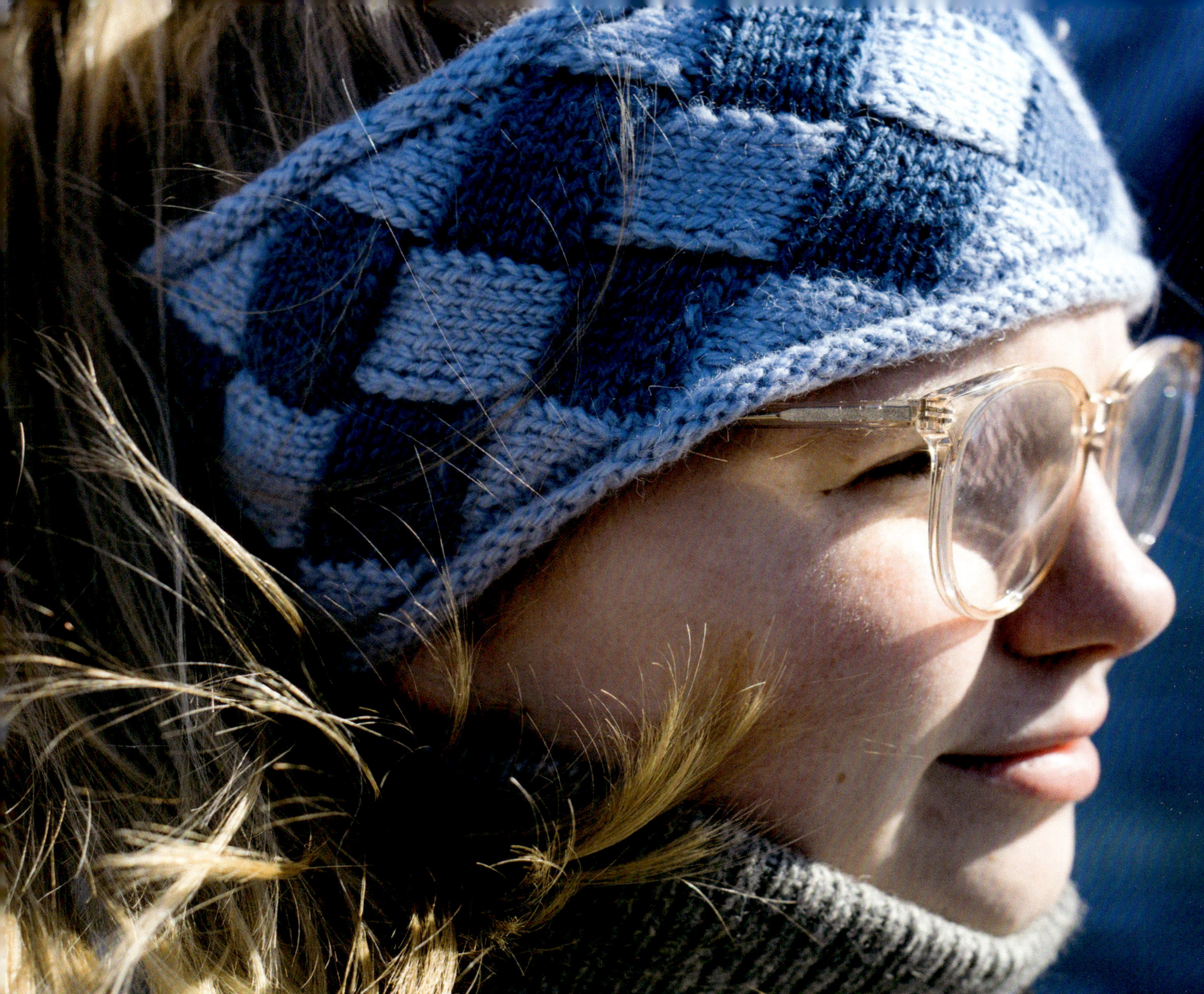

KOPFUMFANG: 55–60 cm
GARN: Smart von Sandnes
MASCHENPROBE: 21 M glatt re = 10 cm
NADELN: Rundstricknadel Nr. 3,5
GARNMENGE: Blau (5936) 50 g, Hellblau (5904) 50 g

Das Stirnband wird rund gestrickt und besteht aus 12 Quadraten zu je 7 Maschen. Die Arbeit beginnt und endet mit einem hübschen Rollrand.
96 M in Hellblau anschlagen und 7 Rd glatt re str. In der nächsten Rd gleichmäßig verteilt auf 84 M abnehmen. Nun mit dem Entrelac beginnen: 1 Streifen mit 12 halben Quadraten von re nach li str. Zu Blau wechseln und 1 Streifen mit 12 ganzen Quadraten von li nach re arbeiten. Zu Hellblau wechseln und 1 Streifen mit 12 ganzen Quadraten von re nach li str. Zu Blau wechseln und 1 Streifen mit 12 ganzen Quadraten von li nach re arbeiten. Zu Hellblau wechseln und 12 halbe Quadrate von re nach li str.
1 Rd glatt re über alle M str, dabei gleichzeitig auf 96 M zunehmen. Noch 7 Rd str. Locker abketten und alle Fäden vernähen.

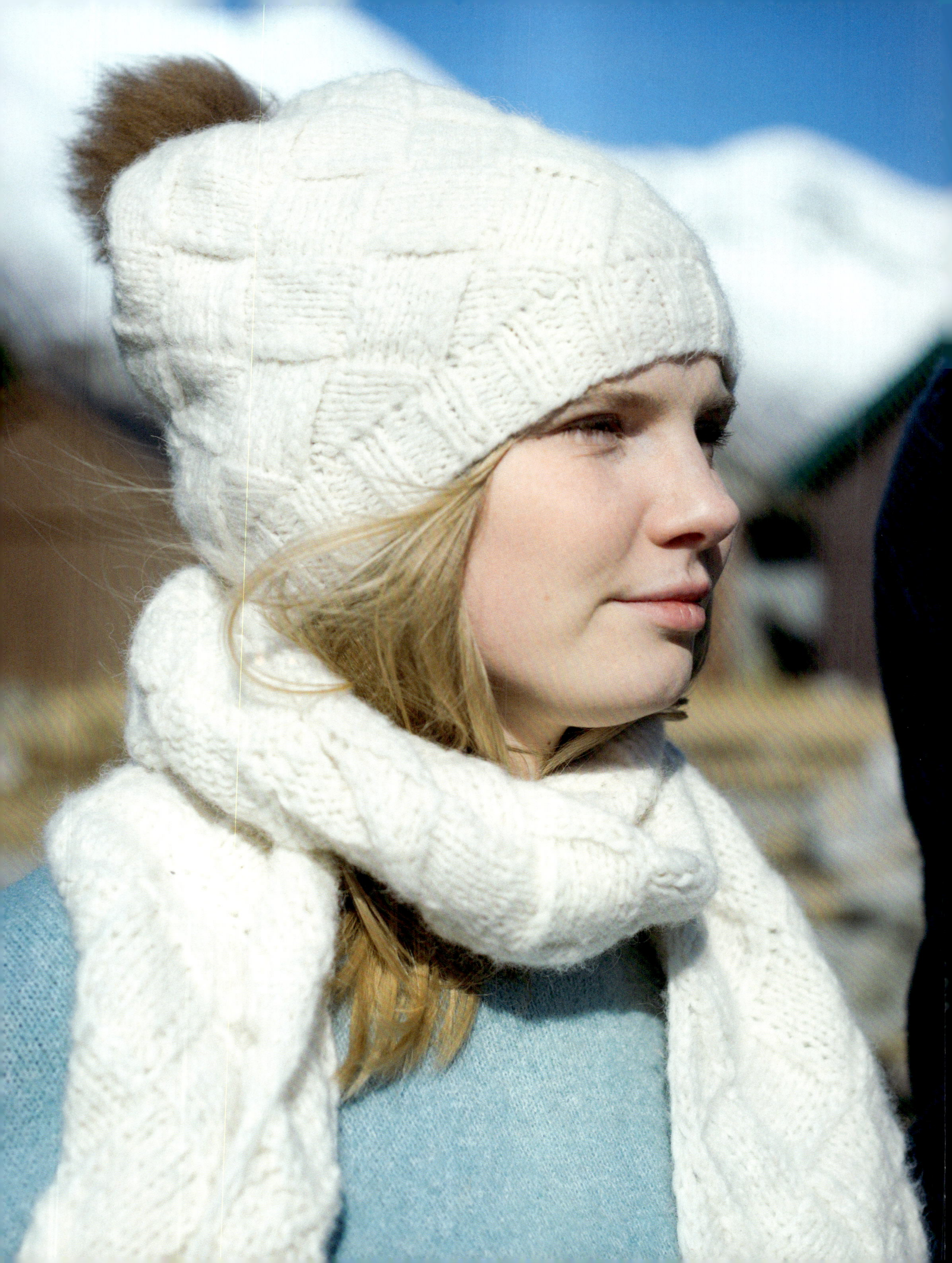

Turøy

Turøy ist ein Set aus Mütze, Schal und Pulswärmern. Es ist gestrickt aus einem angenehm weichen Garn, das noch dazu schön leicht ist. Das Ergebnis ist ein wunderschönes Set.

Die Mütze gibt es in zwei Größen. Der Bommel aus Kunstfell ist mit einem Druckknopf befestigt und so zum Waschen abnehmbar. Der Schal wird in Reihen gestrickt. Wenn Ihr Schal länger werden soll, als in der Anleitung beschrieben, denken Sie daran, mehr Garn zu berechnen. Die weichen, bequemen Pulswärmer haben Daumenlöcher.

MÜTZE

GRÖSSE: M (L)
GARN: Puno von Rauma
MASCHENPROBE: 18 M glatt re = 10 cm
NADELN: Rundstricknadel Nr. 5
GARNMENGE: Weiß (811) 50 (100) g
FARBALTERNATIVE: Hellgrau (1310)

---

72 (80) M anschlagen und 10 Rd im Rippenmuster 2 M re, 2 M li str. 1 Rd re, dabei gleichmäßig verteilt auf 60 (70) M abnehmen. Nun mit dem Entrelac beginnen. Einen Streifen mit 10 halben horizontalen Quadraten zu je 6 (7) M von re nach li, danach 4 (5) Streifen mit ganzen Quadraten abwechselnd von li nach re und von re nach li str. Die Arbeit mit der Sternenabnahme beenden (siehe S. 15). Alle Fäden vernähen. Einen Bommel befestigen.

SCHAL

GRÖSSE: Einheitsgröße
MASSE: ca. 24 x 180 cm
GARN: Puno von Rauma
MASCHENPROBE: 18 M glatt re = 10 cm
NADELN: Rundstricknadel Nr. 5
GARNMENGE: Weiß (811) 250 g
FARBALTERNATIVE: Hellgrau (1310)

---

28 M im elastischen Anschlag anschlagen (siehe S. 16). Der Anschlag darf nicht zu fest sein. 1 Streifen mit 4 halben horizontalen Quadraten zu je 7 M von re nach li str. Ein halbes Quadrat am li Arbeitsrand, dann 3 ganze Quadrate von li nach re str, den Streifen mit einem halben Quadrat am re Rand beenden. Im nächsten Streifen 4 ganze Quadrate von re nach li arbeiten. Beide Streifen stets wdh, bis der Schal 180 cm misst oder die gewünschte Länge hat. Mit 1 Streifen halber horizontaler Quadrate am oberen Rand enden. Locker abketten und alle Fäden vernähen.

PULSWÄRMER

GRÖSSE: Einheitsgröße
LÄNGE: 21 cm
GARN: Puno von Rauma
MASCHENPROBE: 18 M glatt re = 10 cm
NADELN: Nadelspiel Nr. 5
GARNMENGE: Weiß (811) 50 g
FARBALTERNATIVE: Hellgrau (1310)

Rechter Pulswärmer

25 M im elastischen Anschlag anschlagen (siehe S. 16). Nun mit dem Entrelac beginnen: 1 Streifen mit 5 halben horizontalen Quadraten zu je 5 M von re nach li str. Weitere 5 Streifen mit ganzen Quadraten abwechselnd von li nach re und von re nach li str. Im 6. Streifen Daumenlöcher arbeiten, dazu die M im letzten Quadrat des Streifens abketten. Das letzte Quadrat im 7. Streifen nicht mit einem Quadrat im 6. Streifen zusammenstr.
2 Streifen mit ganzen Quadraten und 1 Streifen mit halben horizontalen Quadraten am oberen Arbeitsrand str. Locker abketten, Fäden vernähen.

Linker Pulswärmer

Wie den rechten Pulswärmer arbeiten, jedoch gegengleich. D. h., den ersten Streifen von li nach re str.

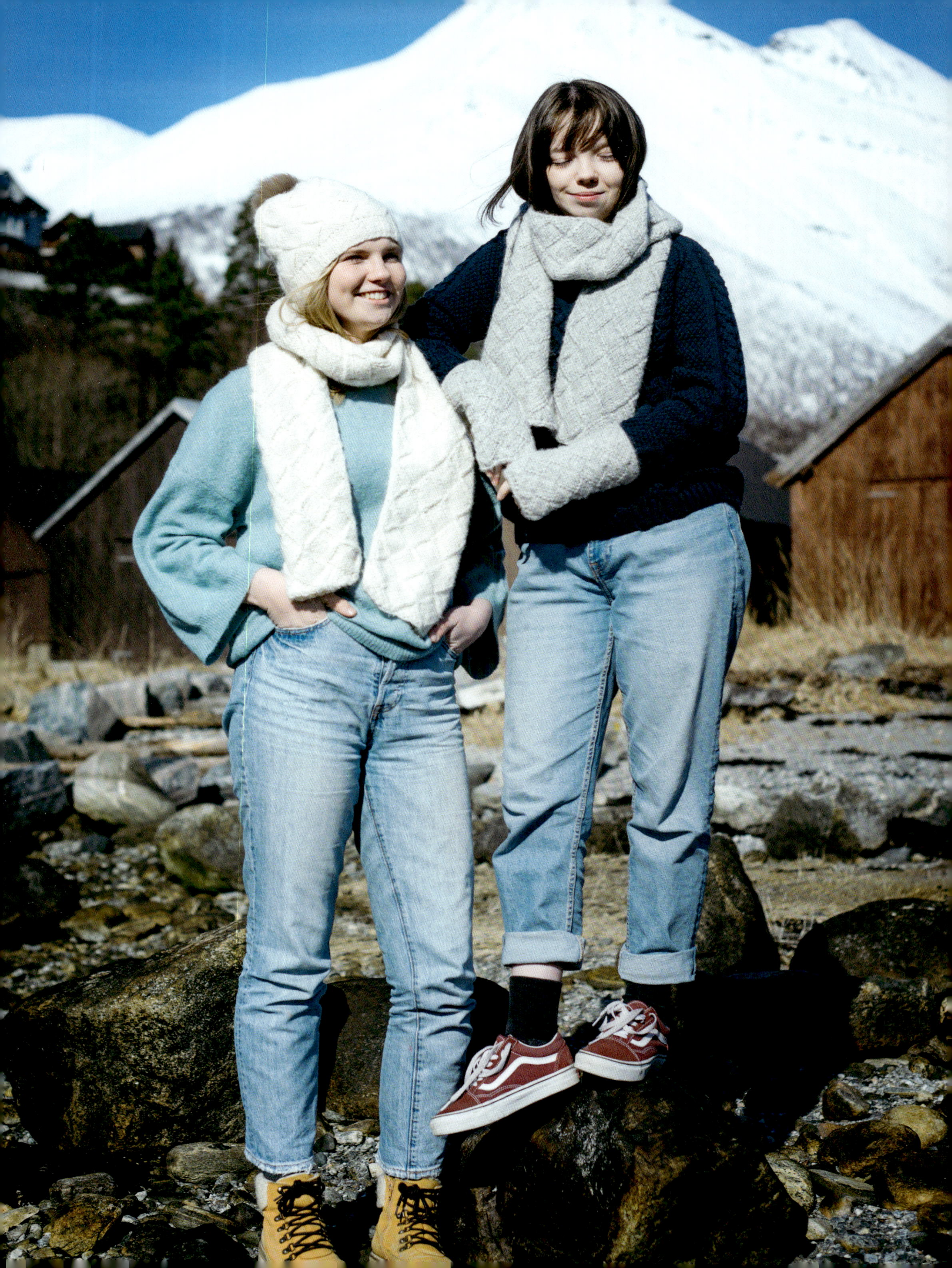

"Tragen, was Sie gestrickt haben. Das kann das Erfreulichste sein: den stilvollen Schal zu zeigen, der zeigt, wie cool Sie sind. Ein anderes Mal ist es so schwer, etwas zu tragen, das ganz und gar nicht perfekt oder nicht so geworden ist, wie Sie gedacht hatten. Aber ziehen Sie es trotzdem an; freuen Sie sich über Ihre Leistung und Ihr Talent. Und die Liebe. Wer strickt, tut das mit Liebe, auch als Anfänger, wenn Sie rot im Gesicht sind und frustriert. Warum sollten wir sonst Dinge erschaffen? Und das in einer Welt, die nichts Selbstgemachtes braucht. Genau dann brauchen wir viel Selbstgemachtes. Es ist unwichtig, wenn nicht alles so wird, wie Sie geplant hatten. Jeder Augenblick ist ein Fortschritt; jede Masche ist eine Masche vorwärts. Es kann vielleicht schlechter werden, aber es gibt immer etwas Besseres. Wenn Sie etwas tragen, das Sie selbst geschaffen haben, umgeben Sie sich mit Liebe und all der Liebe, die vor Ihnen kam. Die große Heldentat ist es nämlich, stolz auf das zu sein, was Sie erschaffen haben. Ich weiß, dass ich es bin."

KATE JACOBS,
FREDAGSTRIKKEKLUBBEN
(DIE MASCHEN DER FRAUEN)

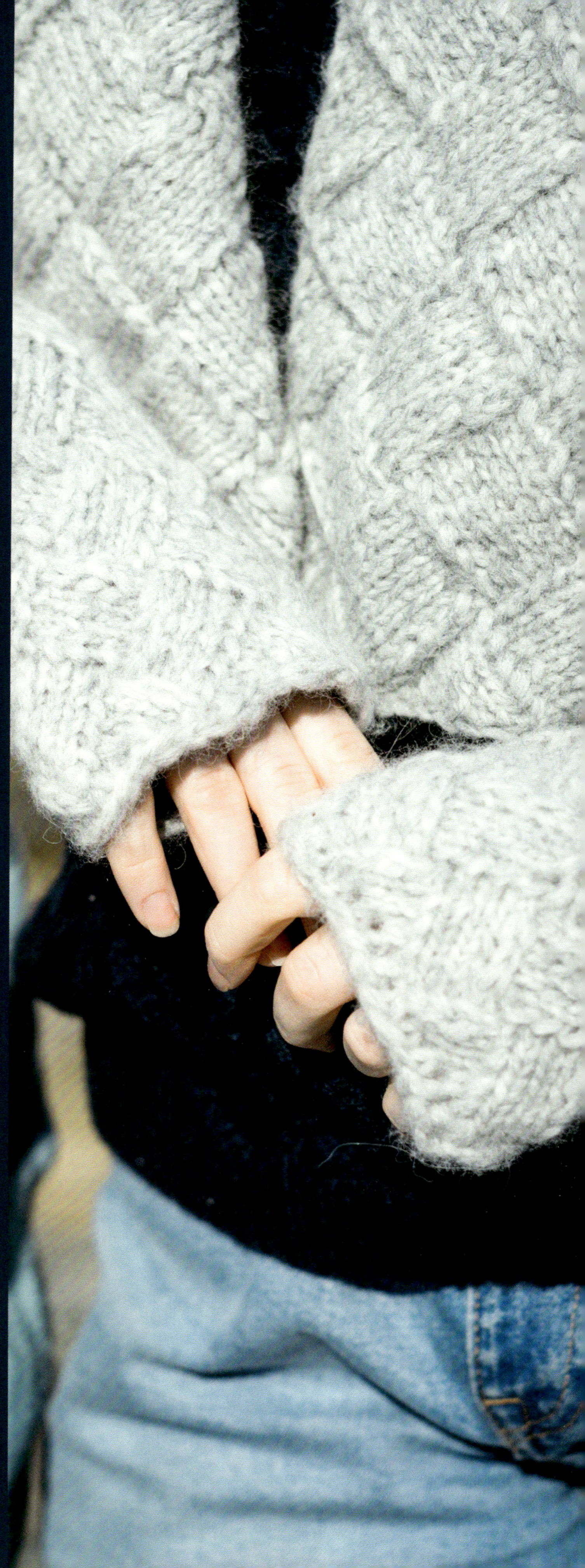

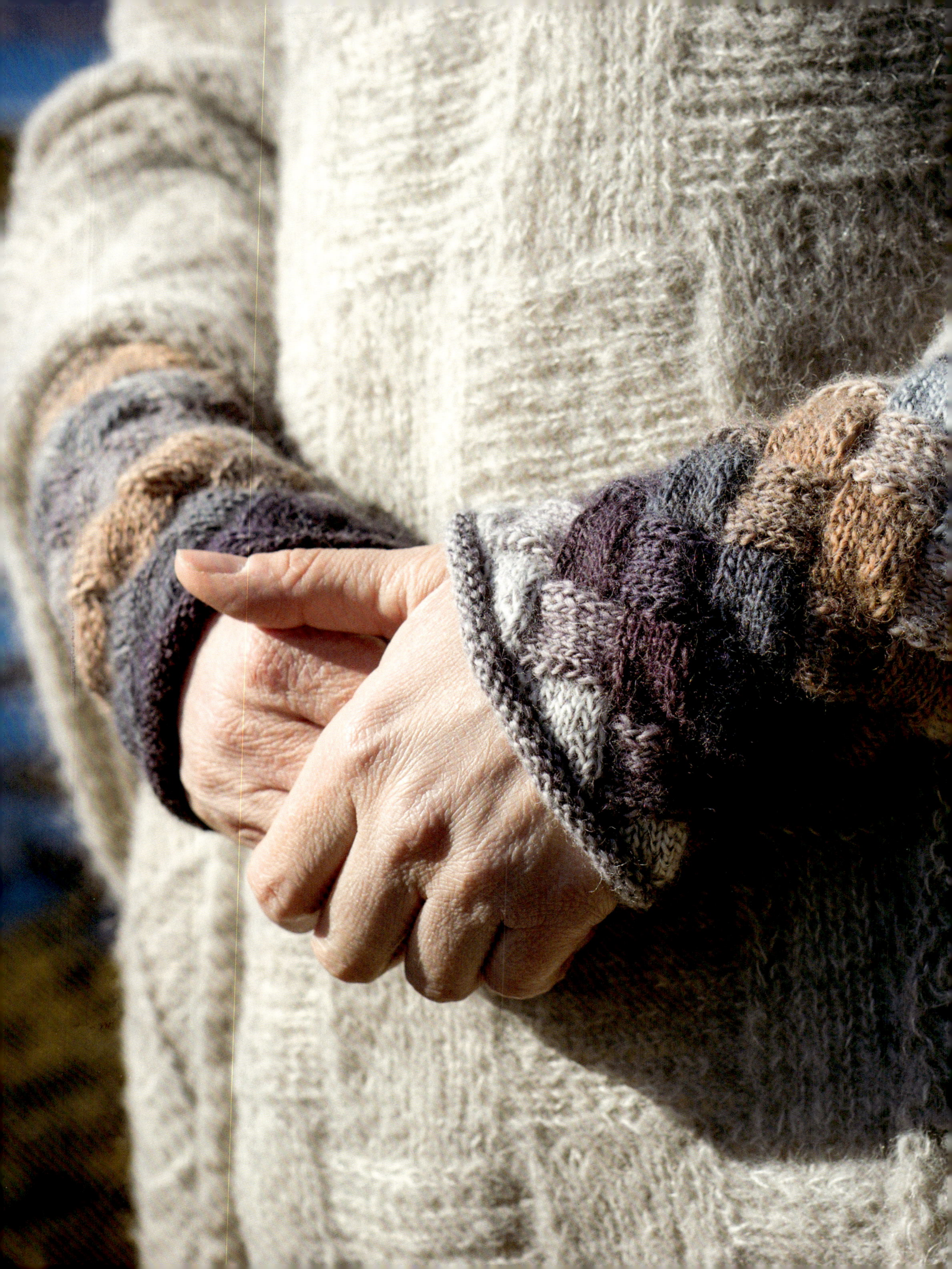

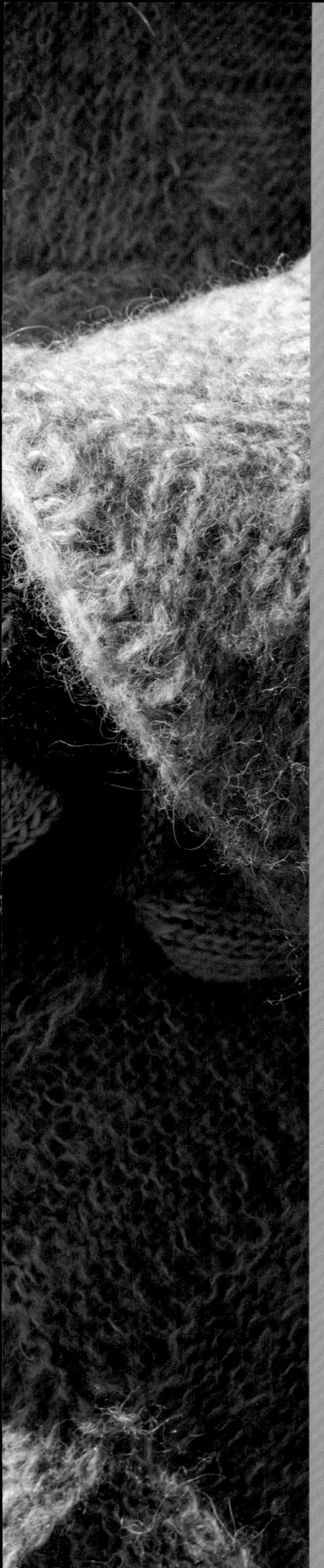

Accessoires

Die Flechttechnik wird schon seit Langem traditionell bei Fäustlingen und Socken verwendet und ist heute genauso aktuell wie früher. Aber es gibt noch so viel anderes, das sich hervorragend zum Entrelac-Stricken anbietet, wie etwa kleine Accessoires, die, sowohl praktisch als auch schön, sich gut als Geschenke für andere oder für sich selbst eignen. Das Variieren von Garnstärke, Garnqualität, Farben und Größe der Quadrate eröffnet unendlich viele Möglichkeiten.

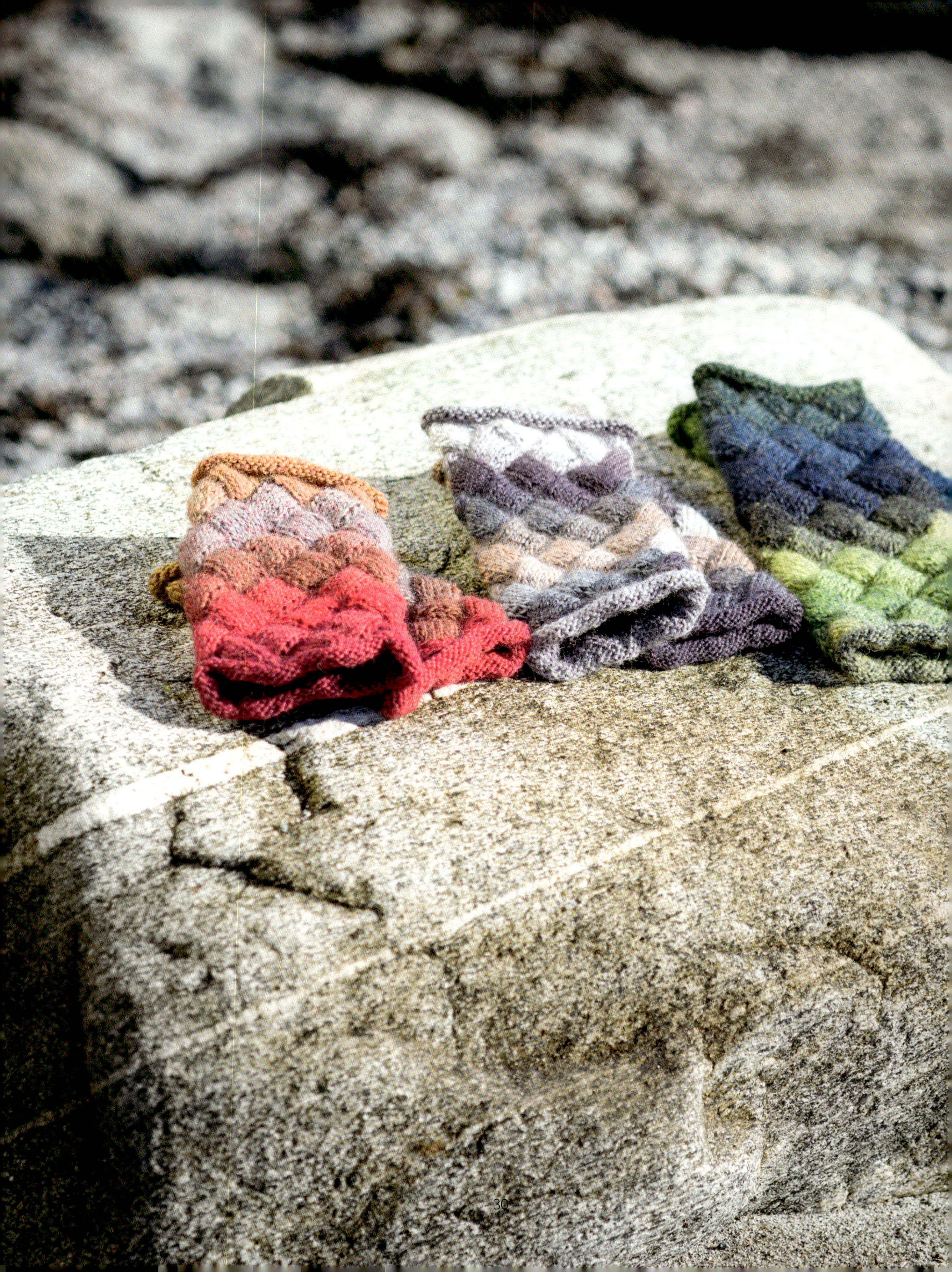

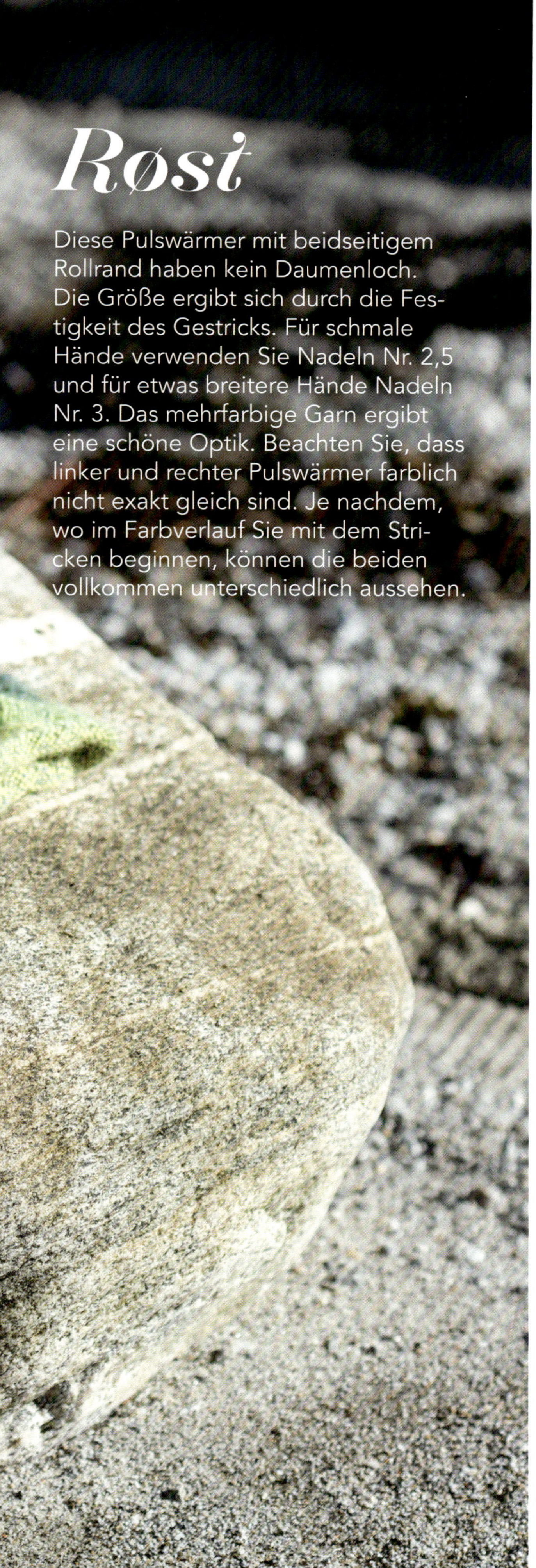

Røst

Diese Pulswärmer mit beidseitigem Rollrand haben kein Daumenloch. Die Größe ergibt sich durch die Festigkeit des Gestricks. Für schmale Hände verwenden Sie Nadeln Nr. 2,5 und für etwas breitere Hände Nadeln Nr. 3. Das mehrfarbige Garn ergibt eine schöne Optik. Beachten Sie, dass linker und rechter Pulswärmer farblich nicht exakt gleich sind. Je nachdem, wo im Farbverlauf Sie mit dem Stricken beginnen, können die beiden vollkommen unterschiedlich aussehen.

PULSWÄRMER MIT ROLLRAND

GRÖSSE: Einheitsgröße für Damen
LÄNGE: 14 (17) 21 cm
UMFANG: 21 cm mit Nd Nr. 2,5,
24 cm mit Nd Nr. 3
GARN: Delight von Drops
MASCHENPROBE:
Schmale Pulswärmer: 26 M glatt re = 10 cm
Breite Pulswärmer: 23 M glatt re = 10 cm
NADELN: Nadelspiel Nr. 2,5 für schmale Pulswärmer, Nr. 3 für breite Pulswärmer
GARNMENGE: Himbeerkuchen (17) 50 g
FARBALTERNATIVE 1: Pflaume/Beige/Erika (02)
FARBALTERNATIVE 2: Grün/Blau (16)

---

56 M anschlagen und 8 Rd glatt re str. 1 Rd re, dabei gleichzeitig jede 4. M abnehmen = 42 M. Nun Entrelac in Rd arbeiten. 1 Streifen mit 6 halben horizontalen Quadraten zu je 7 M von re nach li str. 7 (9) 11 Streifen mit ganzen Quadraten abwechselnd von li nach re und von re nach li str. 1 Streifen mit halben horizontalen Quadraten am oberen Arbeitsrand arbeiten. 1 Rd re über alle M, dabei auf 56 M zunehmen. 8 Rd glatt re wie zu Beginn der Arbeit str. Locker abketten, alle Fäden vernähen.

Den 2. Pulswärmer genauso str. Alle Fäden vernähen.

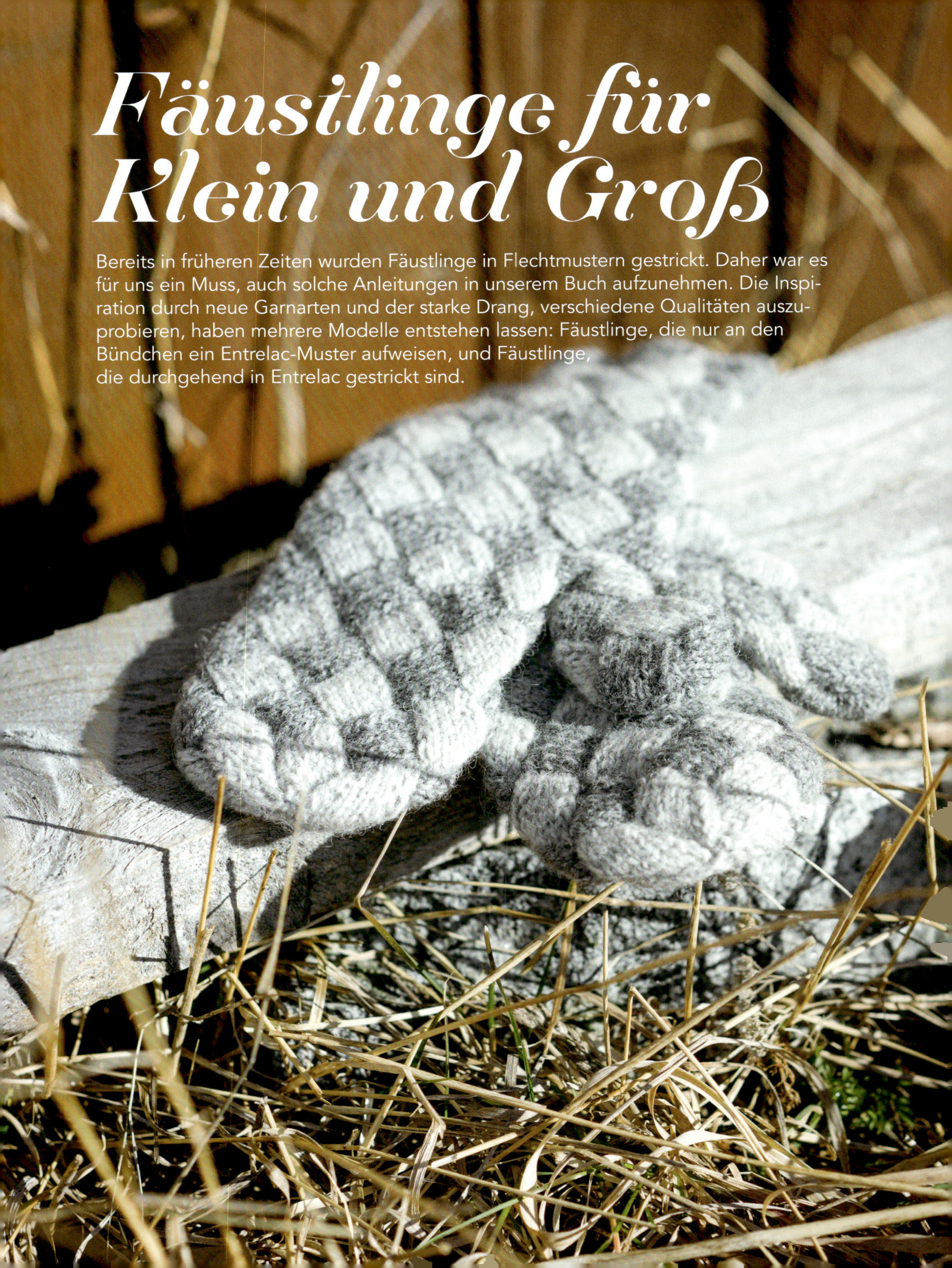

Fäustlinge für Klein und Groß

Bereits in früheren Zeiten wurden Fäustlinge in Flechtmustern gestrickt. Daher war es für uns ein Muss, auch solche Anleitungen in unserem Buch aufzunehmen. Die Inspiration durch neue Garnarten und der starke Drang, verschiedene Qualitäten auszuprobieren, haben mehrere Modelle entstehen lassen: Fäustlinge, die nur an den Bündchen ein Entrelac-Muster aufweisen, und Fäustlinge, die durchgehend in Entrelac gestrickt sind.

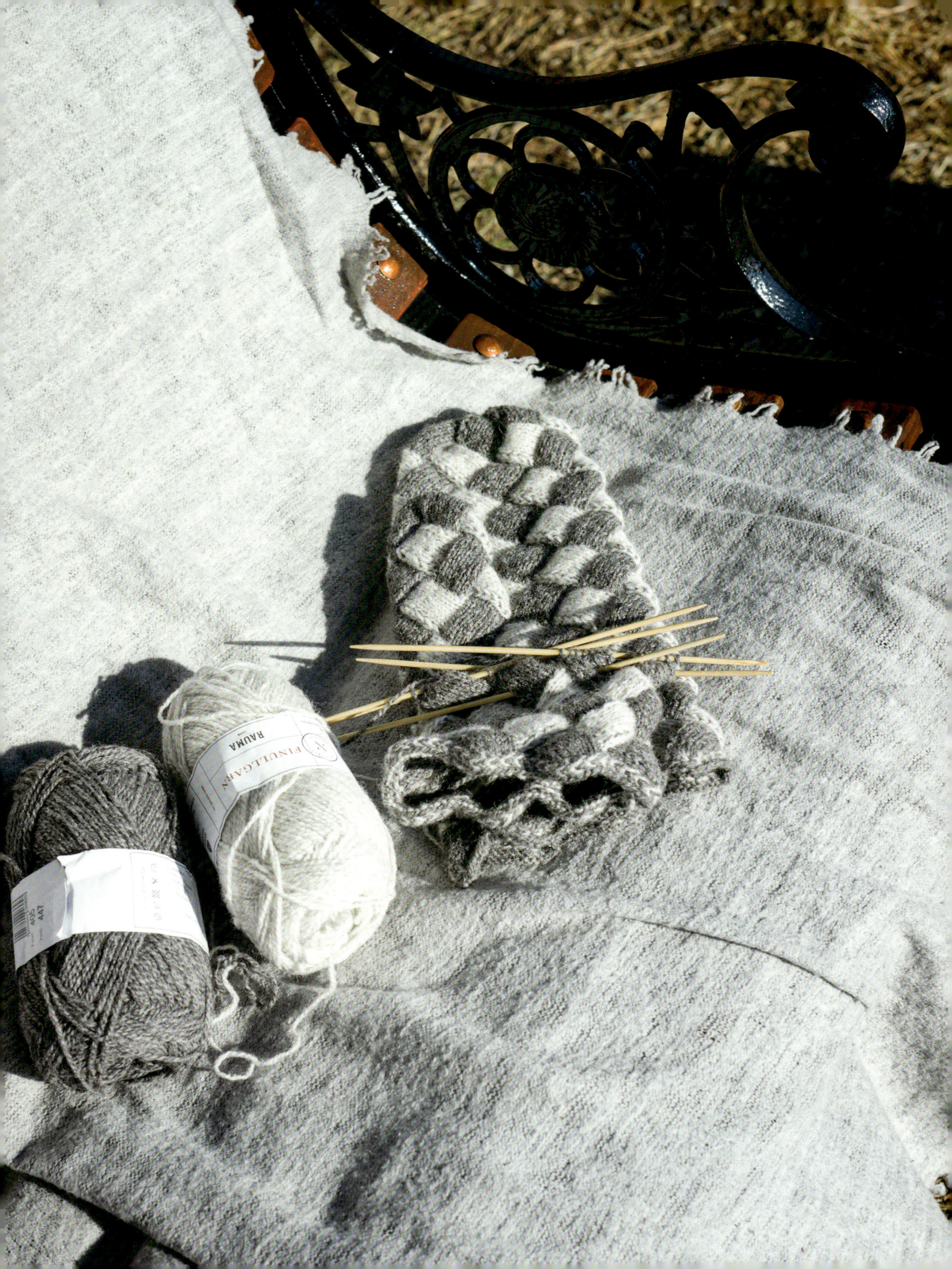
RAUMA
FINULLGARN

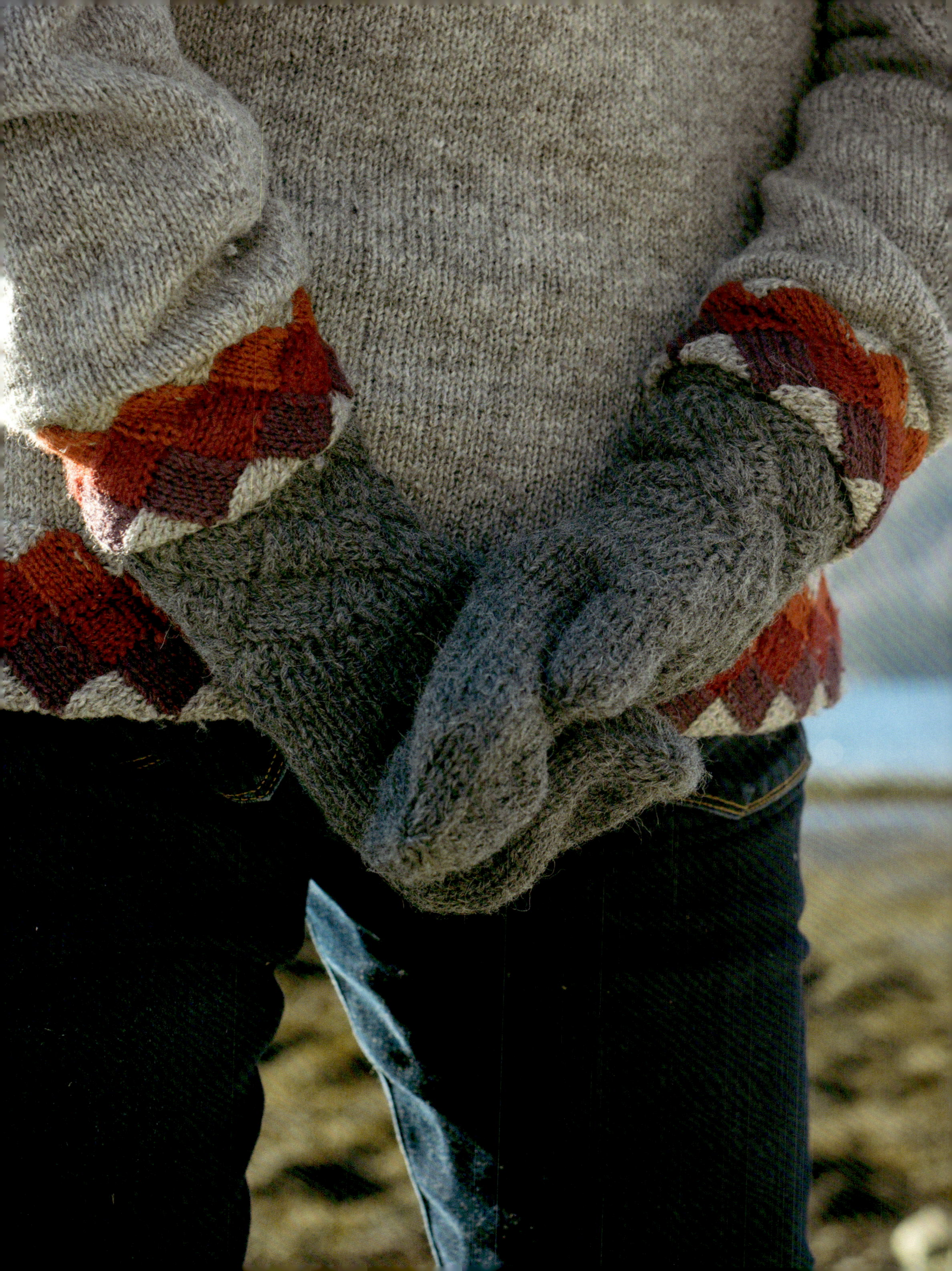

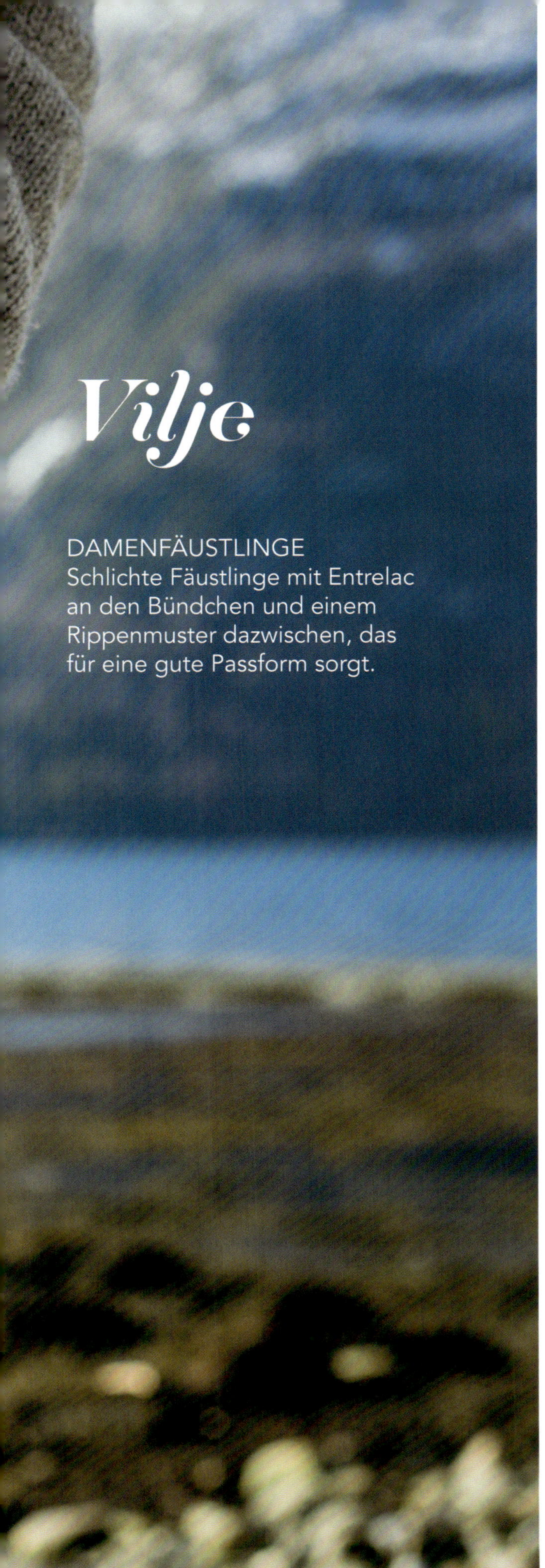

Vilje

DAMENFÄUSTLINGE
Schlichte Fäustlinge mit Entrelac an den Bündchen und einem Rippenmuster dazwischen, das für eine gute Passform sorgt.

GRÖSSE: Einheitsgröße für Damen
GARN: Mitu von Rauma, alternativ Lima von Drops
MASCHENPROBE: 21 M glatt re = 10 cm
NADELN: Nadelspiel Nr. 4
GARNMENGE: Weiß (SFN10) 100 g
FARBALTERNATIVE: Graumeliert (SFN43)

Beide Fäustlinge

40 M anschlagen und 8 Rd glatt re str. 1 Rd re, gleichzeitig jede 4. M abnehmen = 30 M. Entrelac in Rd: 1 Streifen mit 6 halben horizontalen Quadraten zu je 5 M von re nach li str. 3 Streifen mit ganzen Quadraten abwechselnd von li nach re und von re nach li str. 1 Streifen mit halben horizontalen Quadraten arbeiten. 1 Rd re über alle M, dabei gleichmäßig verteilt auf 40 M zunehmen. 6 Rd im Rippenmuster 1 M re, 1 M li str.

Linker Fäustling

Weiter glatt re in Rd. In der 2. Rd nach dem Rippenmuster mit den Zunahmen für den Daumenkeil beginnen.
1. Zunahme: Beidseits der vorletzten M in der Rd je 1 M zunehmen: Den Querfaden aufnehmen und in der nächsten Rd verschr abstricken.
2. Zunahme: 1 M neben der M der 1. Zunahme zunehmen, sodass 3 M zwischen den Zunahme-M liegen.
3. Zunahme: Nun sind 5 M zwischen den Zunahme-M.

In jeder 3. Rd zunehmen, insg. 4x = 9 Daumen-M. 3 Rd ohne Zunahmen str. Nun die Daumen-M + beidseits 1 M (= 11 M) stilllegen. 3 neue M anschlagen, um die M für den Daumen zu ersetzen. Weiter 8 cm oder bis zur gewünschten Länge glatt re str.

Abnahme: Die M auf 4 Nd verteilen (Rd-Beginn liegt am Anfang der 2. Nd), 10 M je Nd. Auf jeder Nd wie folgt abnehmen:
1. Nd: 7 M re, 2 M re zusammenstr, 1 M re.
2. Nd: 1 M re, 1 M abheben, 1 M str, die abgehobene M darüberziehen, 7 M re.
3. Nd: wie Nd Nr. 1
4. Nd: wie Nd Nr. 2
So weiterstr, bis noch 8 M übrig sind. Es wird in jeder Rd 1 M weniger je Nd. Faden durch die 8 M ziehen.

Daumen: Die stillgelegten Daumen-M auf die Nd heben, 5 M aus dem Rand aufnehmen = 16 M. 5,5 cm glatt re str, dann stets 2 M re zusammenstr, bis noch 8 M übrig sind. Den Faden durch die 8 M ziehen.

Rechter Fäustling

Gegengleich str, d. h., für den Daumenkeil beidseits der 2. M in der Rd zunehmen.
Alle Fäden vernähen.

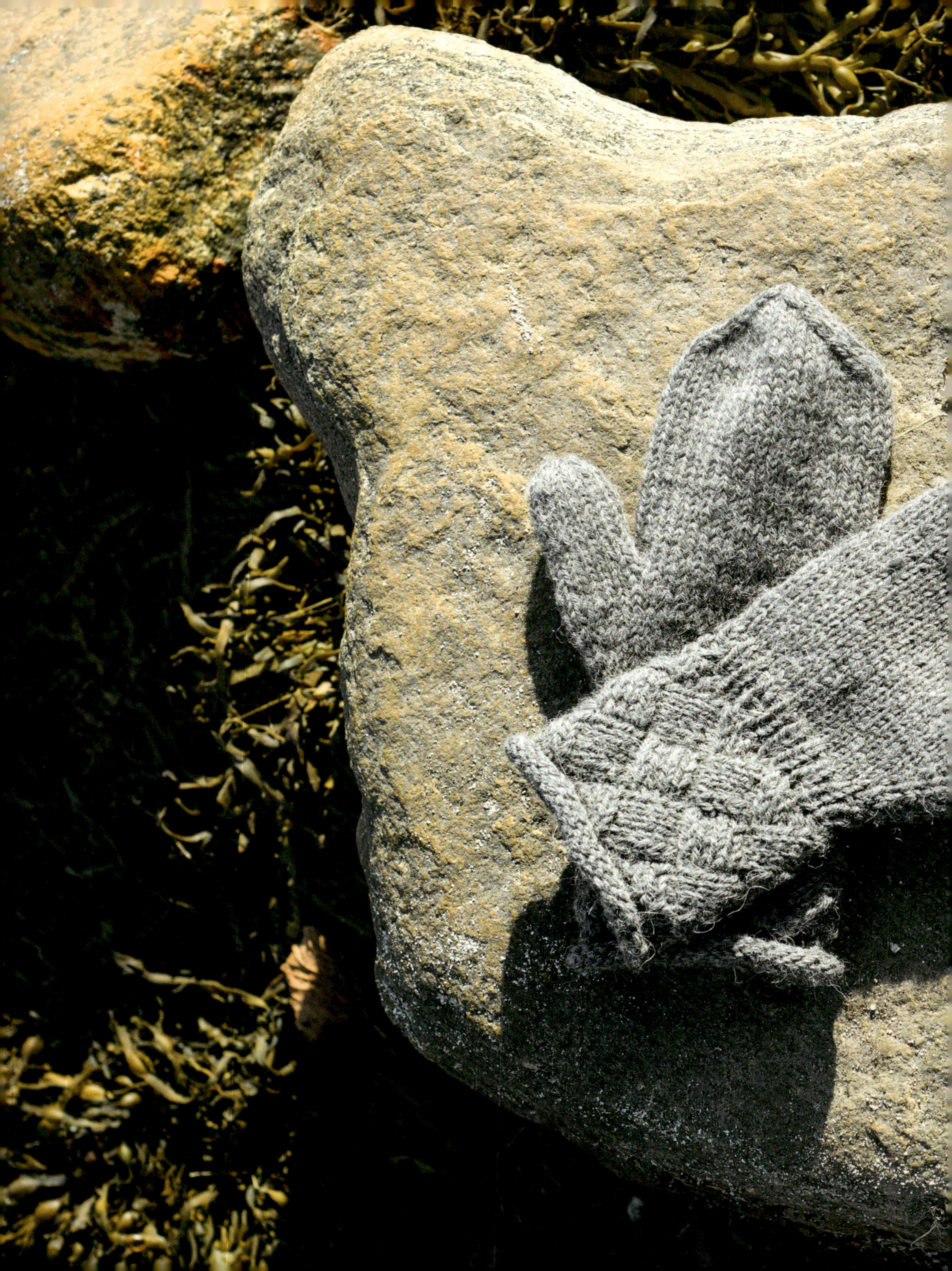

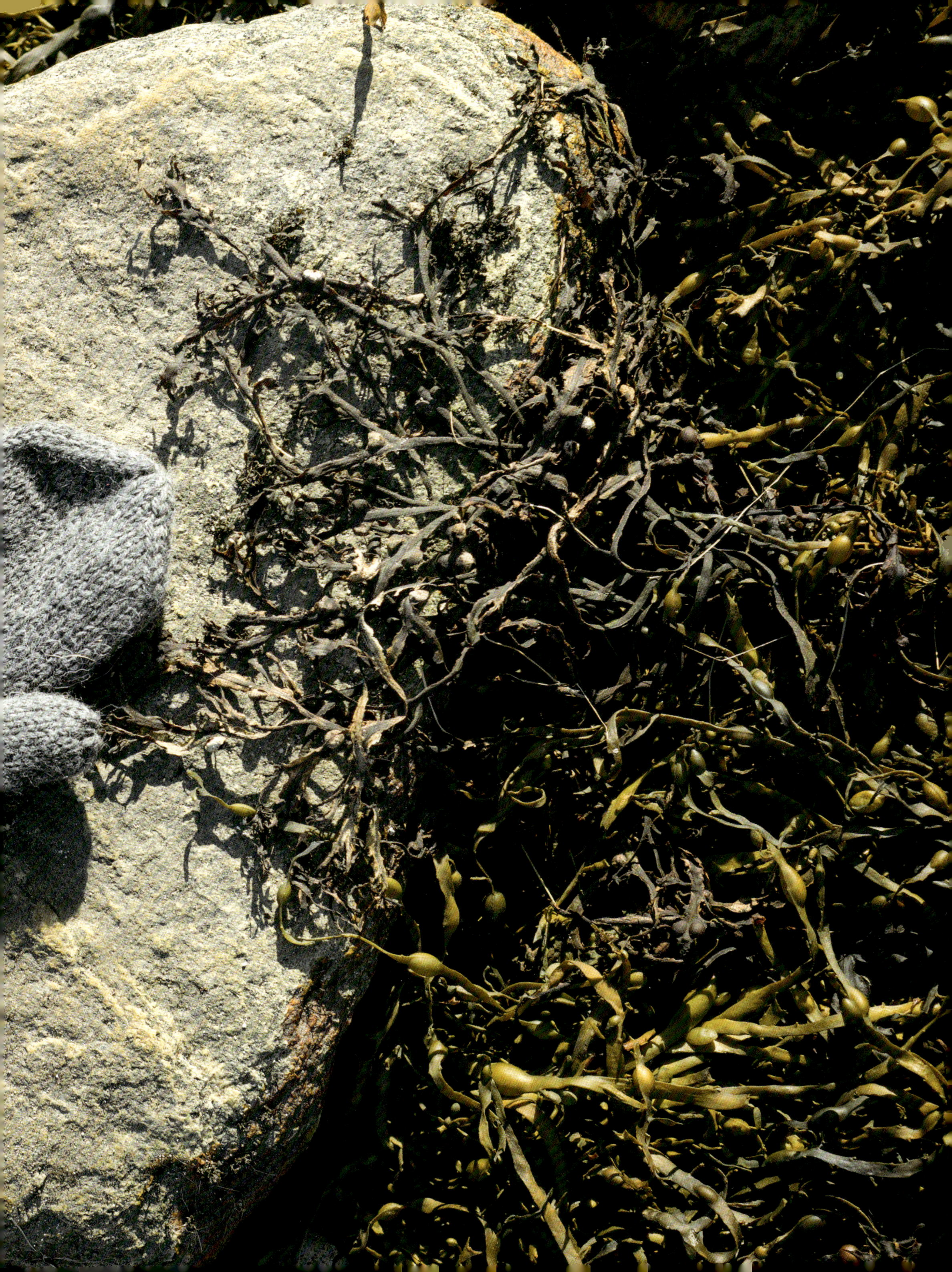

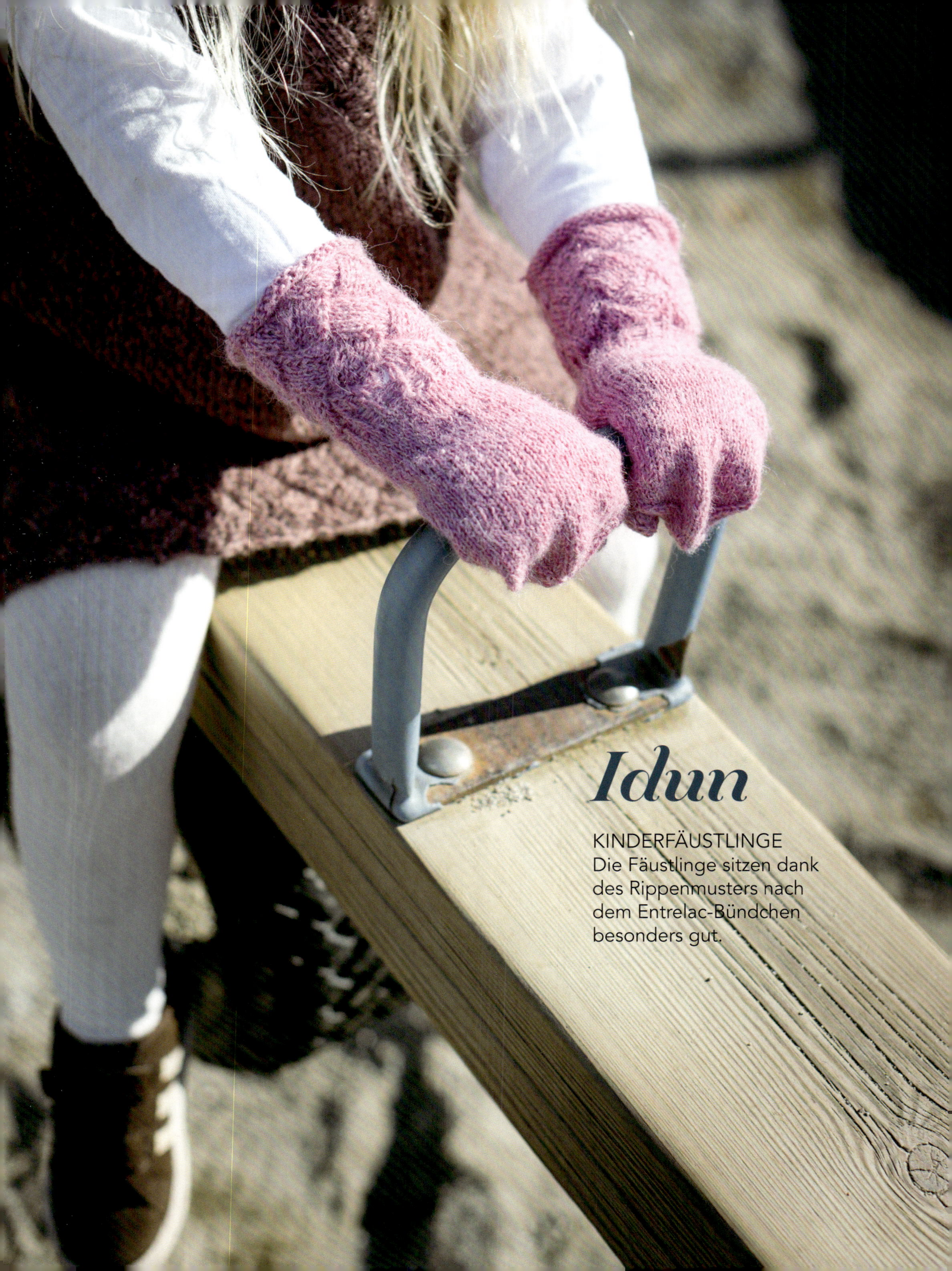

Idun

KINDERFÄUSTLINGE
Die Fäustlinge sitzen dank des Rippenmusters nach dem Entrelac-Bündchen besonders gut.

KINDERFÄUSTLINGE

GRÖSSE: 2/4 (5/7) 8/10 Jahre
GARN: Inca von Rauma
MASCHENPROBE: 26 M glatt re = 10 cm
NADELN: Nadelspiel Nr. 2,5
GARNMENGE: Farbe 776 50 g

Beide Fäustlinge

40 (48) 48 M anschlagen und 8 Rd glatt re str. 1 Rd re, dabei gleichzeitig jede 4. M abnehmen = 30 M. Nun Entrelac in Rd arbeiten. 1 Streifen mit 6 halben horizontalen Quadraten zu je 5 (6) 6 M von re nach li str. 3 (3) 4 Streifen mit ganzen Quadraten abwechselnd von li nach re und von re nach li str. Einen Streifen mit halben horizontalen Quadraten arbeiten.

Größe 2/4 und 5/7: 6 Rd Rippenmuster 1 M re verschr, 1 M li str.
Größe 8/10: 1 Rd glatt re und gleichmäßig verteilt auf 48 M zunehmen. 6 Rd Rippenmuster 1 M re verschr, 1 M li str.
Alle Größen: Nach dem Rippenmuster 1 Rd glatt re, dabei gleichmäßig verteilt auf 40 (48) 56 M zunehmen.

Linker Fäustling

Glatt re in Rd str. In der 2. Rd nach dem Rippenmuster mit den Zunahmen für den Daumenkeil beginnen:
1. Zunahme: Beidseits der vorletzten M in der Rd je 1 M zunehmen: Querfaden aufnehmen und in der nächsten Rd verschr abstricken.
2. Zunahme: 1 M neben der M der 1. Zunahme zunehmen, sodass 3 M zwischen den Zunahme-M liegen.
3. Zunahme: Nun liegen 5 M zwischen den Zunahme-M.

In jeder 3. Rd zunehmen, insg. 4-mal = 9 Daumen-M. 3 Rd ohne Zunahmen str. Nun die Daumen-M und beidseits 1 M (= 11 M) stilllegen. 3 neue M anschlagen, um die M für den Daumen zu ersetzen. Weiter 8 cm oder bis zur gewünschten Länge glatt re str.

Abnahme: Die M auf 4 Nd verteilen (Rd-Beginn liegt am Anfang der 2. Nd), 10 (12) 14 M je Nd. Auf jeder Nd wie folgt abnehmen:
1. Nd: 7 (9) 11 M re, 2 M re zusammenstr, 1 M re.
2. Nd: 1 M re, 1 M abheben, 1 M str, die abgehobene M darüberziehen, 7 (9) 11 M re.
3. Nd: Wie Nd Nr. 1
4. Nd: Wie Nd Nr. 2
So weiter in jeder Rd abnehmen, bis noch 8 M übrig sind. Es wird in jeder Rd eine M weniger je Nd. Den Faden abschneiden und durch die 8 M ziehen.

Daumen: Die stillgelegten Daumen-M auf die Nd heben und 3 M aus dem Rand aufnehmen = 12 (14) 16 M. Ca. 4 (5) 6 cm glatt re str, dann paarweise 2 M re zusammenstr, bis noch 8 M übrig sind. Den Faden abschneiden und durch die 8 M ziehen.

Rechter Fäustling

Gegengleich str, d. h., für den Daumenkeil beidseits der 2. M in der entsprechenden Rd zunehmen.
Alle Fäden vernähen.

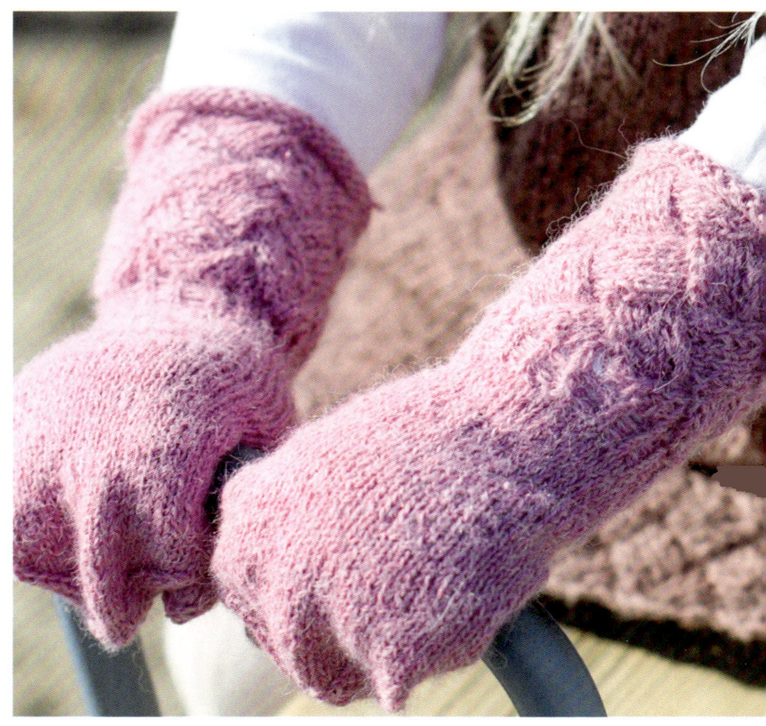

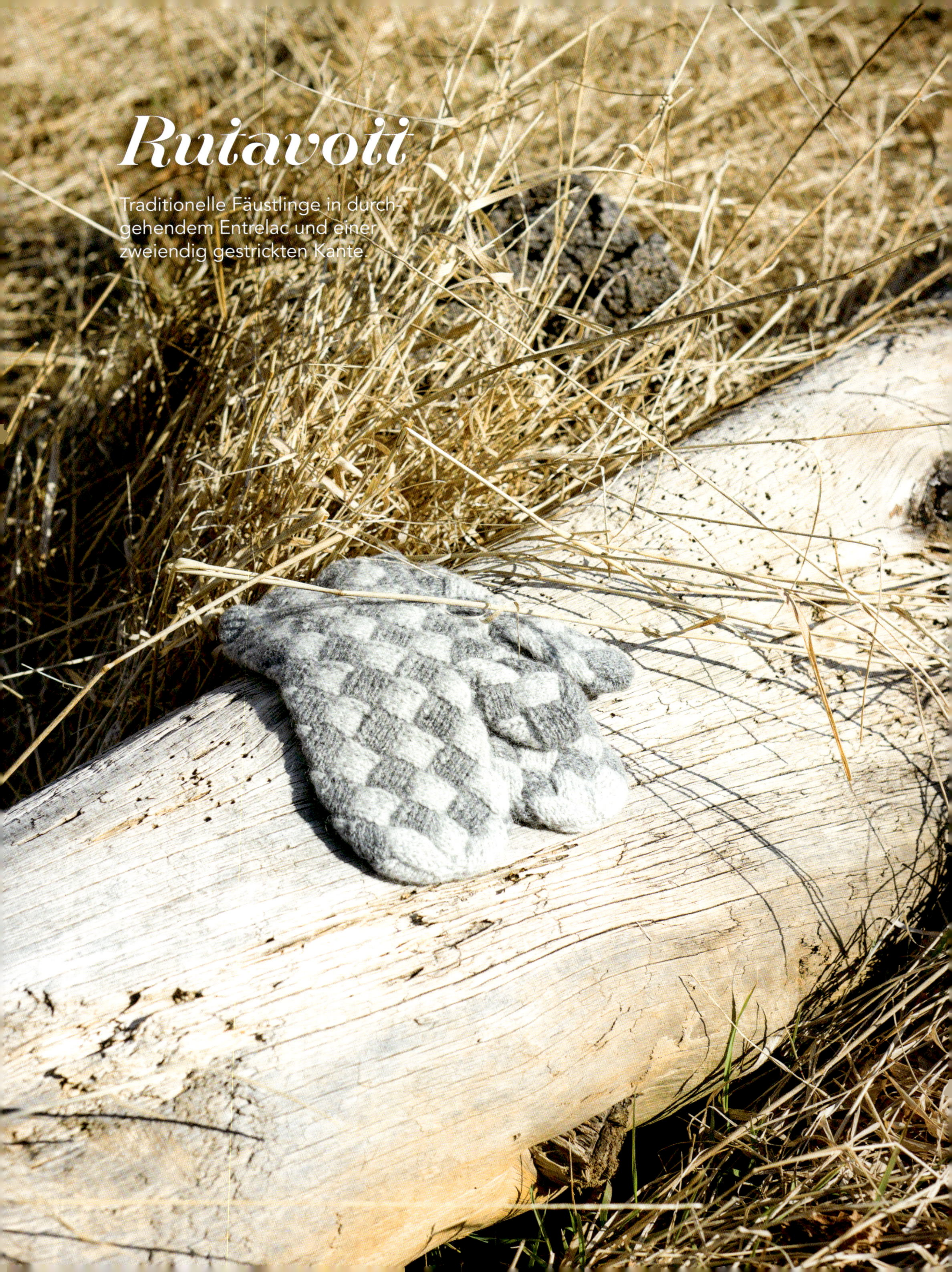

Rutavott

Traditionelle Fäustlinge in durchgehendem Entrelac und einer zweiendig gestrickten Kante.

GRÖSSE: Einheitsgröße für Damen (Herren)
GARN: Finull von Rauma
MASCHENPROBE: 26 M glatt re = 10 cm
NADELN: Nadelspiel Nr. 2,5
GARNMENGE:
FARBE 1: Graumeliert (404-x) (Hellgraumeliert – 403-x) 100 g
FARBE 2: Natur (401-x) (Dunkelgraumeliert – 405-x) 100 g

Beide Fäustlinge

84 (98) M auf Nd Nr. 2,5 in Fb 1 anschlagen.
1 Zopf in Zweienden-Technik str (siehe S. 16). Wenn der Zopf beim zweiten Fäustling andersherum liegen soll, vertauschen Sie einfach die Reihenfolge von Rd 2 und 3. 1 Rd re str.

Rechter Fäustling

1. Streifen: Ganze Quadrate in Fb 1 von re nach li str.

1. Nd: (von re nach li): 1 M abh, 5 (6) M str, 1 M abh, 1 M re, die abgehobene M darüberziehen.

Die 1. und 2. R insg. 5 (6)x wdh. Zum Schluss noch einmal die 1. R str. Nun ist ein ganzes Quadrat zu 6 (7) M gestrickt. So fortfahren, bis 1 Streifen mit insg. 7 ganzen Quadraten gestrickt ist.

Nun werden normale Quadrate abwechselnd nach re und nach li gestrickt, bis insg. 9 Streifen mit ganzen Quadraten gestrickt sind. Die Streifen abwechselnd in jeder Farbe str.

Den 10. Streifen wie folgt str:
4 ganze Quadrate str.
Quadrat Nr. 5: 6 (7) M aufnehmen, diese M hin und zurück str, insg. 12 (14) R., jedoch nicht mit dem Quadrat des vorigen Streifens zusammenstr. Die beiden nächsten Quadrate des vorigen Streifens auf einem Hilfsfaden oder einer Sicherheitsnadel stilllegen. Diese M sind für den Daumen vorgesehen.
Quadrat Nr. 6: 6 (7) neue M anschlagen. Diese M hin und zurück str, dabei mit dem letzten Quadrat des vorigen Streifens zusammenstr. Der 11. und alle weiteren Streifen haben nur 6 Quadrate. Weiter Entrelac mit ganzen Quadraten str, bis insg. 15 (16) Streifen gestrickt sind. Mit einer Sternenabnahme (siehe S. 15) enden. Alle Fäden vernähen.

Daumen: 6 (7) neue M aus der Anschlagskante für das neue Quadrat im 10. Streifen aufnehmen. 6 (7) M aus dem Rand des vorletzten Quadrats im 10. Streifen aufnehmen. Ein ganzes Quadrat über die letzten 6 (7) aufgenommenen M str und das Quadrat mit den ersten 6 (7) aufgenommenen M zusammenstr. Die stillgelegten M zurück auf die Nd heben. Nun sind es 3 Quadrate für den Daumen. 3 Streifen Entrelac mit ganzen Quadraten str. Mit einer Sternenabnahme wie beim Fäustling enden.

Linker Fäustling

Gegengleich zum rechten Fäustling arbeiten, d. h., den 1. Streifen von li nach re str usw.

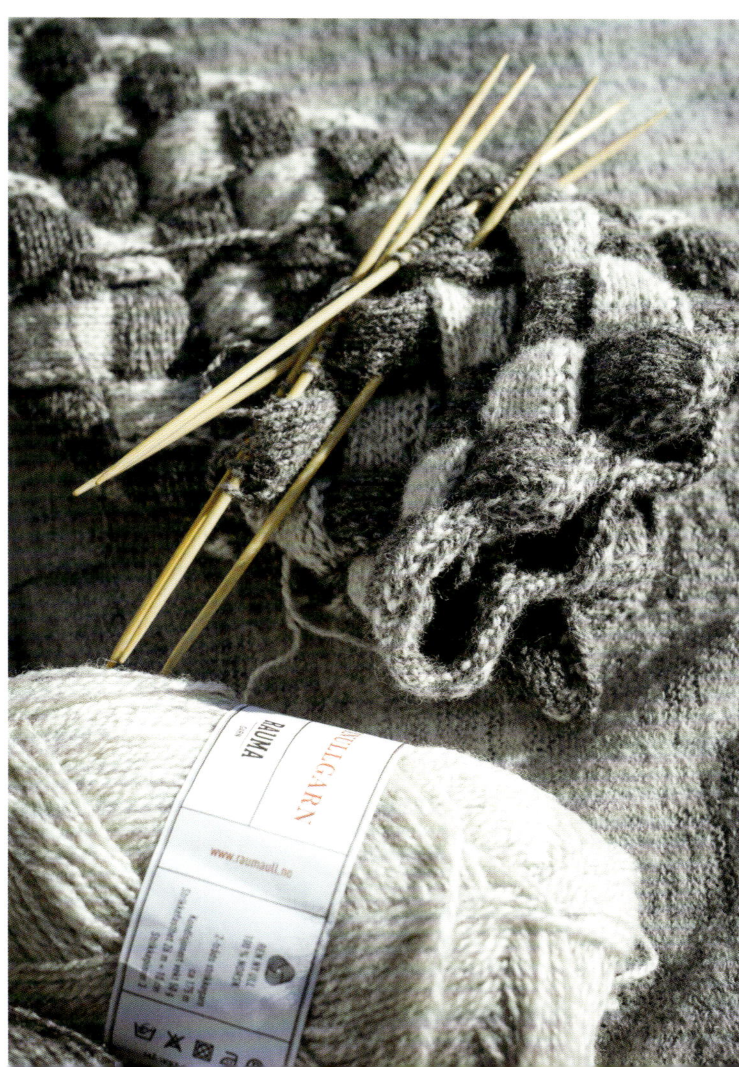

Frøya

Ein Set aus wunderschönen Damenhandschuhen und Baskenmütze. Die Anleitung ist für eine Damengröße. Für ein Herrenmodell verwenden Sie ein etwas dickeres Garn und stärkere Nadeln, damit sie etwas größer wird. Die Mütze wird von oben nach unten gestrickt.

FINGERHANDSCHUHE

GRÖSSE: Damen S/M (M/L)
GARN: Sølje von Hillesvåg
MASCHENPROBE: 25 M glatt re = 10 cm
NADELN: Nadelspiel Nr. 2,5
GARNMENGE: Cognac (642103) 100 g

Linker Handschuh

56 (56) M anschlagen und 8 Rd re str. 1 Rd re str, dabei gleichzeitig jede 4. M abnehmen = 42 (42) M. Nun Entrelac str. 1 Streifen mit 6 halben horizontalen Quadraten zu je 7 M von re nach li str. Weitere 5 Streifen mit ganzen Quadraten abwechselnd nach li und nach re str. 1 Streifen mit halben horizontalen Quadraten str. Die Arbeit hat nun 42 M. Weiter glatt re in Rd str, dabei in der 1. Rd gleichmäßig verteilt auf 48 (56) M zunehmen. Ab hier messen: Wenn die Arbeit 1 cm misst, mit den Zunahmen für den Daumenkeil beginnen.

Den Keil wie folgt str:
1. Zunahme: Beidseits der vorletzten M in der Rd je 1 M zunehmen: Querfaden aufnehmen und in der nächsten Rd verschr abstricken.
2. Zunahme: 1 M neben der M der 1. Zunahme zunehmen, sodass 3 M zwischen den Zunahme-M liegen.
3. Zunahme: Nun sind 5 M zwischen den Zunahme-M usw.

In jeder 3. Rd zunehmen, insg. 5 (6)x = 11 (13) Daumen-M. Weiter glatt re str, bis die Arbeit ab dem Entrelac 6 (7) cm misst. Nun die Daumen-M und beidseits 1 M (= insg. 13 (15) M) auf einem Hilfsfaden stilllegen. 3 neue M anschlagen, um die M für den Daumen zu ersetzen. Weiter bis 9 (11) cm ab Entrelac glatt re str.

Die M auf 2 Hilfsfäden legen: die M von Nd 1 und 2 auf einen Faden, die M von Nd 3 und 4 auf einen Faden (der Rd-Beginn ist am Anfang der 1. Nd).

Zeigefinger: 7 (8) M von jedem Faden aufnehmen und 2 neue M zum Mittelfinger hin anschlagen = 16 (18) M. Nach ca. 6,5 (7,5) cm glatt re in Rd die M paarweise re zusammenstr. Wenn noch 8 M übrig sind, den Faden abschneiden und durch die 8 M ziehen.

Mittelfinger: 6 (7) M von jedem Faden aufnehmen und 2 neue M zum Zeigefinger hin anschlagen = 15 (17) M. Nach ca. 7,5 (8,5) cm glatt re in Rd die M paarweise re zusammenstr. Wenn noch 8 M übrig sind, den Faden abschneiden und durch die 8 M ziehen.

Ringfinger: 6 (7) M von jedem Faden aufnehmen und 1 neue M zum Mittelfinger hin anschlagen = 14 (16) M. Nach ca. 7 (8) cm glatt re in Rd die M paarweise re zusammenstr. Wenn noch 8 M übrig sind, den Faden abschneiden und durch die 8 M ziehen.

Kleiner Finger: 5 (6) M von jedem Faden aufnehmen und 2 neue M zum Ringfinger hin anschlagen = 12 (14) M. Nach ca. 5,5 (6,5) cm glatt re in Rd die M paarweise re zusammenstr. Wenn noch 8 M übrig sind, den Faden abschneiden und durch die 8 M ziehen.

Daumen: Die stillgelegten Daumen-M auf die Nd heben und 3 M zur Hand hin aufnehmen = 16 (18) M. Nach ca. 5,5 (6) cm glatt re in Rd die M paarweise re zusammenstr. Wenn noch 8 M übrig sind, den Faden abschneiden und durch die 8 M ziehen.

Rechter Handschuh

Gegengleich zum linken str, d. h., für den Daumenkeil beidseits der 2. M der Rd zunehmen. Alle Fäden vernähen.

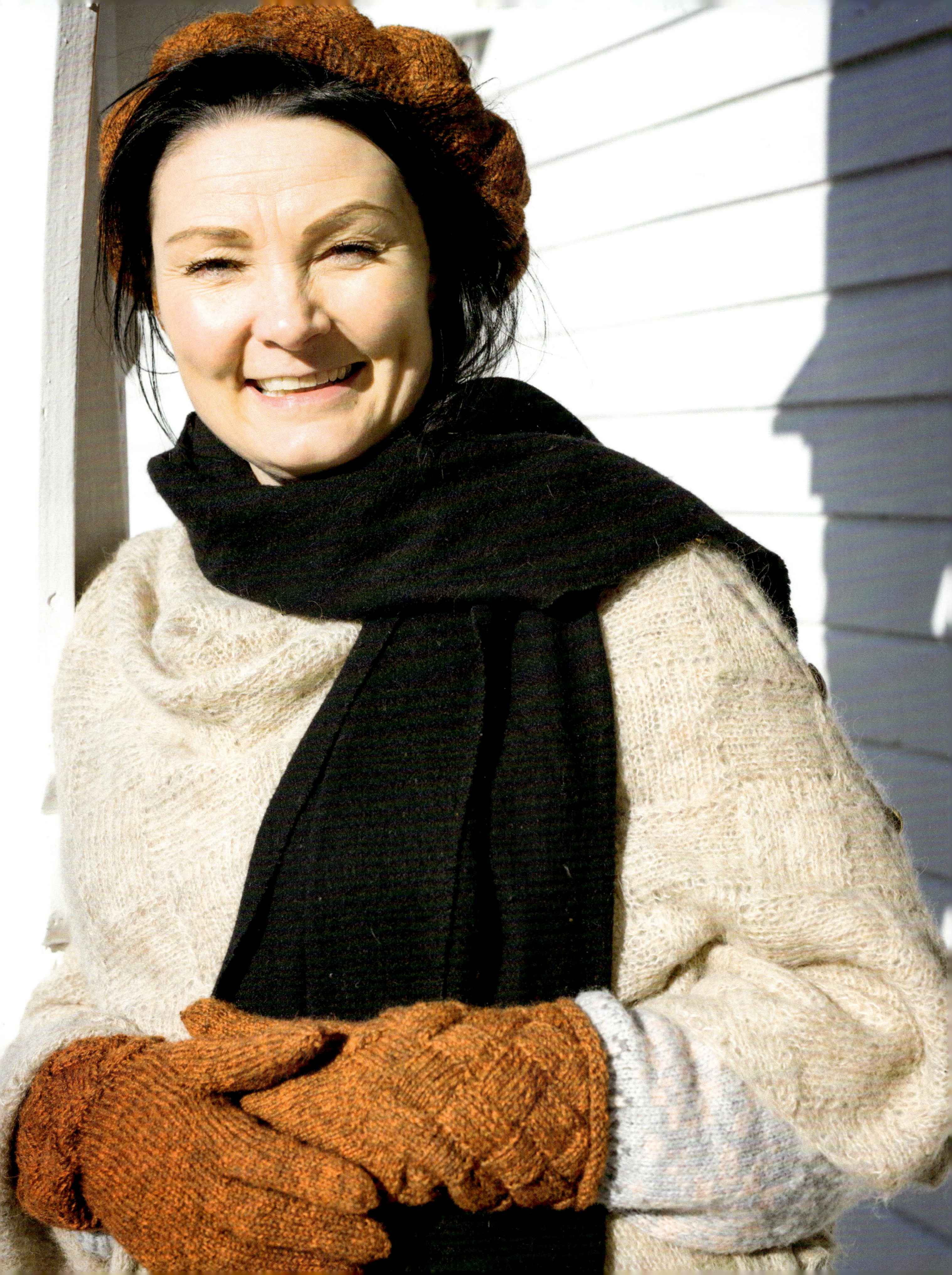

BASKENMÜTZE

GRÖSSE: Damen (Kopfumfang 57–58 cm)
GARN: Sølje von Hillesvåg
MASCHENPROBE: 25 M glatt re = 10 cm
NADELN: Rundstricknadel Nr. 3
GARNMENGE: Cognac (642103) 100 g

---

1. Streifen: 6 M anschlagen. 12 R glatt re hin und zurück str = 1. Quadrat. 6 M aus dem rechten Rand dieses Quadrats aufnehmen, in beide Maschenglieder einstechen. 12 R glatt re über diese 6 M str = 2. Quadrat. So fortfahren, d. h., neue Quadrate aus dem rechten Rand des zuletzt gestrickten Quadrats str, bis es insg. 10 Quadrate sind.

Ab nun Entrelac in Rd str.

2. Streifen: Ganze Quadrate von re nach li str, dabei auf 8 M je Quadrat zunehmen (sowohl M als auch Rd zunehmen, siehe Zunahmen S. 14).
3. Streifen: Ganze Quadrate von li nach re str, dabei auf 10 M je Quadrat zunehmen.
4. Streifen: Ganze Quadrate von re nach li str, dabei auf 12 M je Quadrat zunehmen.
5. Streifen: Ganze Quadrate von li nach re str, dabei auf 14 M je Quadrat zunehmen.
6. Streifen: Ganze Quadrate von re nach li str, dabei auf 16 M je Quadrat zunehmen.
7. Streifen: Halbe horizontale Quadrate von li nach re str, dabei auf 14 M je Quadrat abnehmen.

Nun sind 140 M auf der Nd. 1 Rd glatt re str, dabei gleichmäßig verteilt auf 130 M abnehmen. 8 Rd im Rippenmuster 1 M re, 1 M li str. Locker abketten. Das 1. und das letzte Quadrat oben an der Mützenspitze zusammenstr oder zusammennähen. Den Faden nach innen ziehen und fest anziehen.
Alle Fäden vernähen.

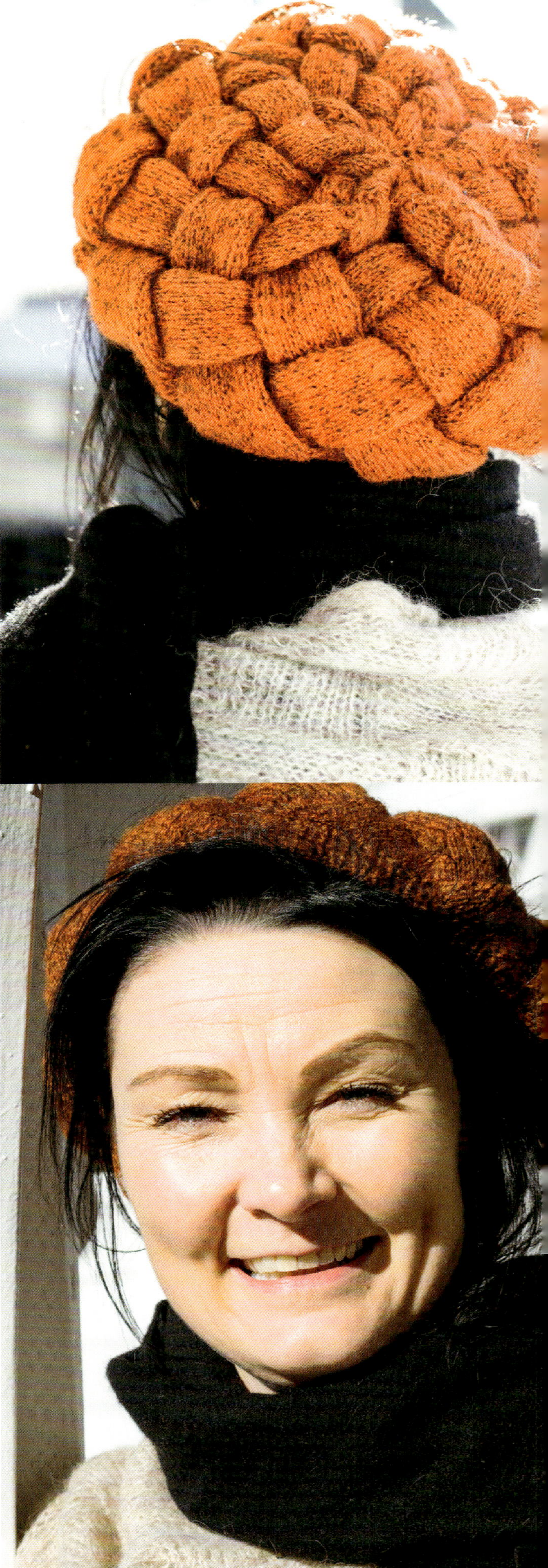

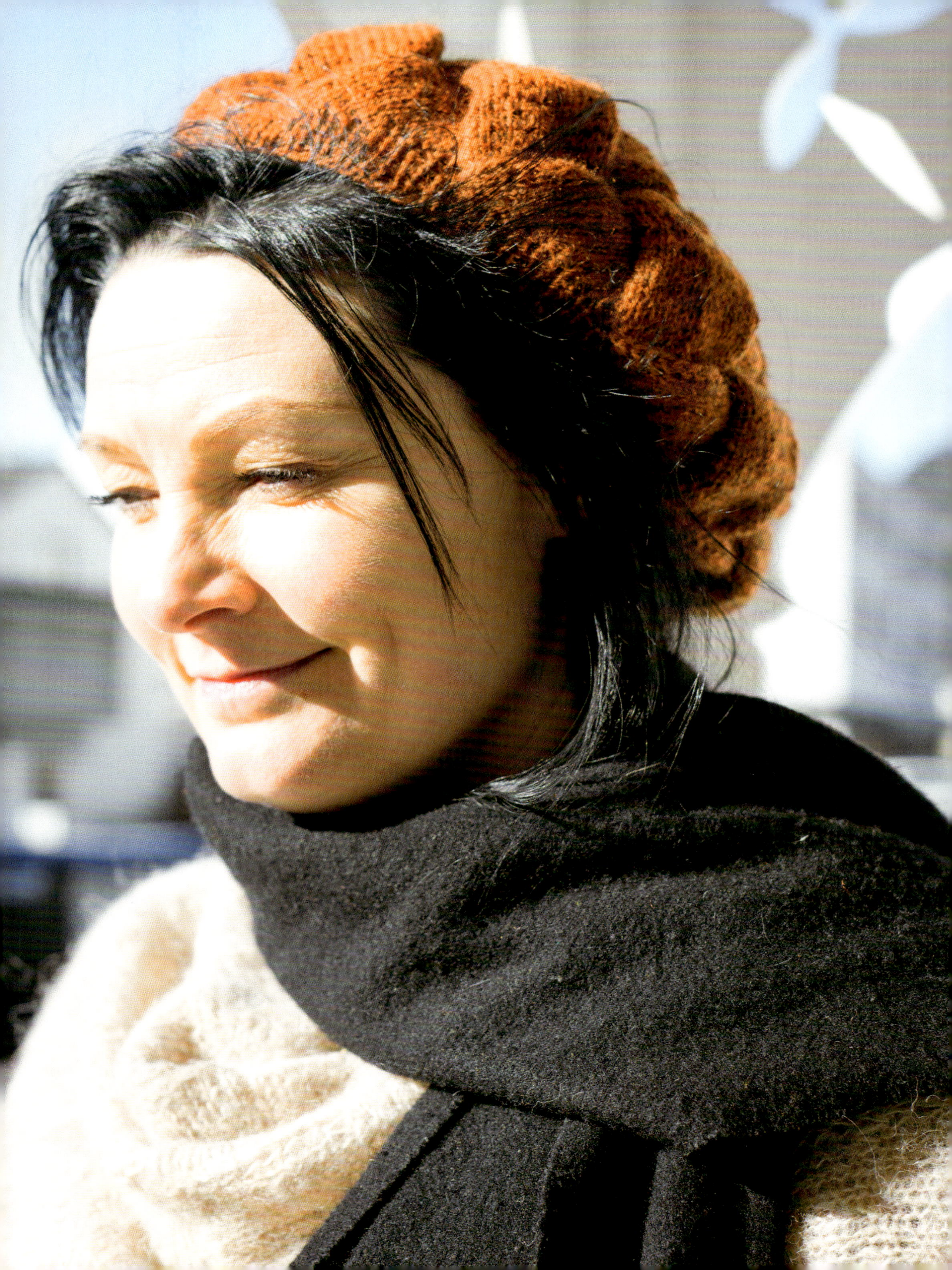

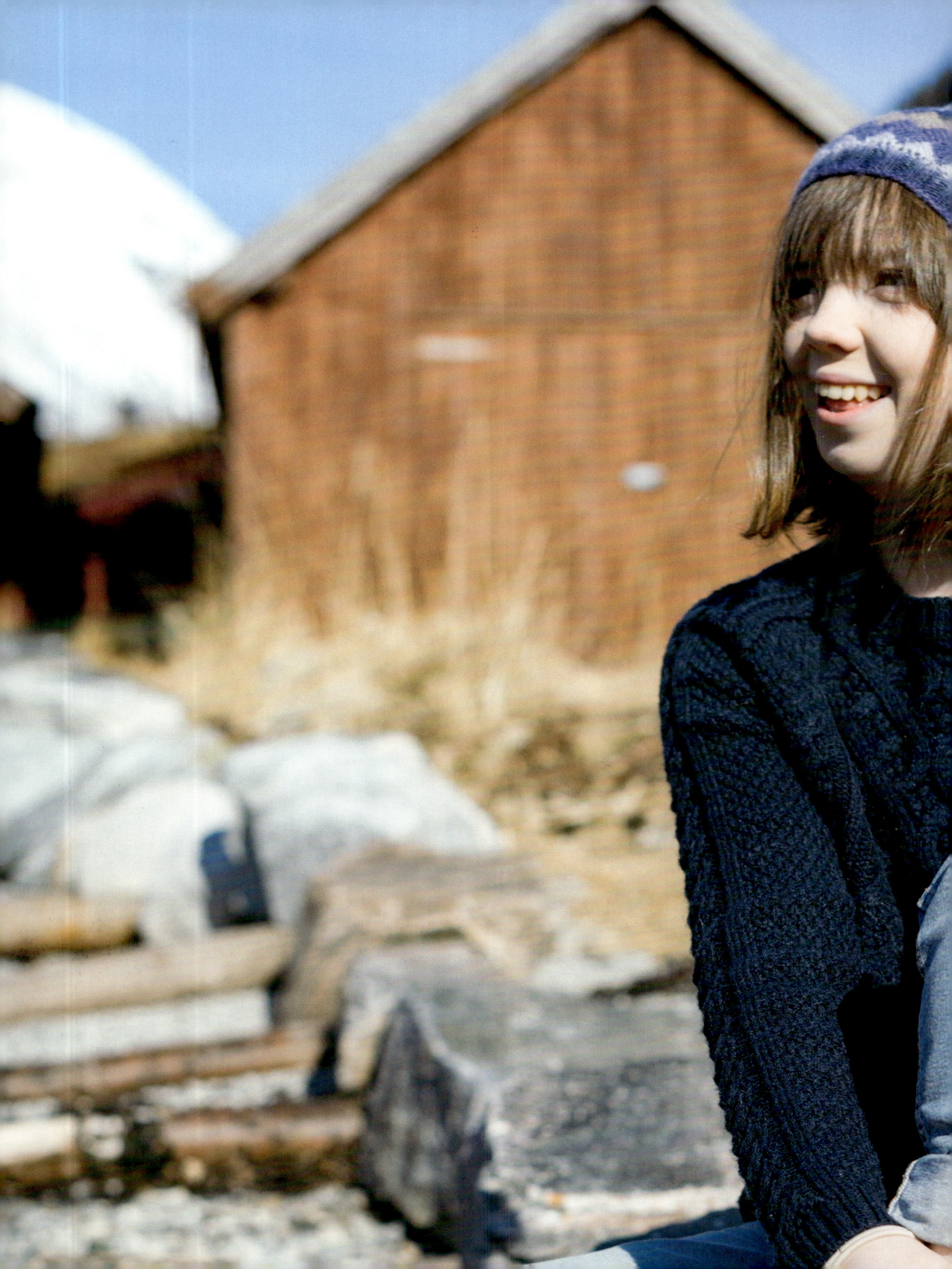

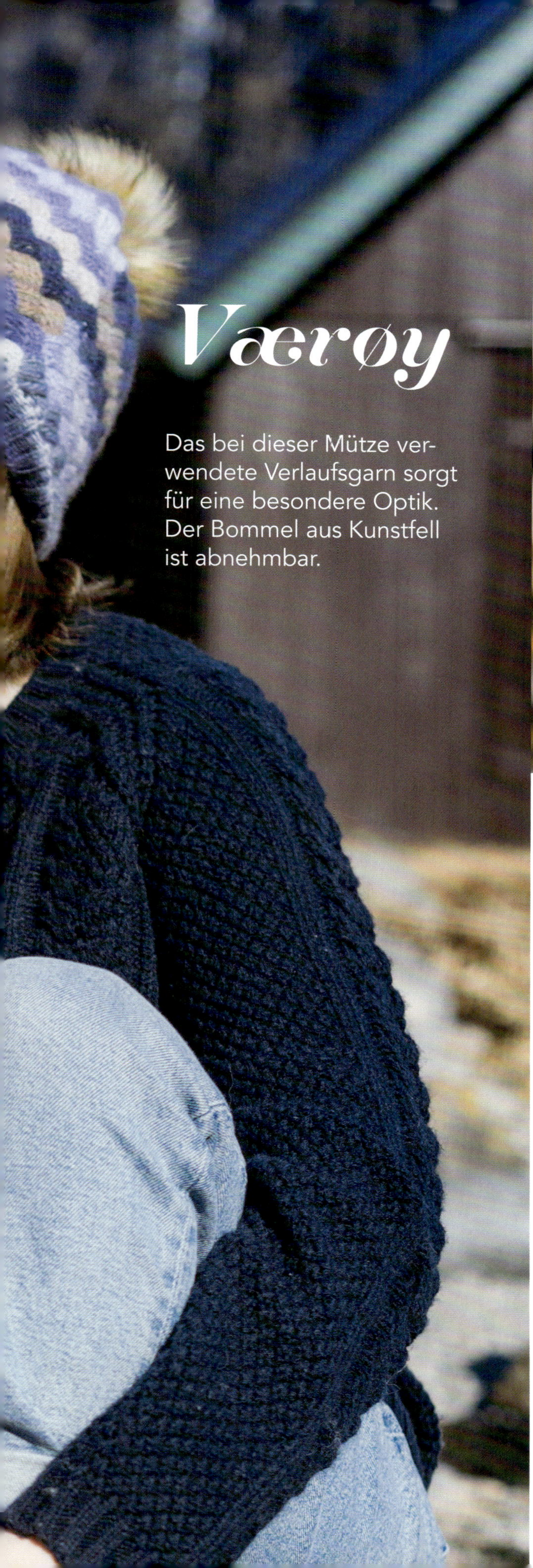

Værøy

Das bei dieser Mütze verwendete Verlaufsgarn sorgt für eine besondere Optik. Der Bommel aus Kunstfell ist abnehmbar.

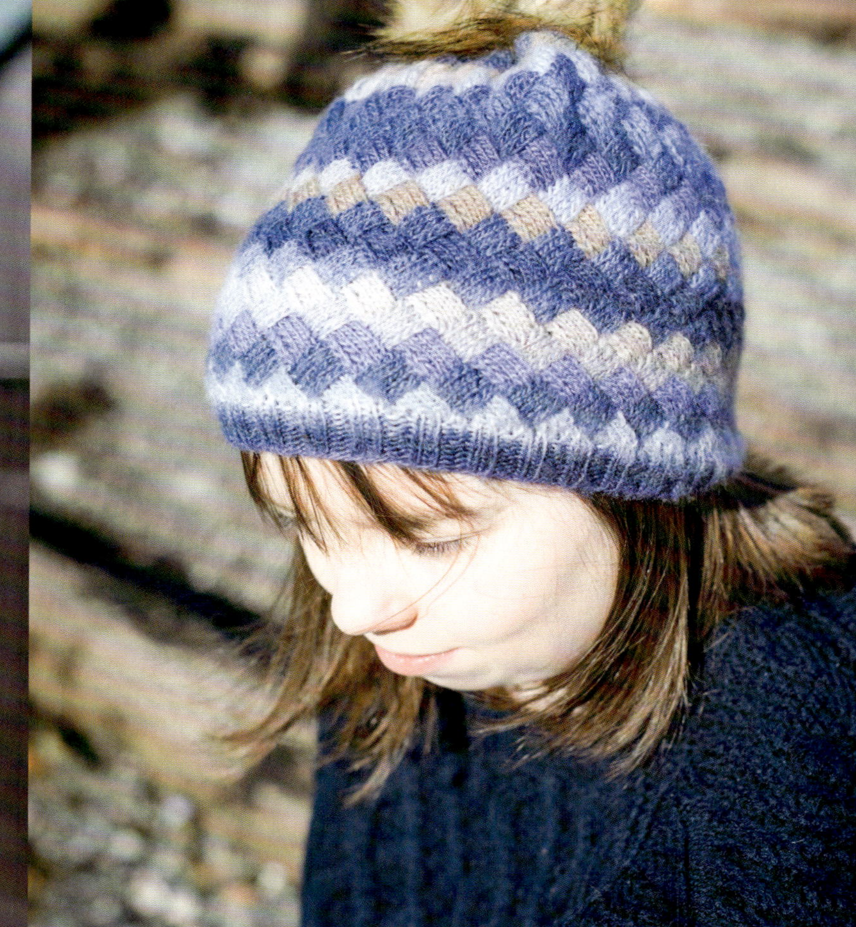

GRÖSSE: Einheitsgröße für Damen
GARN: Nordlys von Viking garn
MASCHENPROBE: 28 M glatt re = 10 cm
NADELN: Rundstricknadel Nr. 3
GARNMENGE: 100 g
FARBE: 967

---

120 M anschlagen. 10 cm Rippenmuster 2 M re, 2 M li in Rd str. Nun mit dem Entrelac beginnen. Einen Streifen mit 24 halben horizontalen Quadraten zu je 5 M von re nach li str. 16 Streifen mit ganzen Quadraten abwechselnd von li nach re und von re nach li str. Die Arbeit mit einer Sternenabnahme (siehe S. 15) beenden.

Alle Fäden vernähen. Einen Bommel annähen oder mit einem Druckknopf befestigen, um ihn beim Waschen abnehmen zu können.

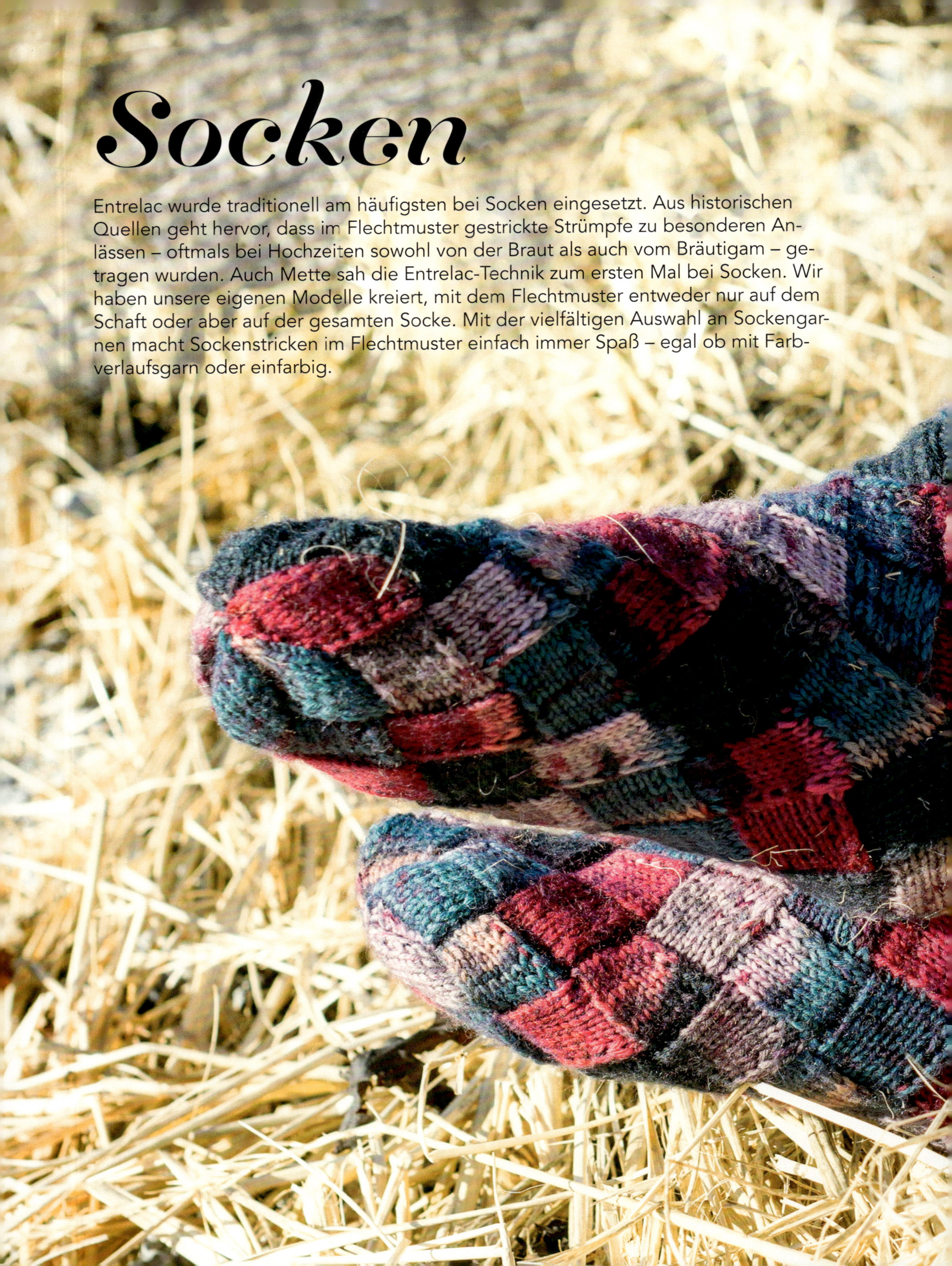

Socken

Entrelac wurde traditionell am häufigsten bei Socken eingesetzt. Aus historischen Quellen geht hervor, dass im Flechtmuster gestrickte Strümpfe zu besonderen Anlässen – oftmals bei Hochzeiten sowohl von der Braut als auch vom Bräutigam – getragen wurden. Auch Mette sah die Entrelac-Technik zum ersten Mal bei Socken. Wir haben unsere eigenen Modelle kreiert, mit dem Flechtmuster entweder nur auf dem Schaft oder aber auf der gesamten Socke. Mit der vielfältigen Auswahl an Sockengarnen macht Sockenstricken im Flechtmuster einfach immer Spaß – egal ob mit Farbverlaufsgarn oder einfarbig.

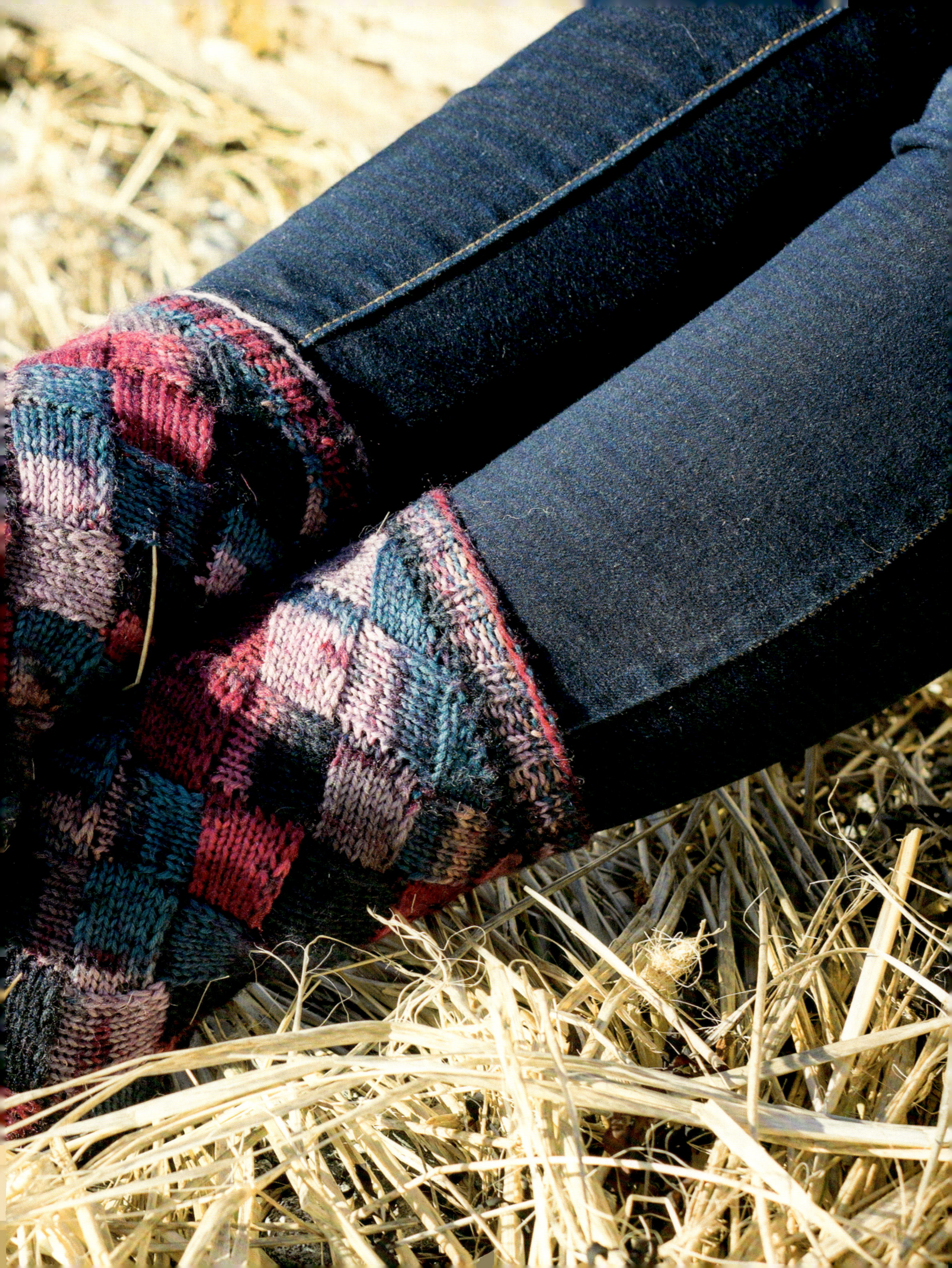

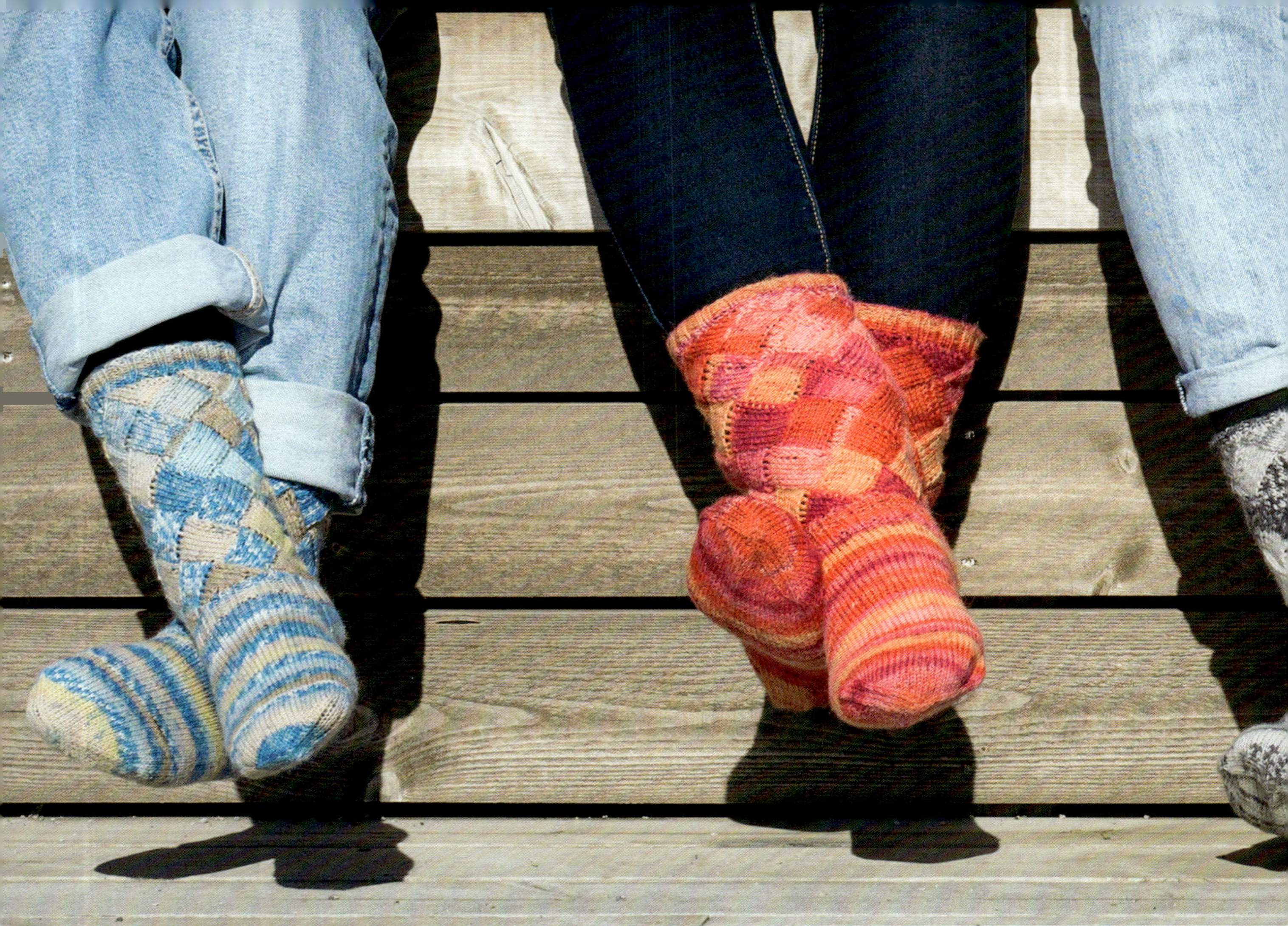

Saga

SOCKEN FÜR ERWACHSENE

Mit Entrelac auf dem Schaft

GRÖSSE: 35/37 (38/40) 41/43 (44/46)
FUSSLÄNGE: 21,3–23,3 (23,3–25,3) 25,3–27,3 (27,3–29,9) cm
GARN: Fabel von Drops
MASCHENPROBE: 24 M glatt re = 10 cm
NADELN: Nadelspiel Nr. 2,5
GARNMENGE: 100 (100) 150 (150) g
FARBE: Guacamole (151)
FARBALTERNATIVE 1: Sunset (310)
FARBALTERNATIVE 2: Weinrot (672)
FARBALTERNATIVE 3: Salz und Pfeffer (905)
FARBALTERNATIVE 4: Sea mist (910)

---

64 (72) 80 (80) M auf Nadelspiel Nr. 2,5 anschlagen. 1 Rd re. 10 Rd Rippenmuster 1 M re, 2 M li. 1 Rd re, dabei alle rechten M paarweise re zusammenstr = 48 (54) 60 (60) M. Nun mit dem Entrelac beginnen. Einen Streifen mit 6 halben horizontalen Quadraten zu je 8 (9) 10 (10) M von re nach li str.

7 (7) 8 (8) Streifen mit ganzen Quadraten abwechselnd nach re und nach li str. Einen Streifen mit halben horizontalen Quadraten str.

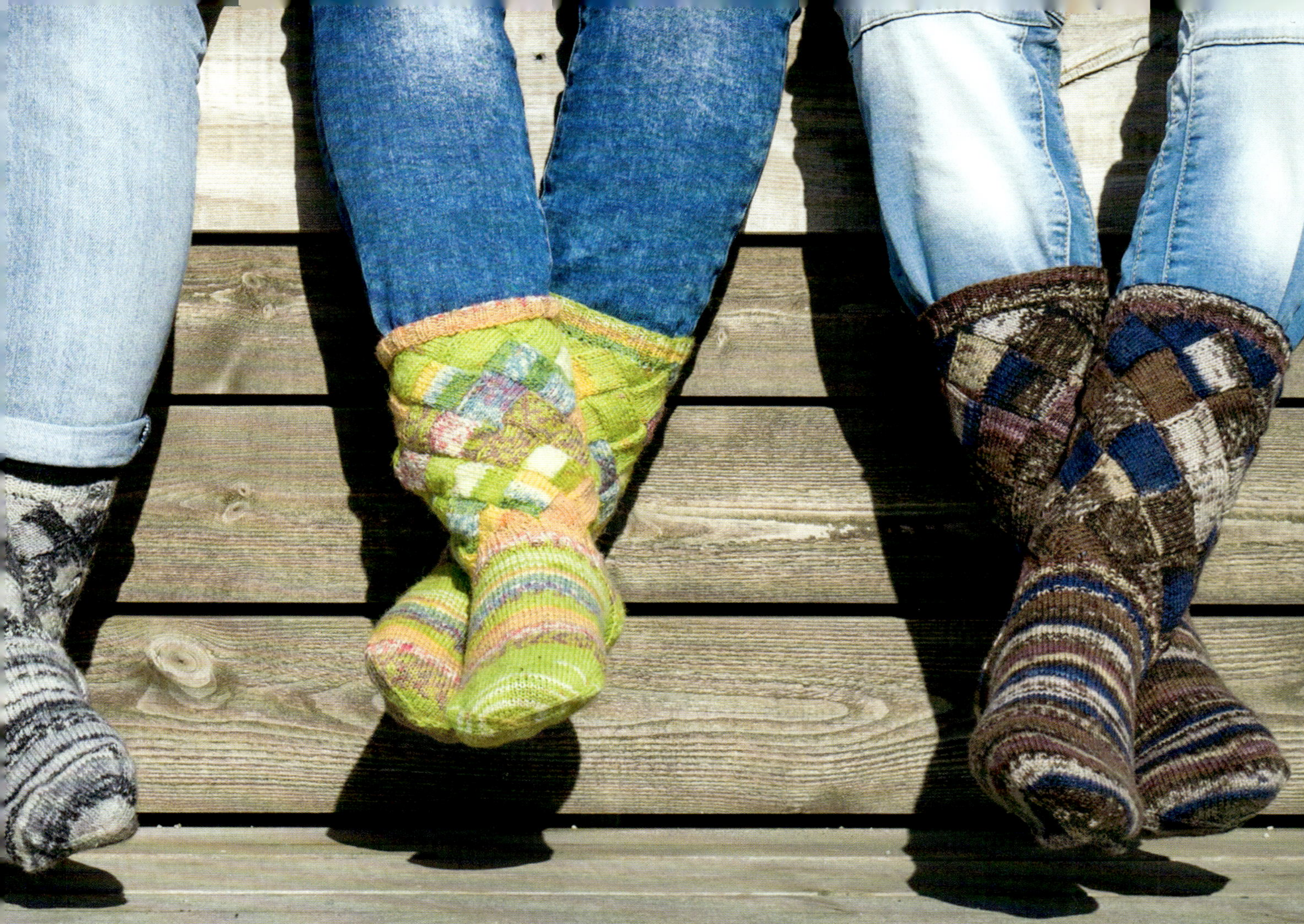

1 Rd re, dabei auf die ursprüngliche Maschenzahl zunehmen = 64 (72) 80 (80) M. Die M gleichmäßig auf den 4 Nd verteilen. 10 Rd Rippenmuster 1 M re, 1 M li.

Fersenkäppchen: Die Ferse wird über die 32 (36) 40 (40) M auf der 1. und 4. Nd gestrickt. 24 (28) 32 (32) R glatt re.

Fersenabnahme: In der Mitte des Käppchens beginnen: 3 M re, 1 M abheben, 1 M re, die abgehobene M darüberziehen, wenden, 1 M li abheben, 6 M li, 2 M li zusammenstr, wenden, 1 M abheben, 6 M re, 1 M abheben, 1 M re, die abgehobene M darüberziehen. So oft wdh, bis beidseits alle M abgenommen sind und der Rand erreicht ist. Ab hier am besten auf der re Seite der Arbeit str, damit Sie nicht wenden und li str müssen.

Fuß: Die 4 M auf der 1. Nd str, 12 (14) 16 (16) M aus dem Käppchenrand aufnehmen. Die M der 2. und 3. Nd re str. 12 (14) 16 (16) M aus dem Käppchenrand aufnehmen plus die 4 M der 4. Nd = 64 (72) 80 (80) M. Die neuen M auf die 1. und 4. Nd setzen = 16 (18) 20 (20) M je Nd. Glatt re in Rd str, bis die Arbeit ab Ferse ca. 18 (19) 21 (23) cm misst oder die gewünschte Länge hat.

Spitze: Der Rd-Beginn liegt in der rückwärtigen Mitte. Nun auf den 4 Nd wie folgt str:
1. Nd: 13 (15) 17 (17) M re, 2 M re zusammenstr, 1 M re.
2. Nd: 1 M re, 1 M abheben, 1 M re, die abgehobene M darüberziehen, 13 (15) 17 (17) M re.
3. Nd: Wie Nd Nr. 1.
4. Nd: Wie Nd Nr. 2.
Es wird in jeder Rd auf jeder Nd 1 M abgenommen. Wenn insg. noch 8 M übrig sind, den Faden abschneiden und durch die 8 M ziehen.

Die 2. Socke genauso str. Alle Fäden vernähen.

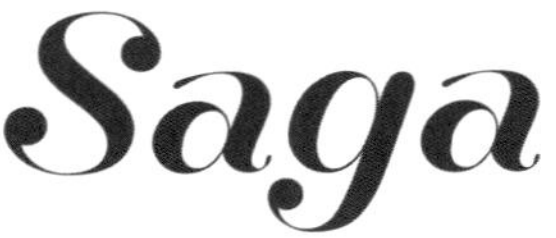

SOCKEN FÜR KINDER

Mit Entrelac auf dem Schaft

GRÖSSE: 22/23 (24/25) 26/27 (28/29) 30/32 (33/34)
FUSSLÄNGE: 12,7–14,1 (14,1–15,3) 15,3–16,6 (16,6–18) 18–20 (20–21,3) cm
GARN: Fabel von Drops
MASCHENPROBE: 24 M glatt re = 10 cm
NADELN: Nadelspiel Nr. 2,5
GARNMENGE: 100 g
FARBE: Texmex (153)

---

40 (43) 43 (48) 48 (56) M auf Nadelspiel Nr. 2,5 anschlagen.
Größe 22/23 (24/25) 26/27: 8 Rd glatt re. 1 Rd str, dabei gleichmäßig verteilt auf 30 (35) 35 M abnehmen.
Größe (28/29) 30/32 (33/34): 1 Rd re. 8 Rd Rippenmuster 2 M re, 2 M li. 1 Rd re, dabei die rechten M paarweise zusammenstr = (36) 36 (42) M.

Alle Größen: Nun mit dem Entrelac beginnen.
1 Streifen mit 6 (5) 5 (6) 6 (6) halben horizontalen Quadraten zu je 5 (7) 7 (6) 6 (7) M von re nach li str.

3 (5) 6 (7) 7 (7) Streifen oder eine gewünschte Länge mit ganzen Quadraten abwechselnd nach re und nach li str. 1 Streifen mit halben horizontalen Quadraten str.

1 Rd re, dabei gleichmäßig verteilt auf 40 (44) 44 (48) 48 (56) zunehmen. 8 Rd Rippenmuster 2 M re, 2 M li str. Die M gleichmäßig auf den 4 Nd verteilen = 10 (11) 11 (12) 12 (14) M je Nd.

Fersenkäppchen: Die Ferse wird über die 20 (22) 22 (24) 24 (28) M auf der 1. und 4. Nd gestrickt. 16 (18) 18 (20) 20 (24) R glatt re str.

Fersenabnahme: In der Mitte des Fersenkäppchens beginnen: 2 M re, 1 M abheben, 1 M re, die abgehobene M darüberziehen, wenden, 1 M li abheben, 4 M li, 2 M li zusammenstr, wenden, 1 M abheben, 4M re, 1 M abheben, 1 M re, die abgehobene M darüberziehen. So oft wdh, bis der Rand erreicht ist. Ab hier auf der rechten Seite der Arbeit str, damit Sie nicht wenden und li str müssen.

Fuß: Die 3 M auf der 1. Nd str, 7 (8) 8 (9) 9 (11) M aus dem Käppchenrand aufnehmen. Die M der 2. und 3. Nd re str. 7 (8) 8 (9) 9 (11) M aus dem Käppchenrand aufnehmen plus die 4 M auf der 4. Nd = 40 (44) 44 (48) 48 (56) M. Die neuen M auf die 1. und 4. Nd setzen, sodass auf jeder Nd gleich viele M sind. Glatt re in Rd str, bis die Arbeit ab der Ferse ca. 11,5 (13) 14 (15) 16 (17) cm misst oder die gewünschte Länge hat.

Spitze: Der Rd-Beginn liegt in der rückwärtigen Mitte. Nun auf den 4 Nd wie folgt str:
1. Nd: 7 (8) 8 (9) 9 (11) M re, 2 M re zusammenstr, 1 M re.
2. Nd: 1 M re, 1 M abheben, 1 M re, die abgehobene M darüberziehen, 7 (8) 8 (9) 9 (11) M re.
3. Nd: Wie Nd Nr. 1.
4. Nd: Wie Nd Nr. 2.
Es wird in jeder Rd auf jeder Nd 1 M abgenommen. Wenn insg. noch 8 M übrig sind, den Faden abschneiden und durch die 8 M ziehen.

Die 2. Socke genauso str. Alle Fäden vernähen.

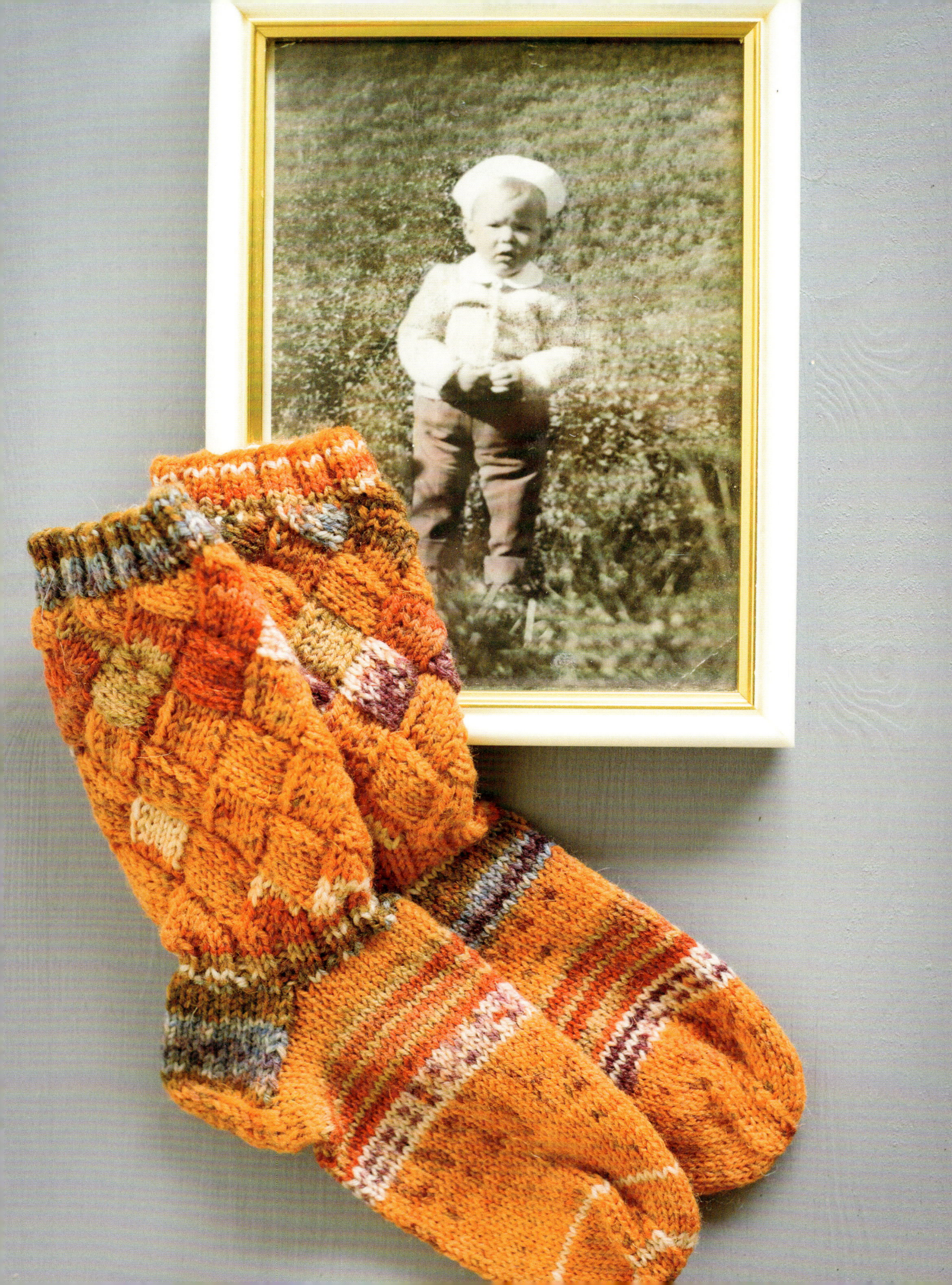

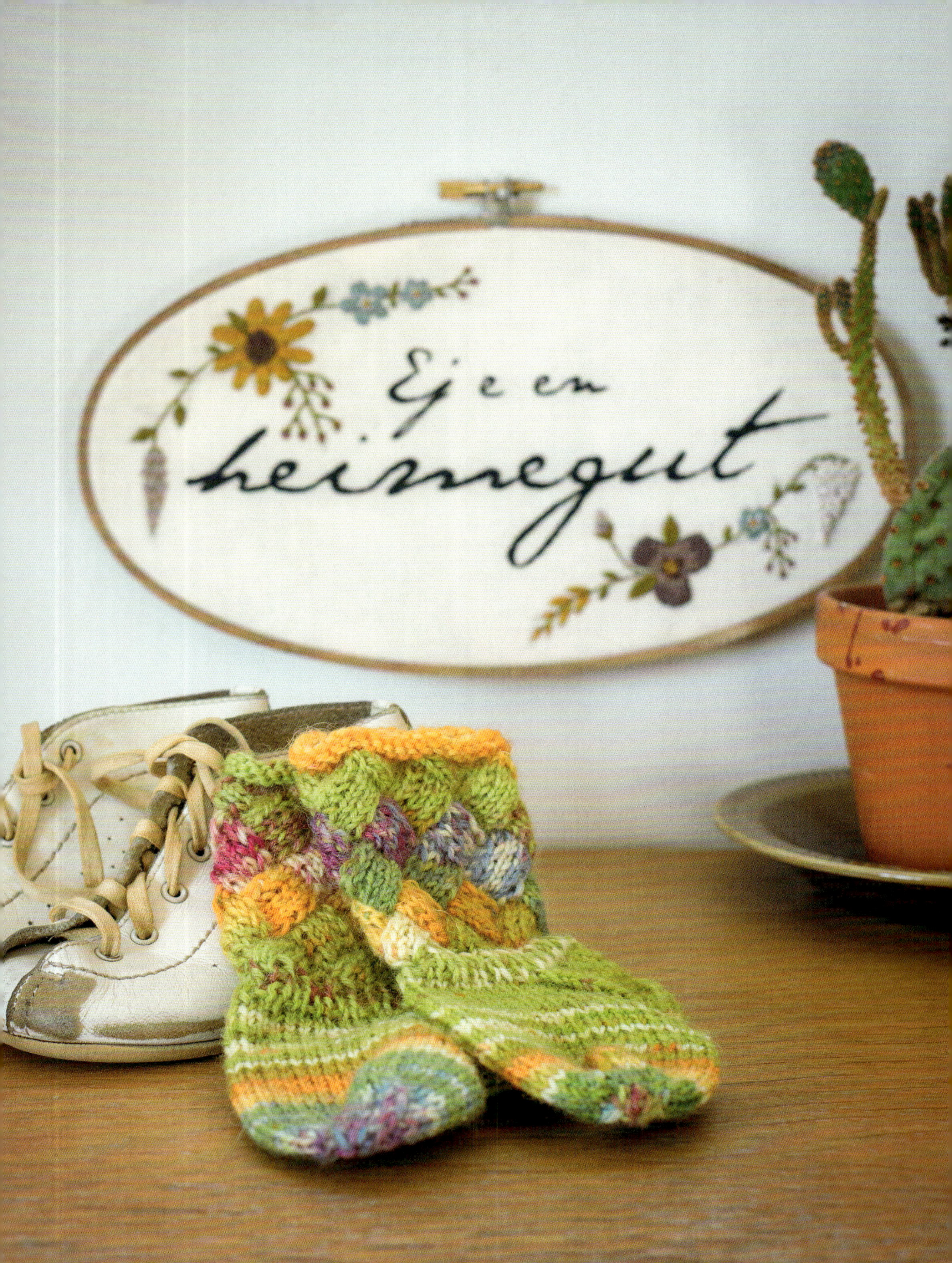
Eg e en
heimegut

Saga

SOCKEN FÜR BABYS
Mit Entrelac auf dem Schaft

GRÖSSE: 16/17 (18/19) 20/21
FUSSLÄNGE: 8,3–9,9 (9,9–11,5) 11,5–12,7 cm
GARN: Fabel von Drops
MASCHENPROBE: 24 M glatt re mit Nd 2,5 = 10 cm
NADELN: Nadelspiel Nr. 2,5 (2,5) 3
GARNMENGE: 50 g
FARBE: Guacamole (151)

---

40 (40) 40 M auf dem Nadelspiel Nr. 2,5 (2,5) 3 anschlagen. 5 Rd glatt re. 1 Rd re, dabei gleichmäßig verteilt 10 M abnehmen = 30 (30) 30 M. Nun mit dem Entrelac beginnen. 1 Streifen mit 6 halben horizontalen Quadraten zu je 5 (5) 5 M von re nach li str.

3 (3) 3 Streifen oder eine gewünschte Länge mit ganzen Quadraten abwechselnd nach re und nach li str. 1 Streifen mit halben horizontalen Quadraten str.

1 Rd re, dabei auf die ursprüngliche Maschenzahl zunehmen = 40 (40) 40 M. 6 Rd Rippenmuster 1 M re, 1 M li str.

Fersenkäppchen: Die Ferse wird über die 20 (20) 20 M auf der 1. und 4. Nd gestrickt. 14 (14) 14 R glatt re str.

Fersenabnahme: In der Mitte des Fersenkäppchens beginnen: 2 M re, 1 M abheben, 1 M re, die abgehobene M darüberziehen, wenden, 1 M li abheben, 4 M li, 2 M li zusammenstr, wenden, 1 M abheben, 4 M re, 1 M abheben, 1 M re, die abgehobene M darüberziehen. So oft wdh, bis der Rand erreicht ist. Ab hier am besten auf der rechten Seite der Arbeit str, damit Sie nicht wenden und li str müssen.

Fuß: Die 3 M auf der 1. Nd str, 7 (7) 7 M aus dem Käppchenrand aufnehmen. Die M der 2. und 3. Nd re str. 7 (7) 7 M aus dem Käppchenrand aufnehmen plus die 3 M auf der 4. Nd = 40 (40) 40 M. Die neuen M auf die 1. und 4. Nd setzen. Glatt re in Rd str, bis die Arbeit ab der Ferse ca. 8 (9,5) 11 cm misst oder die gewünschte Länge hat.

Spitze: Der Rd-Beginn liegt in der rückwärtigen Mitte. Nun auf den 4 Nd wie folgt abnehmen:
1. Nd: 7 (7) 7 M re, 2 M re zusammenstr, 1 M re.
2. Nd: 1 M re, 1 M abheben, 1 M re, die abgehobene M darüberziehen, 7 (7) 7 M re.
3. Nd: Wie Nd Nr. 1.
4. Nd: Wie Nd Nr. 2.
Es wird in jeder Rd auf jeder Nd 1 M abgenommen. Wenn insg. noch 8 M übrig sind, den Faden abschneiden und durch die 8 M ziehen.

Die 2. Socke genauso str. Alle Fäden vernähen.

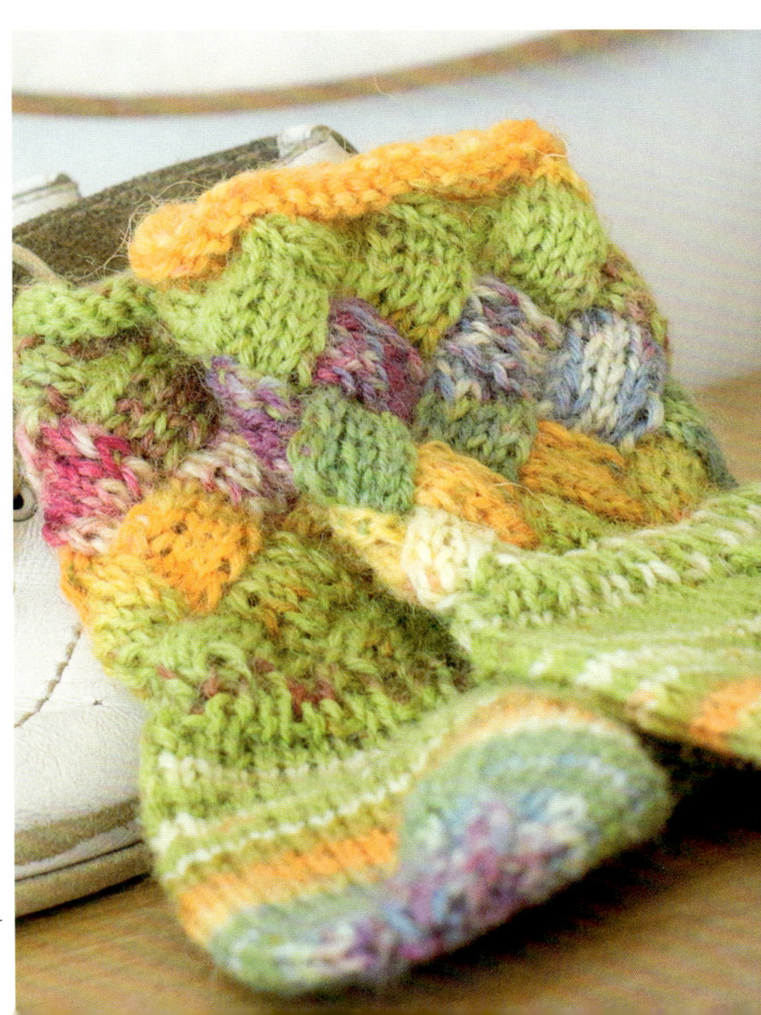

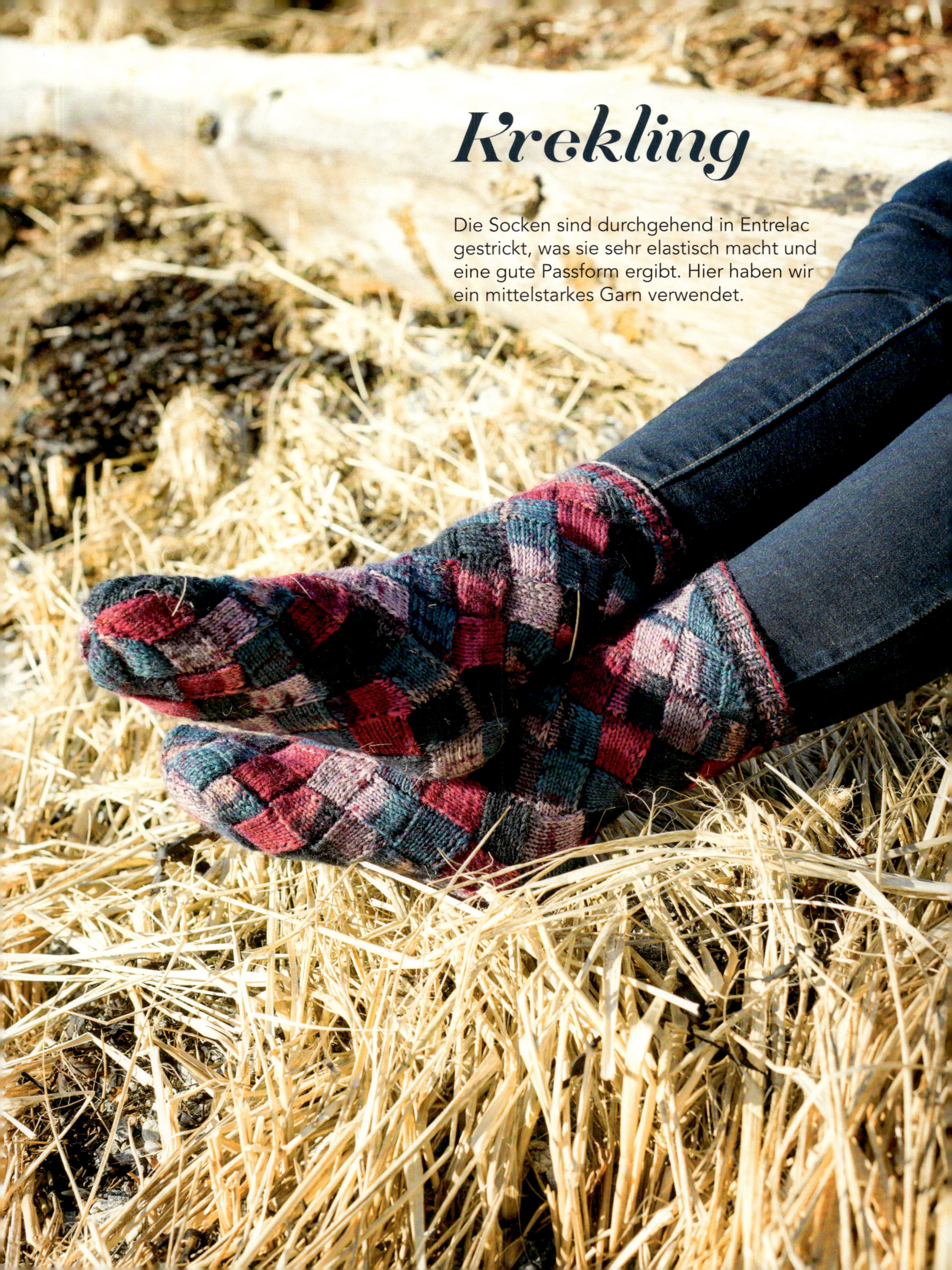

Krekling

Die Socken sind durchgehend in Entrelac gestrickt, was sie sehr elastisch macht und eine gute Passform ergibt. Hier haben wir ein mittelstarkes Garn verwendet.

SOCKEN FÜR ERWACHSENE

GRÖSSE: 35/37 (38/40) 41/43
FUSSLÄNGE: 21,3–23,3 (23,3–25,3) 25,3–27,3 cm
GARN: Magi von Rauma
MASCHENPROBE: 27 M glatt re = 10 cm
NADELN: Nadelspiel Nr. 2,5
GARNMENGE: 100 (150) (150) g
FARBE: 5061

---

56 (64) 72 M auf dem Nadelspiel Nr. 2,5 anschlagen. 8 Rd Rippenmuster 2 M re, 2 M li str. 1 Rd re, dabei alle rechten M paarweise re zusammenstr = 42 (48) 54 M.
Nun mit dem Entrelac beginnen. 1 Streifen mit 6 halben horizontalen Quadraten zu je 7 (8) 9 M von re nach li str.
6 (7) 7 Streifen mit ganzen Quadraten abwechselnd von li nach re und von re nach li str.

Ferse: Siehe Schemazeichnung. Die Ferse wird über die halbe Arbeit gestrickt.
Quadrat 1–3: 3 ganze Quadrate nach li. Bis zum oberen Ende von Quadrat 3 str.
Quadrat 4–5: 2 ganze Quadrate nach re. Bis zum oberen Ende von Quadrat 5 str.
Quadrat 6: 1 Quadrat nach li.
Quadrat 7: M aus Quadrat 4 auffassen und mit Quadrat 6 zusammenstr.
Quadrat 8: M aus Quadrat 6 auffassen und mit Quadrat 5 zusammenstr.
Quadrat 9: M aus Quadrat 1 auffassen und mit Quadrat 8 zusammenstr.
Quadrat 10: M aus Quadrat 8 auffassen und mit Quadrat 7 zusammenstr.
Quadrat 11: M aus Quadrat 7 auffassen und mit Quadrat 3 zusammenstr.

Nun Entrelac in Rd über alle M str, bis 7 (8) 8 neue Streifen mit ganzen Quadraten gestrickt sind. Die Arbeit mit einer Sternenabnahme (siehe S. 15) beenden.

Die 2. Socke genauso str. Alle Fäden vernähen.

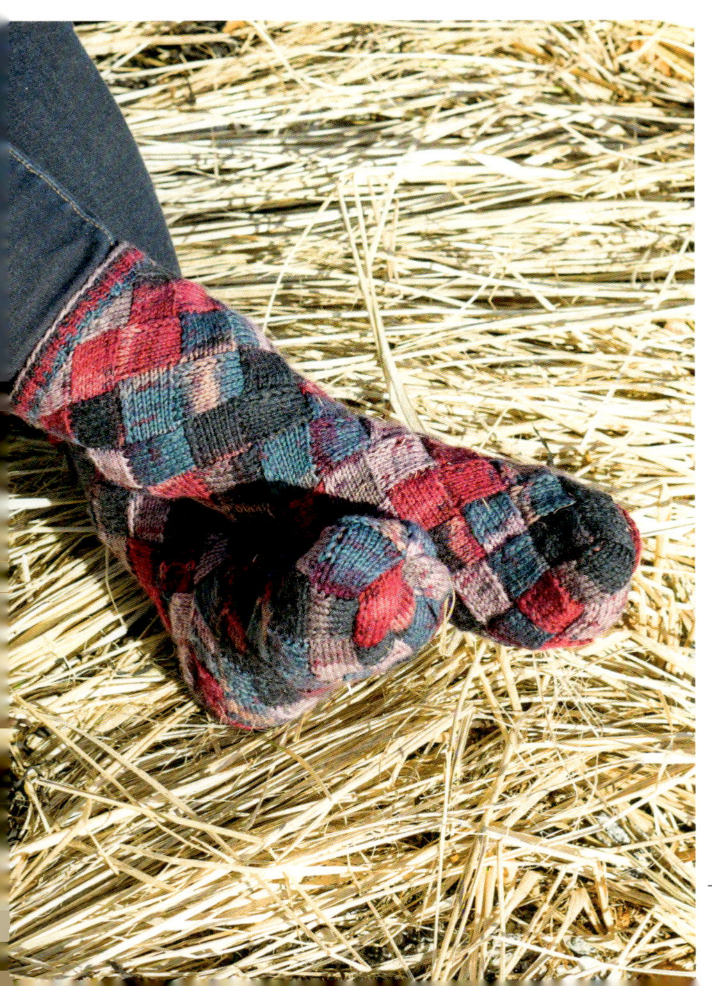

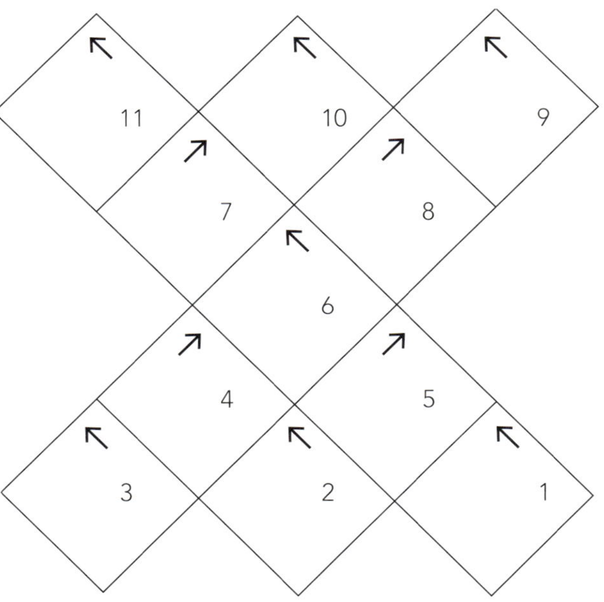

Krekling

SOCKEN FÜR KINDER

Kindersocken ganz in Entrelac sind sehr elastisch und haben einen guten Sitz. Bei diesem Modell haben wir dünnes Garn verwendet und die obere Kante mit einem zweiendig gestrickten Zopf verziert.

GRÖSSE: 20/22 (28/29) 33/34
FUSSLÄNGE: 11,5–12,7 (16,6–18) 20–21,3 cm
GARN: Fabel von Drops
MASCHENPROBE: 27 M glatt re = 10 cm
NADELN: Nadelspiel Nr. 2,5
GARNMENGE:
FARBE 1: Natur (100) 50 (50) 50 g
FARBE 2: Cerise (109) 50 (50) 50 g

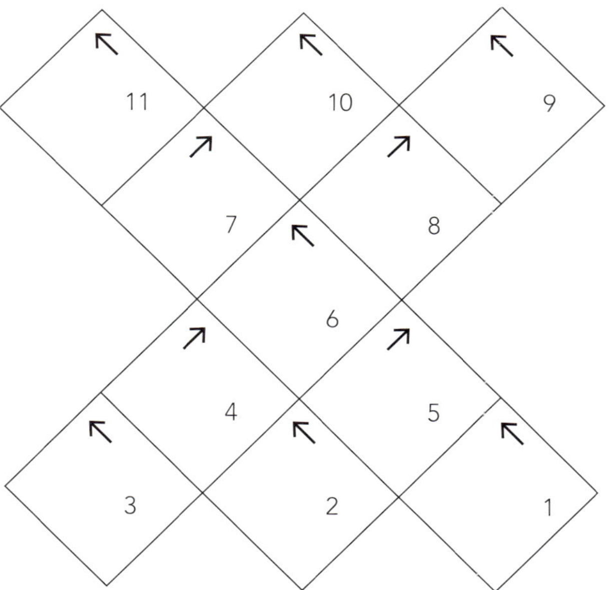

40 (48) 56 M in Fb 2 auf dem Nadelspiel Nr. 2,5 anschlagen. 1 Zopf in Zwei-Enden-Technik (siehe S. 16) str. 1 Rd re in Fb 2, dabei gleichmäßig verteilt auf 30 (36) 42 M abnehmen.

Nun mit dem Entrelac beginnen. 1 Streifen in Fb 2 mit 6 halben horizontalen Quadraten zu je 5 (6) 7 M von re nach li str. 5 (7) 7 Streifen mit ganzen Quadraten abwechselnd in Fb 2 und Fb 1 und abwechselnd von li nach re und von re nach li str, dabei den 1. Streifen in Fb 1 arbeiten.

Ferse: Siehe Schemazeichnung. Die Ferse wird über die halbe Arbeit gestrickt.
Quadrat 1–3: 3 ganze Quadrate nach li. Bis zum oberen Ende von Quadrat 3 str.
Quadrat 4–5: 2 ganze Quadrate nach re. Bis zum oberen Ende von Quadrat 5 str.
Quadrat 6: 1 Quadrat nach li.
Quadrat 7: M aus Quadrat 4 auffassen und mit Quadrat 6 zusammenstr.
Quadrat 8: M aus Quadrat 6 auffassen und mit Quadrat 5 zusammenstr.
Quadrat 9: M aus Quadrat 1 auffassen und mit Quadrat 8 zusammenstr.
Quadrat 10: M aus Quadrat 8 auffassen und mit Quadrat 7 zusammenstr.
Quadrat 11: M aus Quadrat 7 auffassen und mit Quadrat 3 zusammenstr.

Nun Entrelac in Rd über alle M str, bis 7 (7) 8 neue Streifen mit ganzen Quadraten gestrickt sind. Die Streifen abwechselnd in Fb 2 und Fb 1 str.
Die Arbeit mit einer Sternenabnahme (siehe S. 15) beenden.

Die 2. Socke genauso str.
Alle Fäden vernähen.

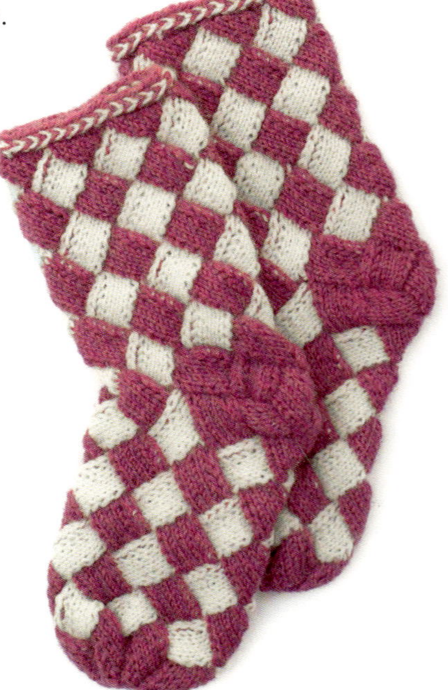

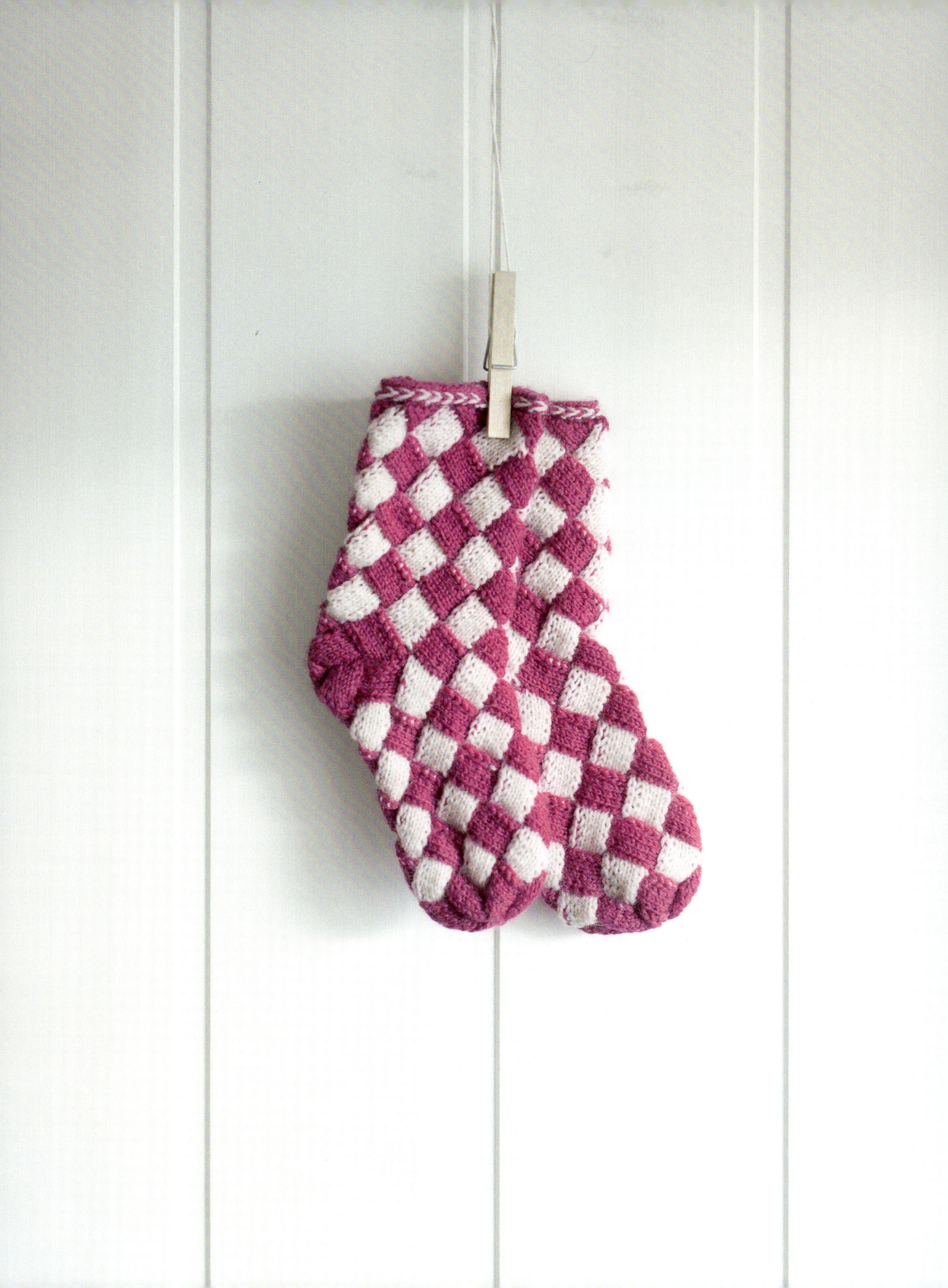

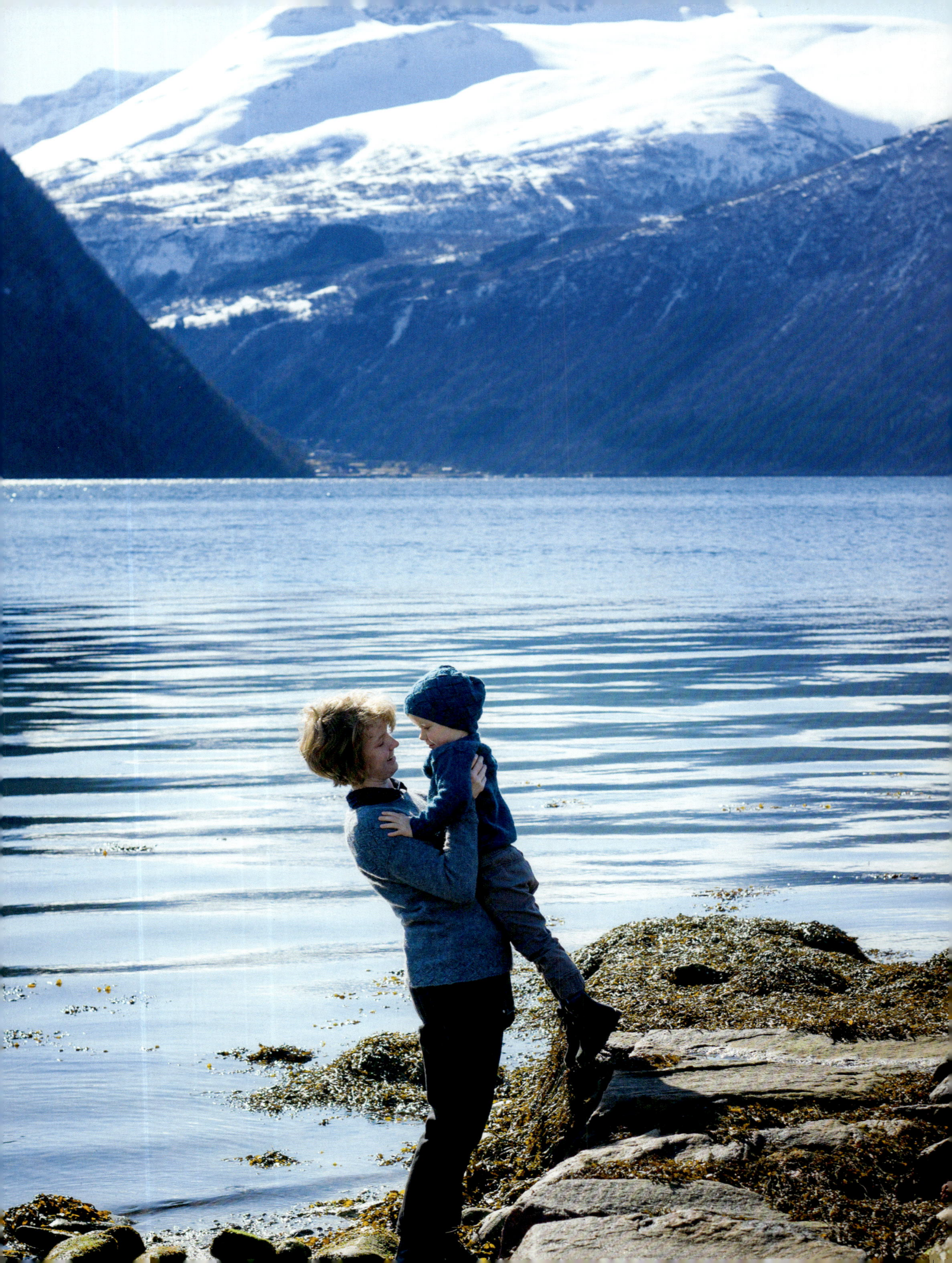

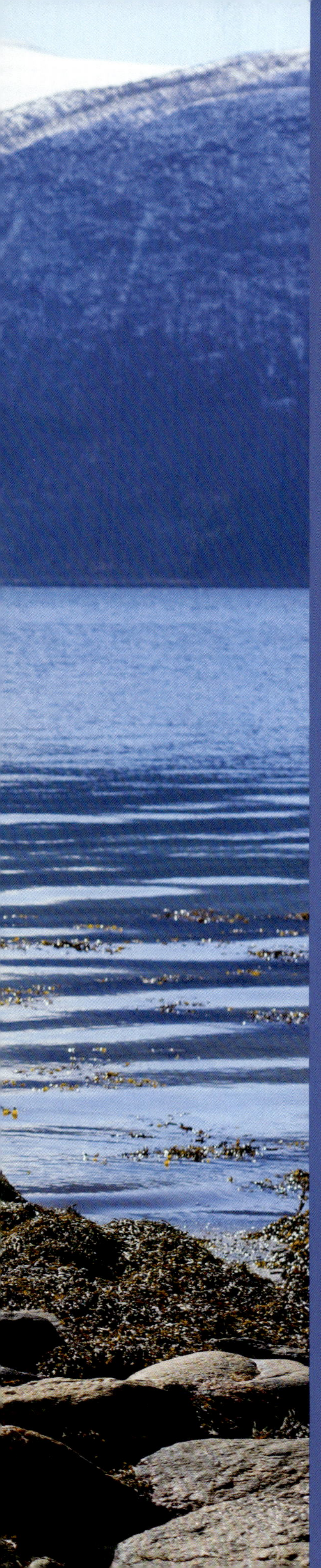

Für Kinder

Nachdem wir viele kleine Projekte gestrickt hatten, suchten wir nach neuen Herausforderungen. Alle Kinder verdienen gute Strickkleidung, warum also nicht Kinderkleidung in Entrelac? Wir haben verschiedene Anleitungen sowohl für Kindergartenkinder als auch für etwas ältere Kinder entwickelt. Mit Entrelac kann man herrlich mit Farben spielen und lustige Ausdrucksformen kreieren, die sich bestens für Kinderkleidung eignen. Wenn Sie ein Garn mit schöner Textur und ein bisschen Glanz wählen, strahlt ein einfarbiges Kleidungsstück Ruhe und Eleganz aus. Mit anderen Worten, es ist für jeden Geschmack etwas dabei.

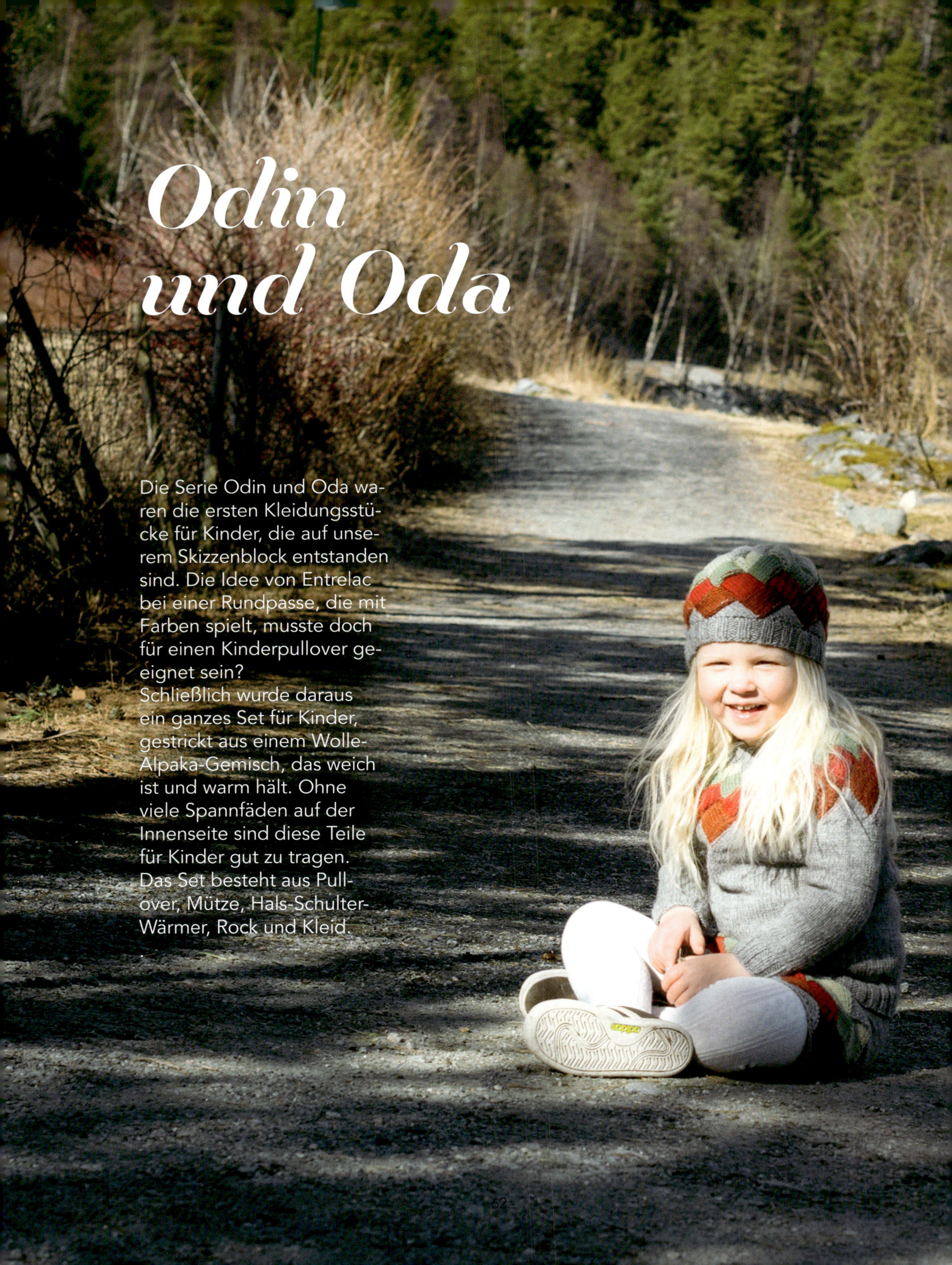

Odin und Oda

Die Serie Odin und Oda waren die ersten Kleidungsstücke für Kinder, die auf unserem Skizzenblock entstanden sind. Die Idee von Entrelac bei einer Rundpasse, die mit Farben spielt, musste doch für einen Kinderpullover geeignet sein?
Schließlich wurde daraus ein ganzes Set für Kinder, gestrickt aus einem Wolle-Alpaka-Gemisch, das weich ist und warm hält. Ohne viele Spannfäden auf der Innenseite sind diese Teile für Kinder gut zu tragen. Das Set besteht aus Pullover, Mütze, Hals-Schulter-Wärmer, Rock und Kleid.

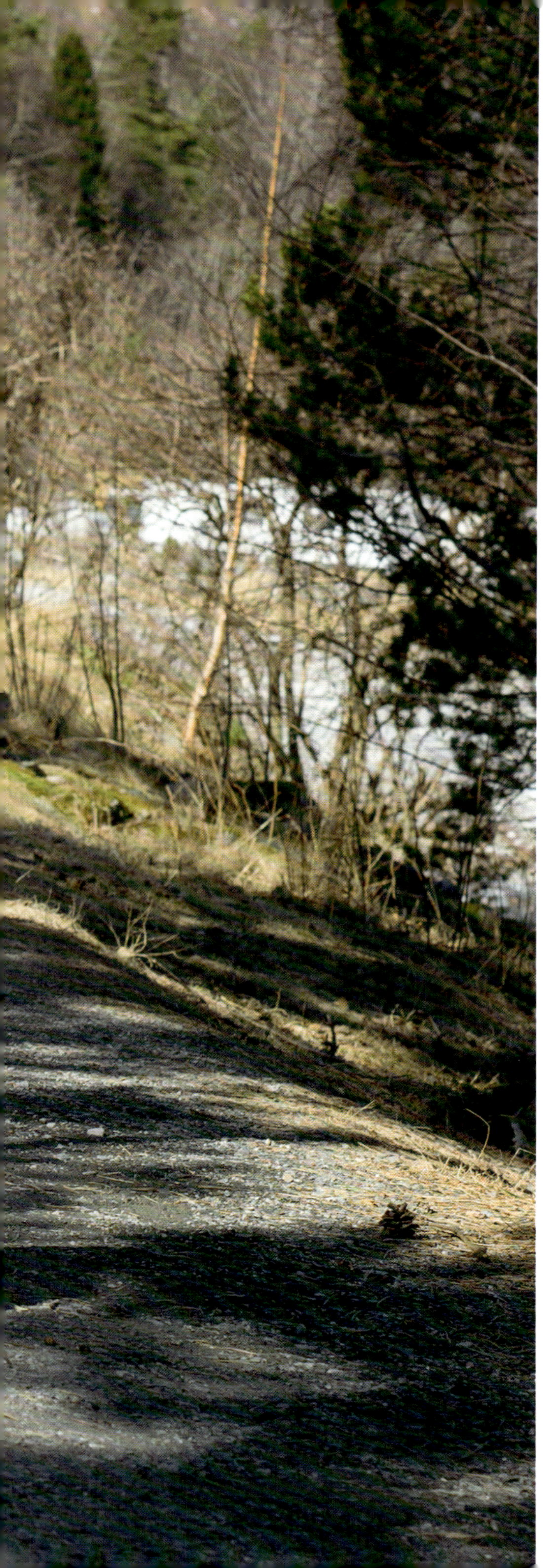

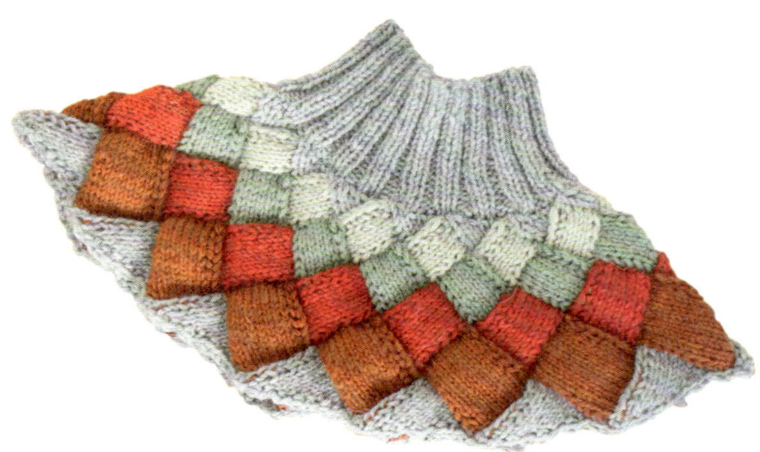

SET MIT PULLOVER, MÜTZE, HALS-SCHULTER-WÄRMER, ROCK UND KLEID

FARBKOMBINATIONEN FÜR PULLOVER, MÜTZE, HALS-SCHULTER-WÄRMER UND ROCK

VARIANTE GRAU/GELB:
FARBE 1: Grau (SFN41)
FARBE 2: Weiß (SFN10)
FARBE 3: Beige (SFN61)
FARBE 4: Ocker (7255)
FARBE 5: Dunkelgrau (SFN43)
FARBE 6: Anthrazit (SFN75)

VARIANTE HELLBLAU/ROSA:
FARBE 1: Blaugrau (7244)
FARBE 2: Weiß (SFN10)
FARBE 3: Rosé (8401)
FARBE 4: Lila (8126)
FARBE 5: Flieder (0022)
FARBE 6: Lachs (1832)

VARIANTE GRAU/ROTBRAUN:
FARBE 1: Hellgrau (SFN41)
FARBE 2: Helloliv (8287)
FARBE 3: Oliv (2196)
FARBE 4: Rot (6085)
FARBE 5: Rostrot (2230)
FARBE 6: Burgunder (3083)

PULLOVER

Der Pullover wird von oben nach unten gestrickt. Sie beginnen mit dem Halsausschnitt und stricken dann die Rundpasse in Entrelac. Sie können wählen, ob Sie zuerst den Rumpf oder die Ärmel stricken möchten. Bei der Passe erhöht sich die Maschenzahl in den Quadraten von Streifen zu Streifen für eine schöne Rundung. Beim Stricken von oben nach unten kann die Länge angepasst werden.

GRÖSSE: 3/4 (5/6) 7/8 (9/10) Jahre
BRUSTUMFANG: 62 (66) 69 (73) cm
GESAMTLÄNGE: 38 (43) 46 (50) cm
ÄRMELLÄNGE: 27 (31) 37 (42) cm
GARN: Mitu von Rauma
MASCHENPROBE: 22 M glatt re = 10 cm
NADELN: Nadelspiel Nr. 3,5 und 4, Rundstricknadel Nr. 3,5 und 4
GARNMENGE:
FARBE 1: 250 (300) 350 (350) g
FARBE 2: 50 g für alle Größen
FARBE 3: 50 g für alle Größen
FARBE 4: 50 g für alle Größen
FARBE 5: 50 g für alle Größen
FARBE 6: 0 (50) 50 (50) g

Passe

84 (88) 96 (104) M auf einer kurzen Rundstricknadel Nr. 3,5 in Fb 1 anschlagen. Rippenmuster 2 M re, 2 M li in Rd str, insg. 3 (3) 4 (4) cm. Zu Nd Nr. 4 wechseln. 1 Rd glatt re str, dabei gleichmäßig verteilt 14 (28) 21 (14) M abnehmen = 70 (60) 75 (90) M.

Nun Entrelac in Rd str. Der Rd-Beginn liegt in der rückwärtigen Mitte, damit sich die Quadrate symmetrisch über den Pullover verteilen.
1. Streifen: In Fb 1 fortfahren und 1 Streifen mit 14 (15) 15 (15) halben horizontalen Quadraten zu je 5 (4) 5 (6) M von re nach li str.
2. Streifen: Zu Fb 2 wechseln. 1 Streifen mit ganzen Quadraten zu je 6 (5) 5 (6) M von li nach re str.
3. Streifen: Zu Fb 3 wechseln. 1 Streifen mit ganzen Quadraten zu je 7 (6) 7 (7) M von re nach li str.
4. Streifen: Zu Fb 4 wechseln. 1 Streifen mit ganzen Quadraten zu je 8 (8) 9 (10) M von li nach re str.
5. Streifen: Zu Fb 5 wechseln. 1 Streifen mit ganzen Quadraten zu je 10 (9) 10 (11) M von re nach li str.

Größe 3/4 Jahre

6. Streifen: Zu Fb 1 wechseln. 1 Streifen mit halben horizontalen Quadraten zu je 10 M von re nach li str. Das Entrelac ist für diese Größe nun beendet. Gehen Sie weiter zu „Alle Größen“.

Größe (5/6) 7/8 (9/10) Jahre

6. Streifen: Zu Fb 6 wechseln. 1 Streifen mit ganzen Quadraten zu je (11) 12 (13) M von re nach li str.
7. Streifen: Zu Fb 1 wechseln. 1 Streifen mit halben horizontalen Quadraten zu je (11) 12 (13) M von li nach re str.

Alle Größen

Nun sind 140 (165) 180 (195) M auf der Nd. Weiter glatt re in Rd in Fb 1 str. In der 1. Rd nach den halben Quadraten zwischen jeder M 1 M zunehmen. In der nächsten Rd gleichmäßig verteilt auf 212 (228) 240 (258) M abnehmen, um Löcher im Übergang zwischen Entrelac und Glattstrick zu vermeiden.
Das erfordert ein wenig Mühe, aber es lohnt sich.

In der nächsten Rd die Arbeit in Rumpf und Ärmel einteilen: 31 (33) 35 (37) M str, die nächsten 44 (48) 50 (55) M für den Ärmel stilllegen, 6 neue M anschlagen, 62 (66) 70 (74) M str, die nächsten 44 (48) 50 (55) M für den anderen Ärmel stilllegen, 6 neue M anschlagen, die restlichen 31 (33) 35 (37) M str.

Rumpf

Der Rumpf hat nun 136 (144) 152 (160) M. Weiter in Fb 1 glatt re str, bis die Arbeit, gemessen ab Übergang zwischen Passe und Rumpf, 23 (24) 25 (27) cm misst. Zu Rundstricknadel Nr. 3,5 wechseln. 1 Rd glatt re, dabei gleichmäßig verteilt 12 M auf 148 (156) 164 (172) M zunehmen. 3 (3) 4 (4) cm im Rippenmuster 2 M re, 2 M li str, im Musterverlauf abketten.

Ärmel

Die stillgelegten M für einen Ärmel auf eine Nadelspielnadel Nr. 4 heben. In der unteren Ärmelmitte 6 neue M anschlagen (Mitte markieren) = 50 (54) 56 (61) M. In Fb 1 glatt re in Rd str. Wenn der Ärmel, gemessen ab Übergang zwischen Entrelac und Glattstrick, 2 cm misst, beidseits der Markierung 1 M abnehmen. Die Abnahmen alle 4 cm wdh, insg. 5 (6) 6 (8)x = 40 (42) 44 (45) M. Wenn der Ärmel 24 (28) 33 (38) cm misst, zu Nd Nr. 3,5 wechseln und 3 (3) 4 (4) cm Rippenmuster 2 M re, 2 M li str. Im Musterverlauf abketten. Den zweiten Ärmel genauso str.

Fertigstellung

Die Öffnungen unter den Armen schließen und alle Fäden vernähen.

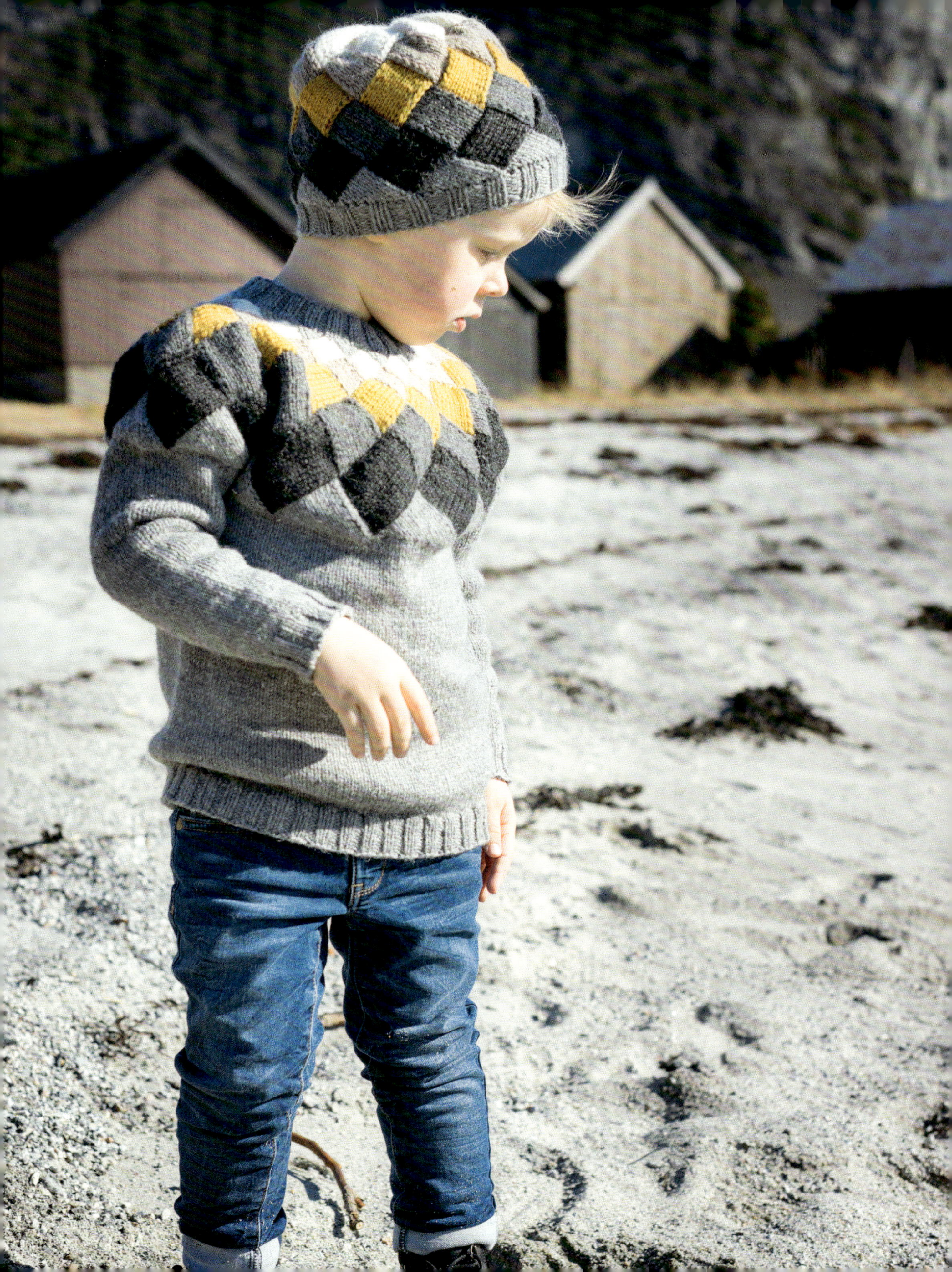

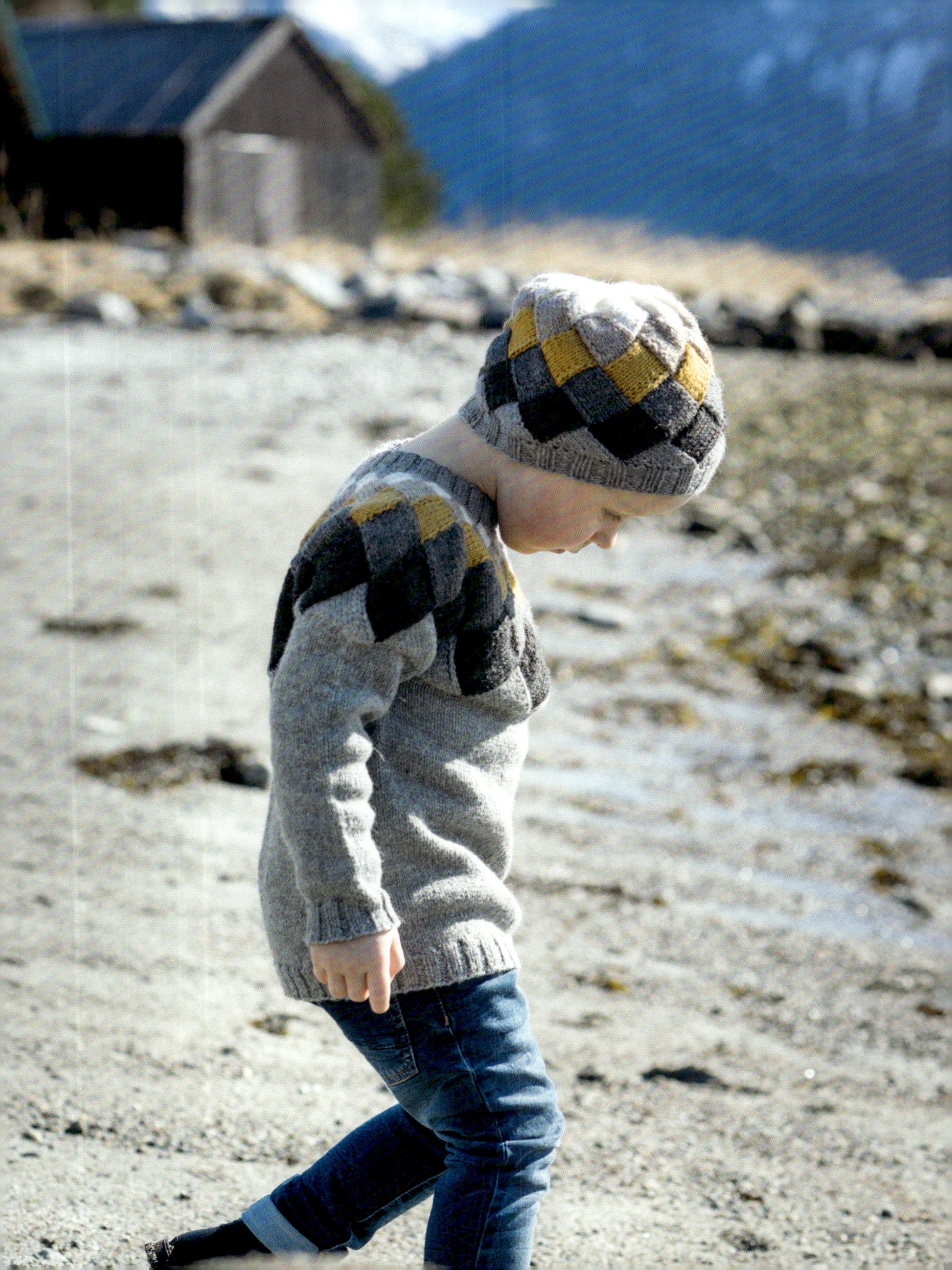

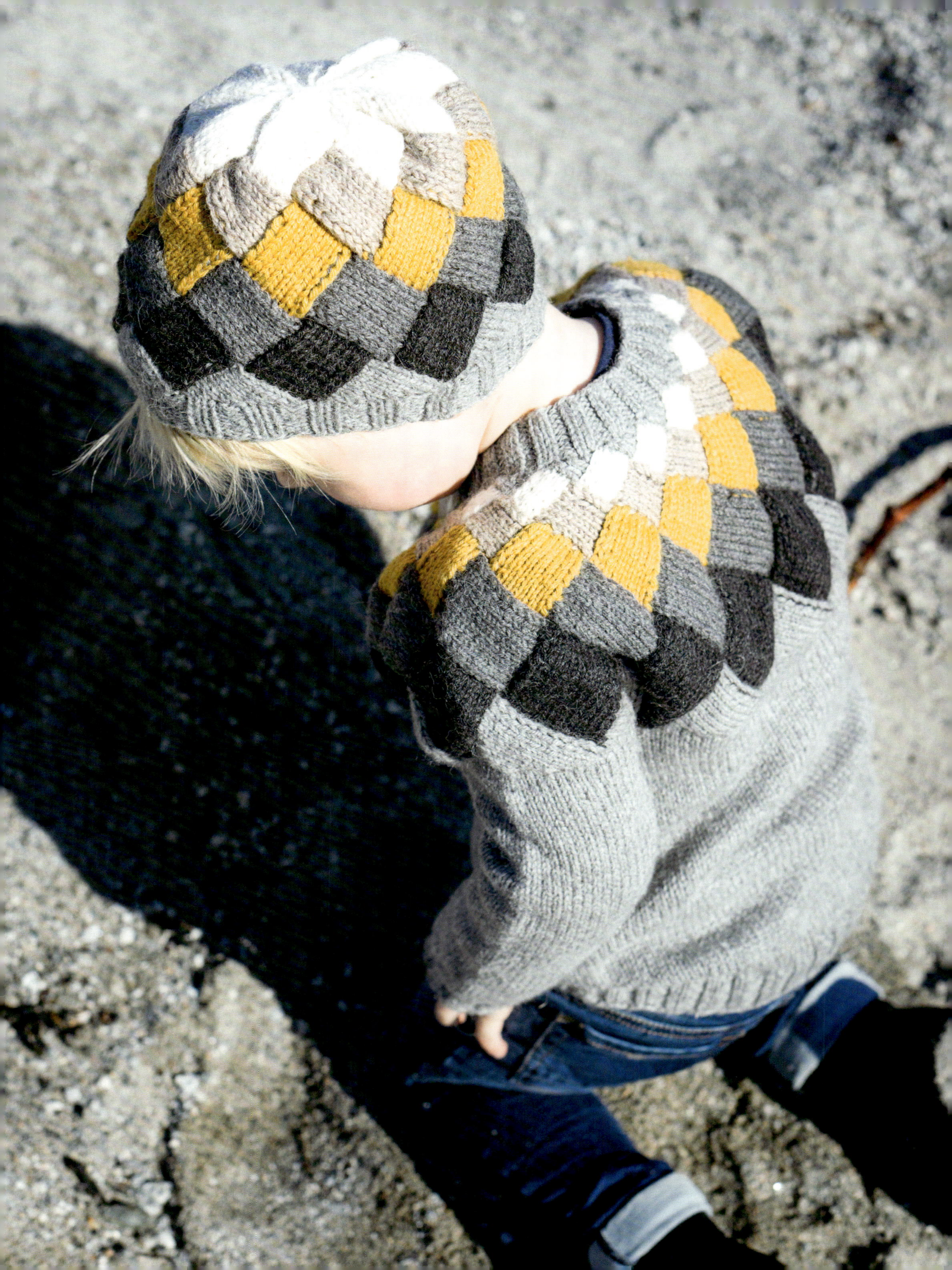

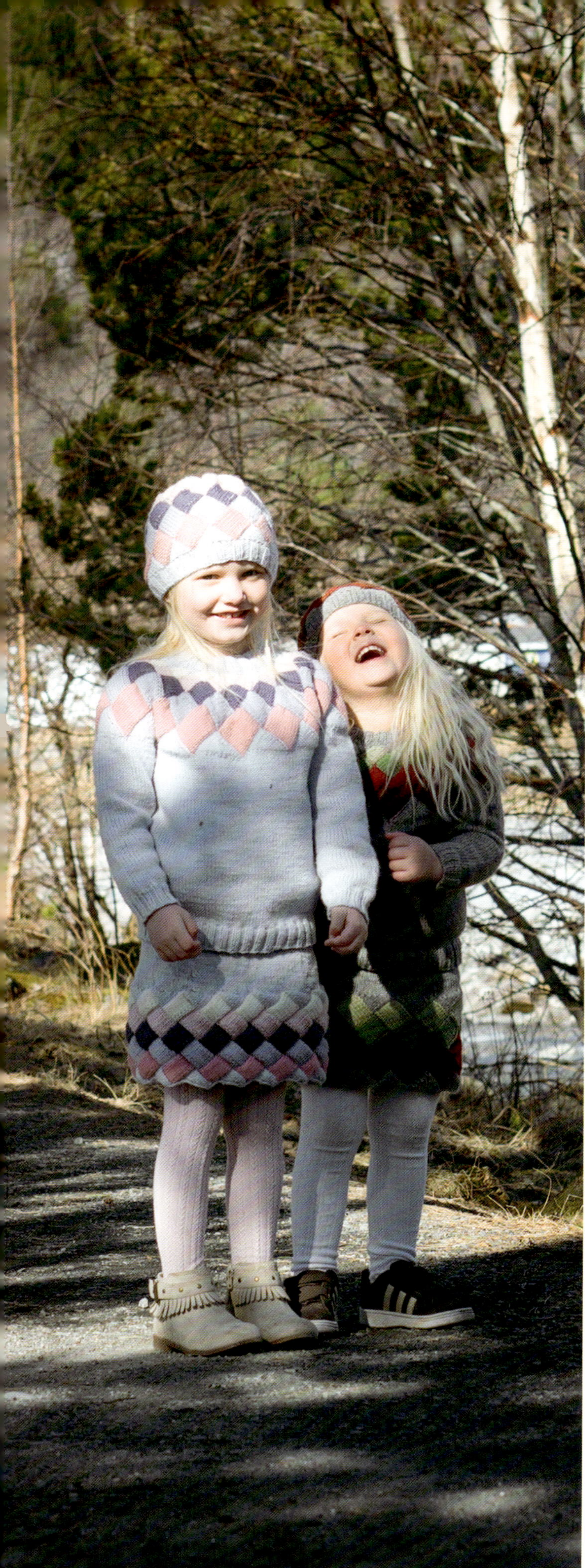

MÜTZE

Diese einfache Mütze passt zum Kinderpullover „Odin und Oda" – ein Modell, das sowohl Jungen als auch Mädchen tragen können.

GRÖSSE: 2/5 (7/10) Jahre
KOPFUMFANG: 40 (44) cm (die Größen lassen sich durch die Strickfestigkeit bzw. die Nadelstärke anpassen)
GARN: Mitu von Rauma
MASCHENPROBE: 22 M glatt re = 10 cm
NADELN: Rundstricknadeln Nr. 3 und 4
GARNMENGE:
FARBE 1: 50 g für beide Größen
FARBE 2: 50 g für beide Größen
FARBE 3: 50 g für beide Größen
FARBE 4: 50 g für beide Größen
FARBE 5: 50 g für beide Größen
FARBE 6: 50 g für beide Größen

---

84 (90) M in Fb 1 auf Nd Nr. 3 anschlagen.
8 Rd Rippenmuster 2 M re, 2 M li str. 1 Rd re, dabei gleichmäßig verteilt auf 72 (80) M abnehmen.

Nun Entrelac in Rd str.
1. Streifen: 9 (10) halbe horizontale Quadrate zu je 8 M von re nach li in Fb 1 str.
2. Streifen: Ganze Quadrate von li nach re in Fb 6 str.
3. Streifen: Ganze Quadrate von re nach li in Fb 5 str.
4. Streifen: Ganze Quadrate von li nach re in Fb 4 str.
5. Streifen: Ganze Quadrate von re nach li in Fb 3 str.
6. Streifen: Die Arbeit mit einer Sternenabnahme (siehe S. 15) in Fb 2 beenden.

Für Gr. 2/5: Die Arbeit mit einer Sternenabnahme (siehe S. 15) in Fb 2 nach dem 5. Streifen beenden. Alle Fäden vernähen.

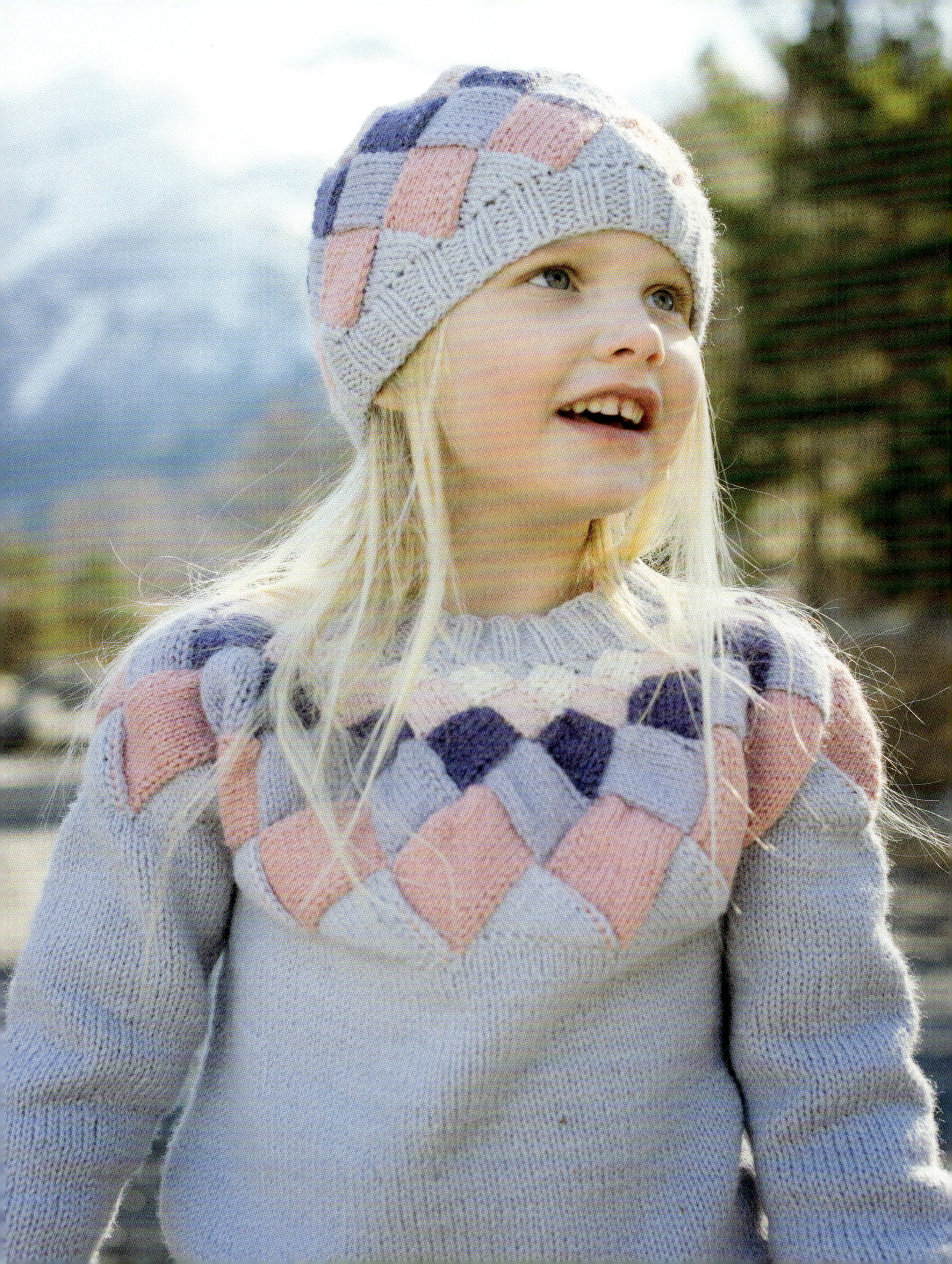

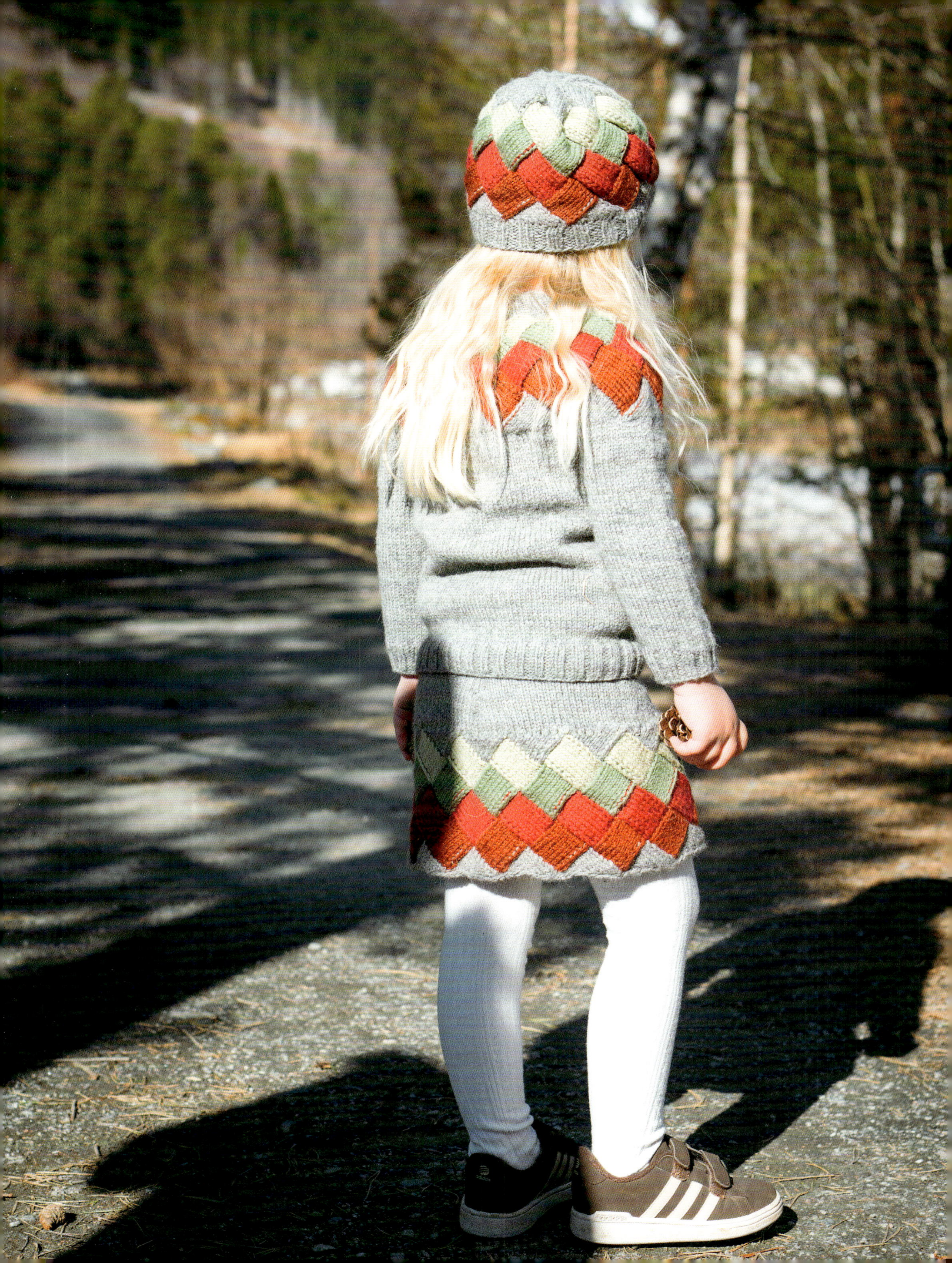

ROCK

Der Rock wird von unten nach oben mit Entrelac im unteren Teil und Glattstrick im oberen Teil gestrickt. Am Bund sorgt ein Gummiband für einen guten Sitz.

GRÖSSE: 3/4 (5/6) 7/8 (9/10) Jahre
TAILLENWEITE: 48 (52) 56 (60) cm
GESAMTLÄNGE: 24 (28) 32 (36) cm
GARN: Mitu von Rauma
MASCHENPROBE: 22 M glatt re = 10 cm
NADELN: Rundstricknadel Nr. 4
GARNMENGE:
FARBE 1: 100 (100) 150 (150) g
FARBE 2: 50 g für alle Größen
FARBE 3: 50 g für alle Größen
FARBE 4: 50 g für alle Größen
FARBE 5: 50 g für alle Größen
FARBE 6: 0 (50) 50 (50) g

---

112 (120) 126 (135) M in Fb 1 mit Nd Nr. 4 elastisch anschlagen (siehe S. 16). Nun Entrelac in Rd str.

1. Streifen: 14 (15) 14 (15) halbe horizontale Quadrate zu je 8 (8) 9 (9) M von re nach li in Fb 1 str.
2. Streifen: Ganze Quadrate von li nach re in Fb 2 str.
3. Streifen: Ganze Quadrate von re nach li in Fb 3 str.
4. Streifen: Ganze Quadrate von li nach re in Fb 4 str.

Größe 3/4 Jahre

5. Streifen: Halbe horizontale Quadrate von re nach li in Fb 1 str. Nun ist das Entrelac beendet. Gehen Sie weiter zu „Alle Größen".

Größe (5/6) 7/8 (9/10) Jahre

5. Streifen: Ganze Quadrate von re nach li in Fb 5 str.
6. Streifen: Halbe horizontale Quadrate von li nach re in Fb 1 str.

Alle Größen

Die Rd beginnt in der rückwärtigen Rockmitte. In der nächsten Rd glatt re str, dabei gleichmäßig verteilt auf 152 (160) 168 (176) M zunehmen. Insg. 4 Maschenmarkierer (MM) setzen: nach 19 (20) 21 (22) M, nach weiteren 38 (40) 42 (44) M, nach weiteren 38 (40) 42 (44) M und nach weiteren 38 (40) 42 (44) M = 19 (20) 21 (22) M übrig. Beidseits der MM jeweils 2 M zusammenstr wie folgt: An der li Seite der MM 2 M re zusammenstr und an der re Seite der MM 2 M re verschr zusammenstr. Vor der ersten Abnahmerunde 2 (2,5) 3 (3,5) cm glatt re str.

Weiter glatt re str, dabei ca. alle 2 (2,5) 3 (3,5) cm abnehmen, insg. 6x = 104 (112) 120 (128) M. Den Rock bis zu einer Länge von 24 (28) 32 (36) cm str. 1 Rd li = Umschlagskante. 3 Rd glatt re. In der nächsten Rd am Rd-Beginn 4 M abketten, glatt re bis Rd-Ende str. In der nächsten Rd 4 M über den abgeketteten M anschlagen. 3 Rd glatt re über alle M str. Locker abketten.

Fertigstellung

Die Bundkante nach innen umschlagen und annähen. Ein Gummiband einziehen. Alle Fäden vernähen.

KLEID

Das Kleid wird von oben nach unten gestrickt mit einer Rundpasse in Entrelac. Die oberen und unteren Kanten bestehen aus Krausrippen.

GRÖSSE: 3/4 (5/6) 7/8 Jahre
BRUSTUMFANG: 61 (65) 69 cm
GESAMTLÄNGE: 61 (68) 75 cm
GARN: Mitu von Rauma
MASCHENPROBE: 22 M glatt re = 10 cm
NADELN: Nadelspiel Nr. 3 und 4, Rundstricknadel Nr. 3, 3,5 und 4
GARNMENGE:
FARBE 1: Lachs (1832): 200 g (250 g) 300 g
FARBE 2: Weiß (SFN10) 50 g für alle Größen
FARBE 3: Hellrosa (8401) 50 g für alle Größen
FARBE 4: Hellblau (7244) 50 g für alle Größen
FARBE 5: Graublau (0512) 50 g für alle Größen
FARBE 6: Jeansblau (4967) 50 g für alle Größen

Passe

84 (88) 96 M in Fb 1 auf einer kurzen Rundstricknadel Nr. 4 anschlagen. 2 cm Krausrippen str (= 1 Rd re, 1 Rd li im Wechsel). Zu einer kurzen Rundstricknadel Nr. 3,5 wechseln. 1 Rd re, dabei gleichmäßig verteilt auf 70 (60) 75 M abnehmen.

Nun Entrelac in Rd str.
1. Streifen: Weiter in Fb 1. 1 Streifen mit 14 (15) 15 halben horizontalen Quadraten zu je 5 (4) 5 M von re nach li str.
2. Streifen: Zu Fb 2 wechseln. 1 Streifen mit ganzen Quadraten zu je 6 (5) 6 M von li nach re str.
3. Streifen: Zu Fb 3 wechseln. 1 Streifen mit ganzen Quadraten zu je 7 (6) 7 M von re nach li str.
4. Streifen: Zu Fb 4 wechseln. 1 Streifen mit ganzen Quadraten zu je 9 (8) 9 M von li nach re str.
5. Streifen: Zu Fb 5 wechseln. 1 Streifen mit ganzen Quadraten zu je 11 (10) 11 M von re nach li str.

Größe 3/4 Jahre

6. Streifen: Zu Fb 1 wechseln. 1 Streifen mit halben horizontalen Quadraten zu je 11 M von li nach re str. Für diese Größe ist das Entrelac nun beendet. Gehen Sie weiter zu „Alle Größen".

Größe (5/6) 7/8 Jahre

6. Streifen: Zu Fb 6 wechseln. Ganze Quadrate zu je (12) 13 M von li nach re str.

7. Streifen: Zu Fb 1 wechseln. 1 Streifen mit halben horizontalen Quadraten zu je (12) 13 M von re nach li str.

Alle Größen

Die Arbeit hat nun 154 (180) 195 M. Weiter glatt re str. In der 1. Rd zwischen jeder gestrickten M 1 M zunehmen. In der nächsten Rd gleichmäßig verteilt auf 212 (228) 244 M abnehmen, um Löcher im Übergang zwischen Entrelac und Glattstrick zu vermeiden. Das erfordert ein wenig Mühe, lohnt sich aber.

Zu Rundstricknadel Nr. 4 wechseln. Die Arbeit in Rumpf und Armlöcher einteilen: 31 (33) 35 M str, die nächsten 44 (48) 52 M für ein Armloch locker abketten, 62 (66) 70 M str, die nächsten 44 (48) 52 M für das andere Armloch locker abketten, 31 (33) 35 M str. In der nächsten Rd unter jedem Armloch 6 neue M anschlagen. Nun hat die Arbeit 136 (144) 152 M.

In der nächsten Rd insg. 4 Maschenmarkierer (MM) setzen: nach 17 (18) 19 M, nach weiteren 34 (36) 38 M, nach weiteren 34 (36) 38 M und nach weiteren 34 (36) 38 M = 17 (18) 19 M übrig. 4 (4,5) 5 cm glatt re str. Danach beidseits der MM alle 8 (9) 10 cm je 1 M zunehmen, insg. 6x = 184 (192) 200 M. 4 cm Krausrippen str (1 Rd re, 1 Rd li im Wechsel). Locker abketten.

Fertigstellung

Alle Fäden vernähen. Die 6 M, die jeweils unter jedem Armloch neu angeschlagen wurden, mit Kettmaschen behäkeln, um eine gleichmäßige und schöne Kante zu erhalten.

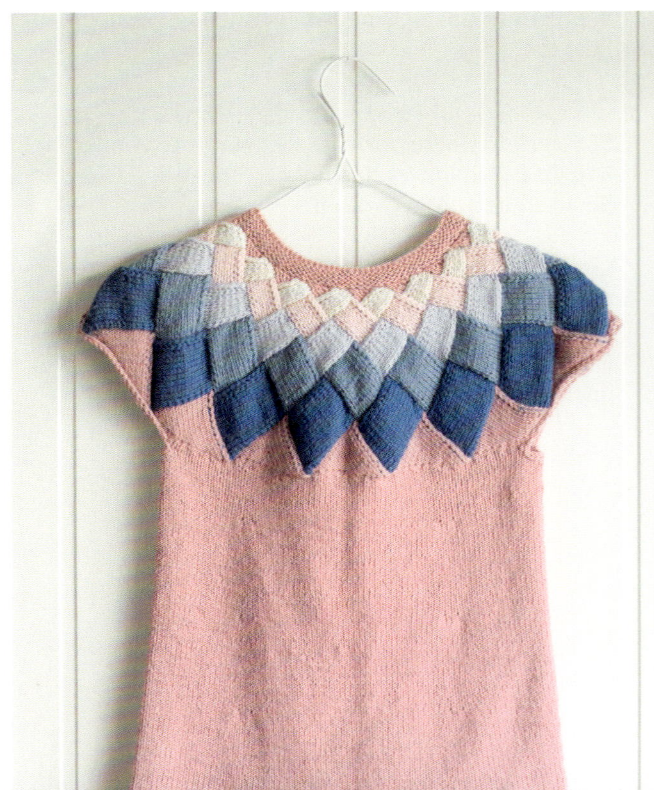

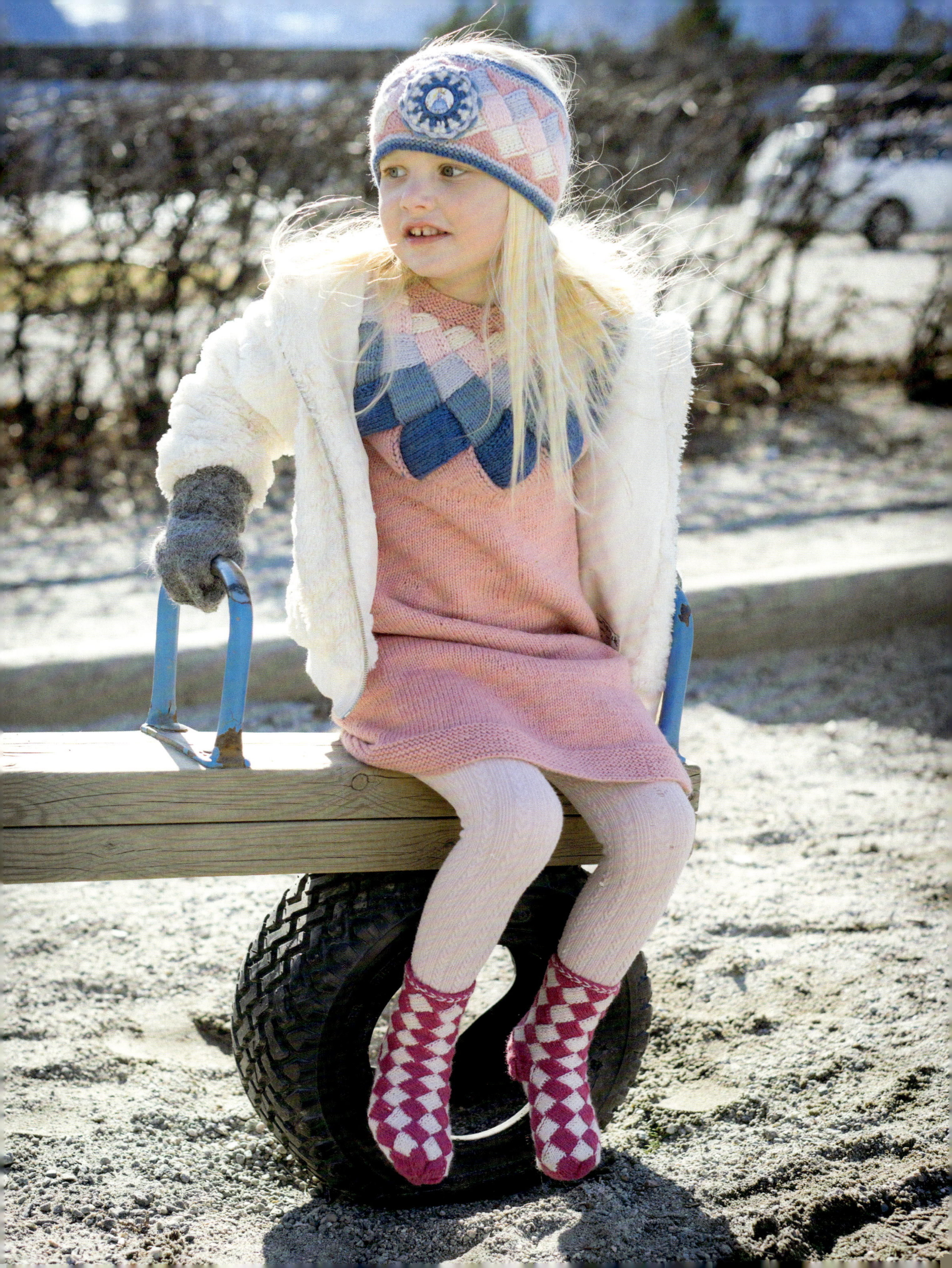

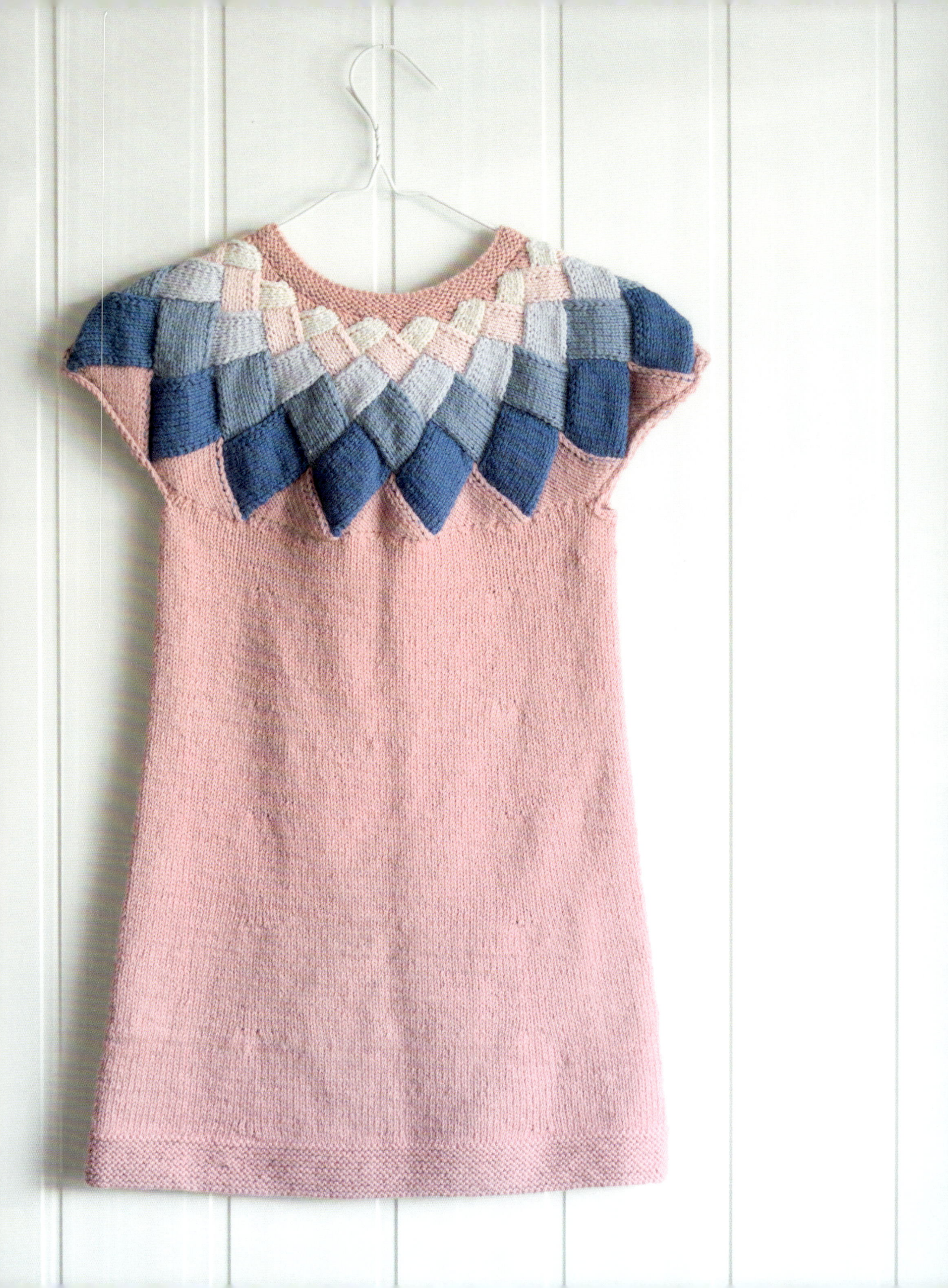

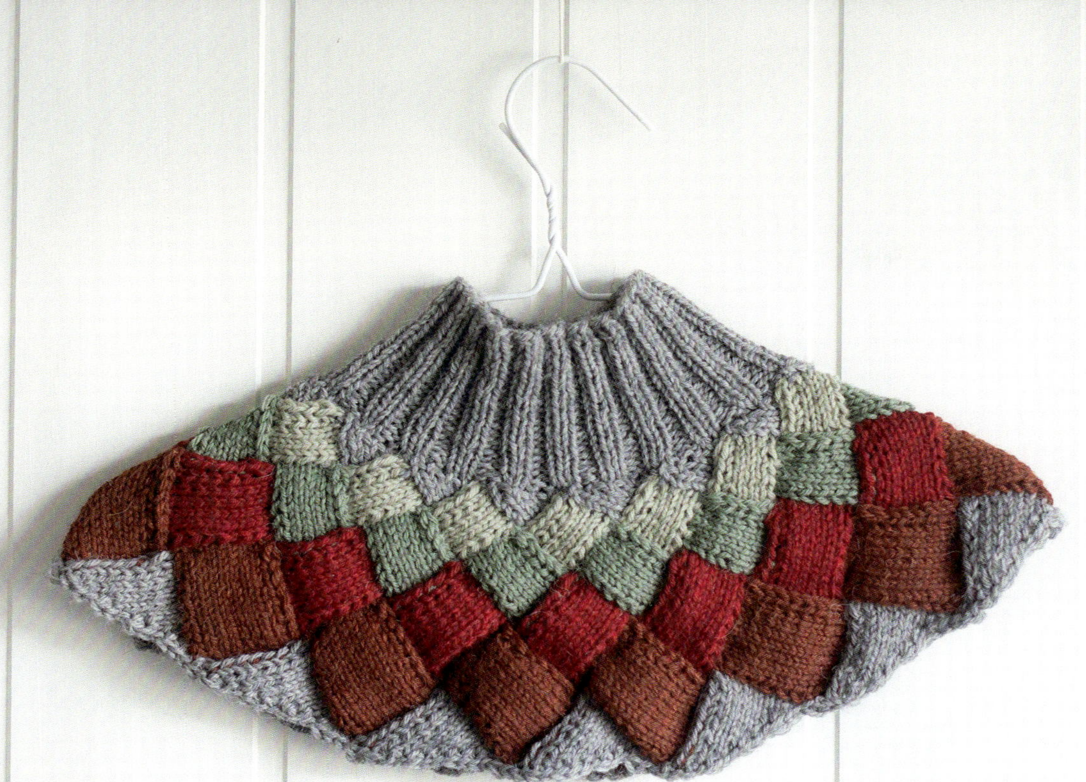

HALS-SCHULTER-WÄRMER

Mit einem Hals-Schulter-Wärmer lassen sich Kinder warm halten, wenn ein Pullover nicht infrage kommt. Das Teil wird von oben nach unten mit Entrelac über Brust und Schultern gestrickt.

GRÖSSE: 3/4 (5/6) 7/8 (9/10) Jahre
GARN: Mitu von Rauma
MASCHENPROBE: 22 M glatt re = 10 cm
NADELN: Rundstricknadeln Nr. 3,5 und 4
GARNMENGE:
FARBE 1: 50 g für alle Größen
FARBE 2: 50 g für alle Größen
FARBE 3: 50 g für alle Größen
FARBE 4: 50 g für alle Größen
FARBE 5: 50 g für alle Größen
FARBE 6: 0 (50) 50 (50) g

---

84 (88) 96 (104) M in Fb 1 auf einer kurzen Rundstricknadel Nr. 3,5 anschlagen. 8 (8) 9 (9) cm Rippenmuster 2 M re, 2 M li str. Zu Nadel Nr. 4 wechseln. 1 Rd str, dabei gleichmäßig verteilt 14 (28) 21 (14) M abnehmen = 70 (60) 75 (90) M.

Nun Entrelac in Rd str.
1. Streifen: Weiter in Fb 1 und 1 Streifen mit 14 (15) 15 (15) halben horizontalen Quadraten zu je 5 (4) 5 (6) M von re nach li str.
2. Streifen: Zu Fb 2 wechseln. 1 Streifen mit ganzen Quadraten zu je 6 (5) 5 (6) M von li nach re str.
3. Streifen: Zu Fb 3 wechseln. 1 Streifen mit ganzen Quadraten zu je 7 (6) 7 (7) M von re nach li str.
4. Streifen: Zu Fb 4 wechseln. 1 Streifen mit ganzen Quadraten zu je 8 (8) 9 (10) M von li nach re str.
5. Streifen: Zu Fb 5 wechseln. 1 Streifen mit ganzen Quadraten zu je 10 (9) 10 (11) M von re nach li str.

Größe 3/4 Jahre

6. Streifen: Zu Fb 1 wechseln. 1 Streifen mit halben horizontalen Quadraten zu je 10 M von li nach re str. Für diese Größe ist das Entrelac nun beendet. Gehen Sie weiter zu „Abketten alle Größen".

Größe (5/6) 7/8 (9/10) Jahre

6. Streifen: Zu Fb 6 wechseln. Ganze Quadrate zu je (11) 12 (13) M von li nach re str.
7. Streifen: Zu Fb 1 wechseln. 1 Streifen mit halben horizontalen Quadraten zu je (11) 12 (13) M von re nach li str.

Abketten alle Größen

1 Rd str, dabei locker abketten und für jede 3. abgekette M eine M herausstricken. Die herausgestrickte M genauso locker wie die anderen M abketten. So entsteht eine elastische Abkettkante.
Alle Fäden vernähen.

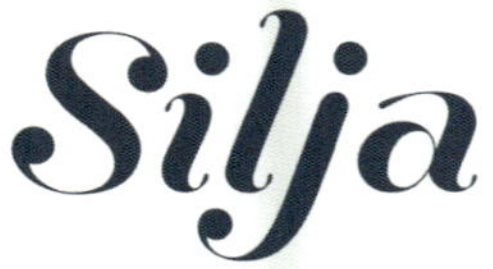

Dieser Rock ist einfach zu stricken. Er passt zu vielen Gelegenheiten und steht großen und kleinen Mädchen gleich gut. Das Entrelac macht den Rock dehnbar und angenehm zu tragen. Man arbeitet dabei von oben nach unten. So kann die Rocklänge leicht der Größe der Trägerin angepasst werden.

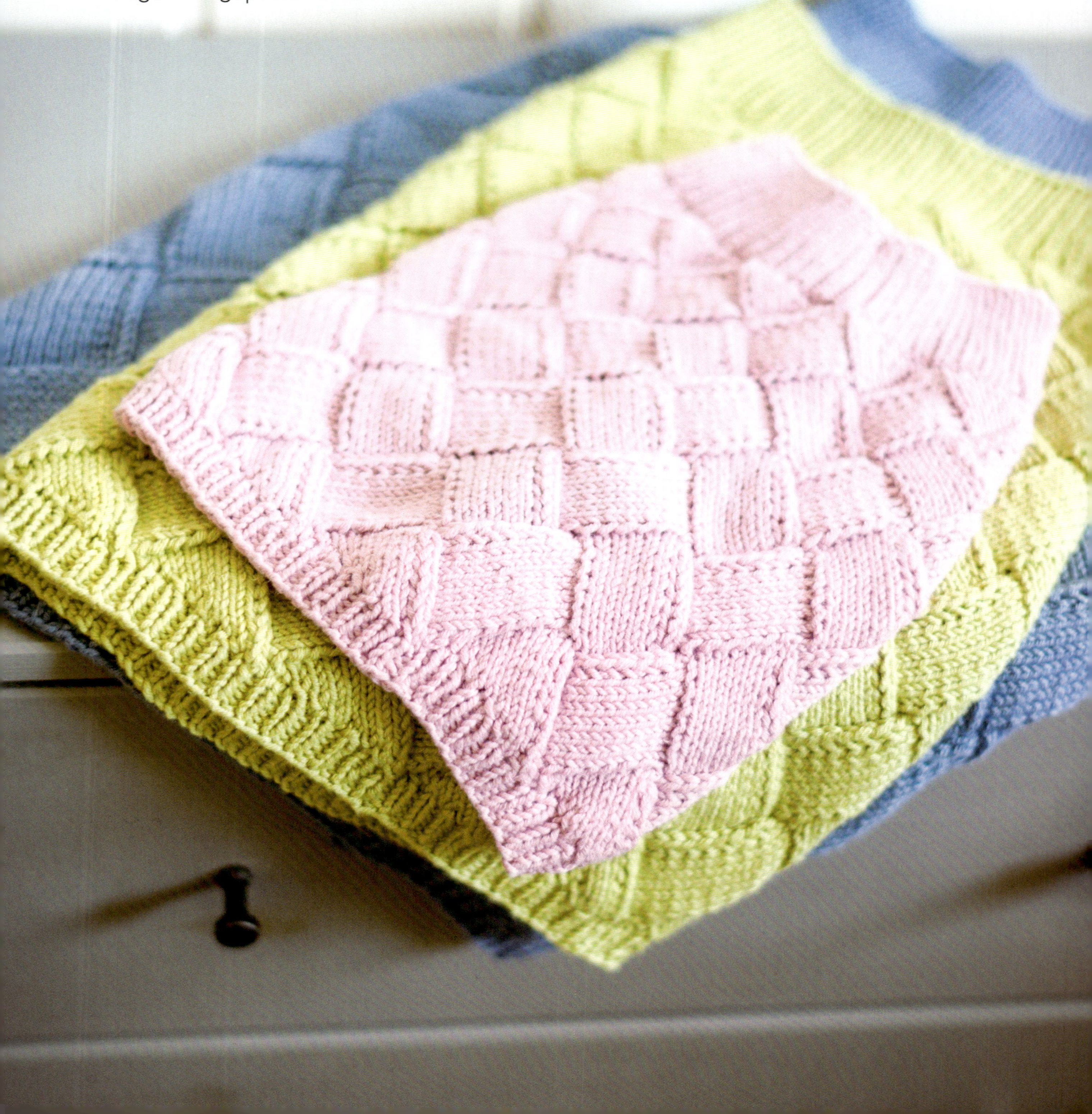

ROCK

GRÖSSE: 2/4 (6/8) 9/11 (12/14) Jahre
TAILLENWEITE: 41 (43) 47 (49) cm
LÄNGE: 26 (29) 36 (39) cm
GARN: Cotton Merino von Drops
MASCHENPROBE: 22 M glatt re = 10 cm
NADELN: Rundstricknadeln Nr. 3 und 4
GARNMENGE: 100 (150) 200 (250) g
FARBALTERNATIVE 1: Koralle (13)
FARBALTERNATIVE 2: Pistazie (10)
FARBALTERNATIVE 3: Jeansblau (16)

---

90 (94) 104 (108) M auf Nd Nr. 3 anschlagen. 5 cm Rippenmuster 1 M re, 1 M li str. Zu Nd Nr. 4 wechseln. 1 Rd re, dabei gleichmäßig verteilt auf 63 (70) 77 (84) M abnehmen.

Nun Entrelac in Rd str.

1 Streifen mit 9 (10) 11 (12) halben horizontalen Quadraten zu je 7 M von re nach li str. Danach 2 Streifen mit ganzen Quadraten str.

Im 4. Streifen auf 8 M je Quadrat zunehmen und 5 (6) 7 (8) Streifen mit Quadraten zu je 8 M str.

Im nächsten Streifen auf 9 M je Quadrat zunehmen und 1 (1) 2 (2) Streifen mit Quadraten zu je 9 M str. Einen Streifen mit halben horizontalen Quadraten zu je 9 M str. Nun sind 81 (90) 99 (108) M auf der Nd. 1 Rd re über alle M, dabei gleichmäßig verteilt auf 102 (112) 124 (130) M zunehmen.

4 Rd Rippenmuster 1 M re, 1 M li. Im Musterverlauf locker abketten. Alle Fäden vernähen.

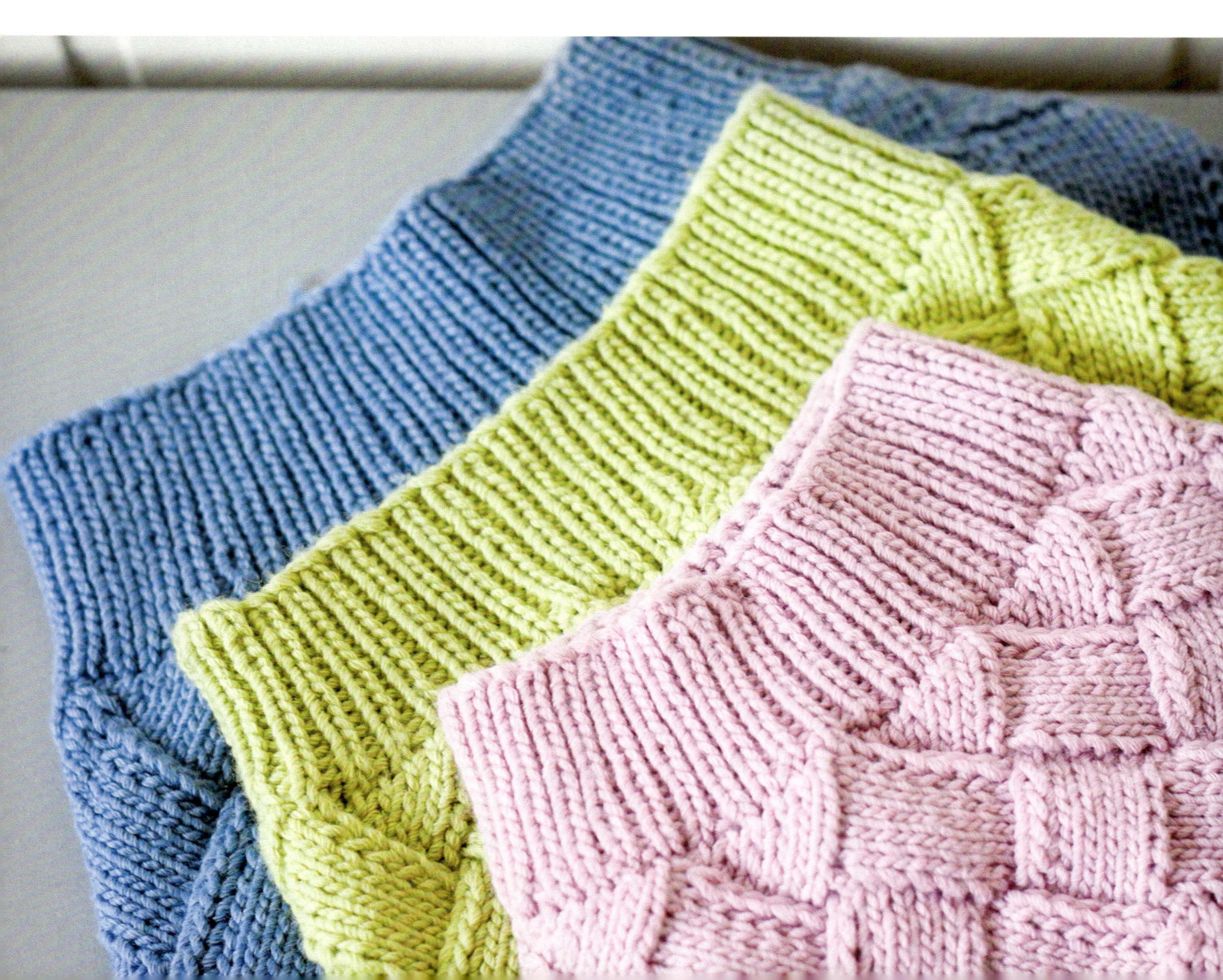

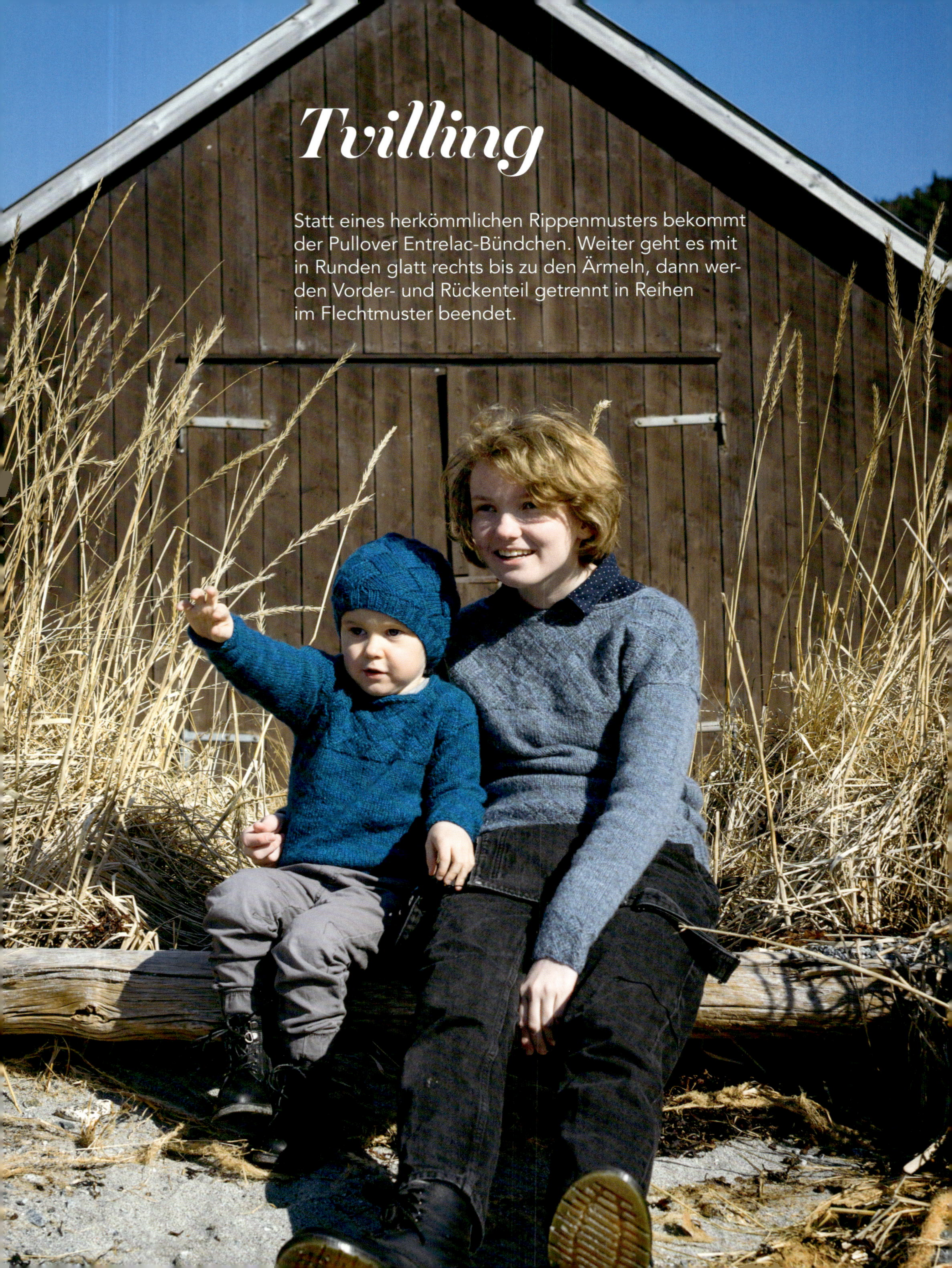

Tvilling

Statt eines herkömmlichen Rippenmusters bekommt der Pullover Entrelac-Bündchen. Weiter geht es mit in Runden glatt rechts bis zu den Ärmeln, dann werden Vorder- und Rückenteil getrennt in Reihen im Flechtmuster beendet.

PULLOVER

GRÖSSE: 4 (6) 8 (10) 12 (14) Jahre
BRUSTUMFANG: 62 (65) 69 (75) 82 (87) cm
GESAMTLÄNGE: 38 (41) 45 (49) 54 (60) cm
ÄRMELLÄNGE: 31 (33) 35 (39) 43 (45) cm
GARN: Tinde von Hillesvåg
MASCHENPROBE: 22 M glatt re = 10 cm
NADELN: Nadelspiel Nr. 3,5 u. 4, Rundstricknadeln 3,5 u. 4
GARNMENGE: 200 (200) 300 (300) 400 (400) g
FARBE: Petrol (65210)
FARBALTERNATIVE: Jeansblau (652113)

Rumpf

90 (95) 100 (110) 120 (130) M auf Rundstricknadel Nr. 3,5 elastisch anschlagen (siehe S. 16).

Entrelac-Bündchen: 18 (19) 20 (22) 24 (26) halbe horizontale Quadrate zu je 5 M von re nach li str. Danach 2 Streifen mit ganzen Quadraten und 1 Streifen mit halben horizontalen Quadraten str.

1 Rd re über alle M str, dabei gleichmäßig verteilt auf 136 (144) 152 (164) 180 (192) M zunehmen. Zu Nd Nr. 4 wechseln. Glatt re in Rd str, bis die Arbeit 27 (29) 32,5 (35,5) 39,5 (44,5) cm misst.

1 Rd str, dabei gleichmäßig verteilt auf 84 (96) 108 (120) 132 (144) M abnehmen. Die Arbeit in Vorder- und Rückenteil aufteilen und beide Teile getrennt beenden = 42 (48) 54 (60) 66 (72) M je Teil.

Rückenteil

Entrelac str. 1 Streifen mit 7 (8) 9 (10) 11 (12) halben horizontalen Quadraten zu je 6 M von re nach li str. 1 zusätzliche M zwischen der letzten M des Rückenteils und der 1. M des Vorderteils aufnehmen und ein halbes vertikales Quadrat str. Die zusätzliche M bildet die Rand-M des vertikalen Quadrats. Diese Rand-M beim Weiterstricken stets so beibehalten. 1 Streifen mit ganzen Quadraten von li nach re str. 1 zusätzliche M zwischen der letzten M des Rückenteils und der 1. M des Vorderteils aufnehmen und auch an dieser Seite ein halbes vertikales Quadrat str. Die zusätzliche M bildet die Rand-M des vertikalen Quadrats. Diese Rand-M beim Weiterstricken stets so beibehalten. Weiter ganze Quadrate und halbe vertikale Quadrate an den Seiten str, bis insg. 6 (6) 7 (7) 8 (8) Streifen mit ganzen Quadraten gestrickt sind. Mit 1 Streifen halber horizontaler Quadrate enden. Die mittleren 24 (30) 30 (24) 36 (30) M für den Halsausschnitt stilllegen.

Schulterabnahme: 1 R str, dabei locker abketten, gleichzeitig für jede 3. abgekettete M 1 neue M herausstricken. Diese M genauso wie die anderen M abketten. So wird die Abkettkante elastisch.

Vorderteil

Wie das Rückenteil str, bis insg. 5 (5) 6 (6) 7 (7) Streifen gestrickt sind, die ersten halben horizontalen Quadrate mitgerechnet. Den nächsten Streifen laut Schemazeichnung und Anleitung (siehe S. 80) str. ACHTUNG! Die M von den halben horizontalen Quadraten nach und nach auf einem Hilfsfaden stilllegen.

Streifen 6 (6) 7 (7) 8 (8):

Größe 4: 1 halbes vertikales Quadrat, 2 ganze Quadrate, 2 halbe horizontale Quadrate, 2 ganze Quadrate, 1 halbes vertikales Quadrat
Größe 6: 1 halbes vertikales Quadrat, 2 ganze Quadrate, 3 halbe horizontale Quadrate, 2 ganze Quadrate, 1 halbes vertikales Quadrat
Größe 8: 3 ganze Quadrate, 3 halbe horizontale Quadrate, 3 ganze Quadrate
Größe 10: 4 ganze Quadrate, 2 halbe horizontale Quadrate, 4 ganze Quadrate
Größe 12: 1 halbes vertikales Quadrat, 3 ganze Quadrate, 4 halbe horizontale Quadrate, 3 ganze Quadrate, 1 halbes vertikales Quadrat
Größe 14: 1 halbes vertikales Quadrat, 4 ganze Quadrate, 3 halbe horizontale Quadrate, 4 ganze Quadrate, 1 halbes vertikales Quadrat

Die Schultern getrennt beenden.

Linke Schulter

Streifen 7 (7) 8 (8) 9 (9):
Größe 4: 2 ganze Quadrate
Größe 6: 2 ganze Quadrate
Größe 8: 1 halbes vertikales Quadrat, 2 ganze Quadrate
Größe 10: 1 halbes vertikales Quadrat, 3 ganze Quadrate
Größe 12: 3 ganze Quadrate
Größe 14: 4 ganze Quadrate

Streifen 8 (8) 9 (9) 10 (10):
Größe 4: 1 Viertelquadrat, 1 halbes horizontales Quadrat
Größe 6: 1 Viertelquadrat, 1 halbes horizontales Quadrat
Größe 8: 2 halbe horizontale Quadrate
Größe 10: 3 halbe horizontale Quadrate
Größe 12: 1 Viertelquadrat, 2 halbe horizontale Quadrate
Größe 14: 1 Viertelquadrat und 3 halbe horizontale Quadrate
Locker abketten wie beim Rückenteil

Rechte Schulter

Wie die linke Schulter arbeiten, jedoch die Quadrate in umgekehrter Reihenfolge str.

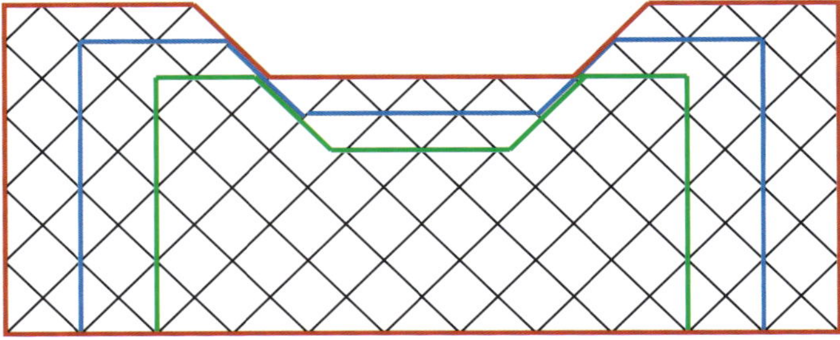

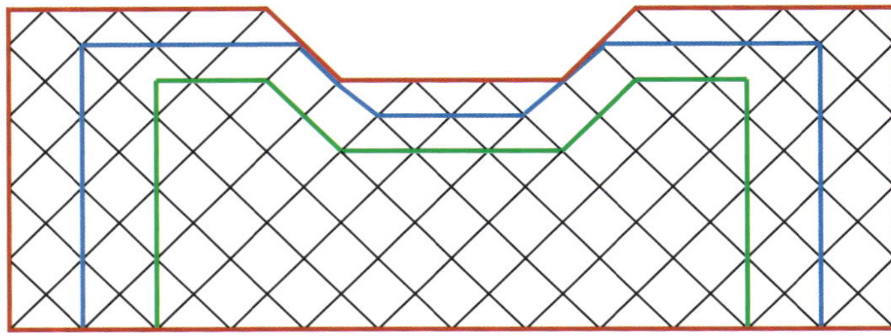

Ärmel

25 (30) 30 (35) 35 (40) M auf Nd Nr. 3,5 anschlagen. Entrelac-Bündchen: 5 (6) 6 (7) 7 (8) halbe horizontale Quadrate zu je 5 M von re nach li str. 2 Streifen mit ganzen Quadraten und 1 Streifen mit halben horizontalen Quadraten str. 1 Rd re über alle M, dabei gleichmäßig verteilt auf 30 (32) 36 (38) 40 (42) M zunehmen. Zu Nd Nr. 4 wechseln und glatt re in Rd str. Beidseits der 1. und letzten M jeweils 1 M in jeder 6. Rd zunehmen, bis es insg. 48 (52) 54 (60) 64 (68) M sind. Den Ärmel bis zu einer Länge von 31 (33) 35 (39) 43 (45) cm str und locker abketten. Den 2. Ärmel genauso str.

Fertigstellung

Die Schultern jeweils im 1. Maschenglied zusammennähen. Die Ärmel einsetzen. Den Entrelac-Teil der Ärmel vor dem Einsetzen leicht dämpfen, da sich die Quadrate etwas zusammenziehen, wenn das Kleidungsstück noch ungetragen ist, und sich erst bei Verwendung ein wenig auseinanderziehen.

Halskante: 60 (70) 72 (78) 80 (84) M aus dem Halsausschnitt auffassen und einen Kordelrand str (siehe S. 16).

Alle Fäden vernähen.

MÜTZE

Die Mütze passt perfekt zum Tvilling-Pullover. Mit der Größe der Nadeln lässt sich die Mützengröße variieren.

GRÖSSE: 4/6 (8/14) Jahre
GARN: Tinde von Hillesvåg
MASCHENPROBE: 22 M glatt re mit Nd Nr. 3,5 = 10 cm
NADELN: Rundstricknadel Nr. 3 (4)
GARNMENGE: 50 g für beide Größen
FARBE: Petrol (652105)
FARBALTERNATIVE: Jeansblau (652113)

Die Mützengröße kann durch die Nadelstärke angepasst werden. 80 M anschlagen. 3 cm Rippenmuster 2 M re, 2 M li str. 1 Rd re, dabei gleichmäßig verteilt auf 70 M abnehmen. Nun Entrelac in Rd str. Einen Streifen mit 10 halben horizontalen Quadraten zu je 7 M von re nach li str. 5 Streifen mit ganzen Quadraten abwechselnd nach re und nach li str.

Die Arbeit mit einer Sternenabnahme beenden (siehe S. 15). Alle Fäden vernähen.

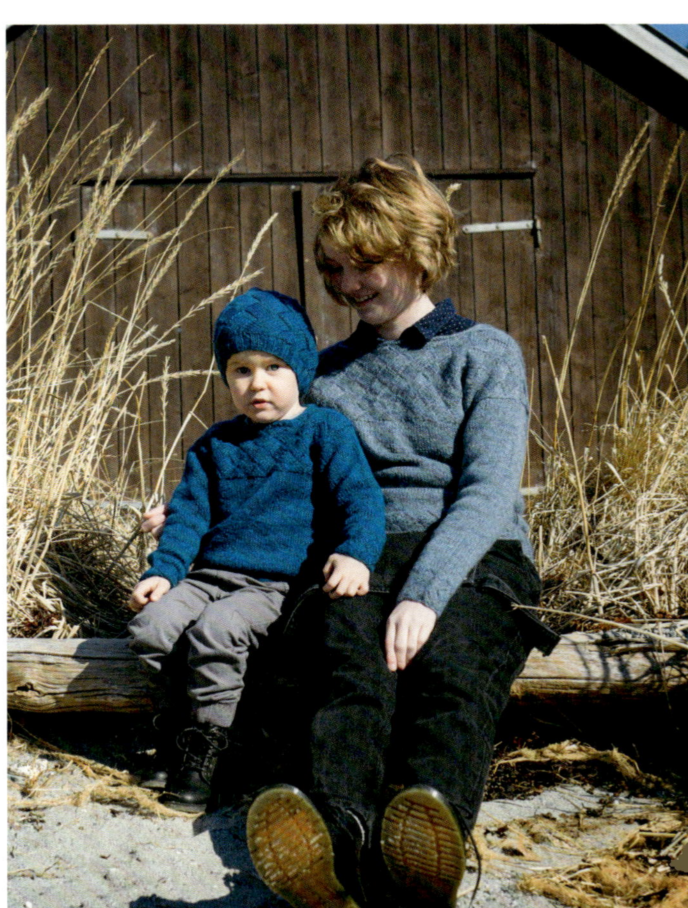

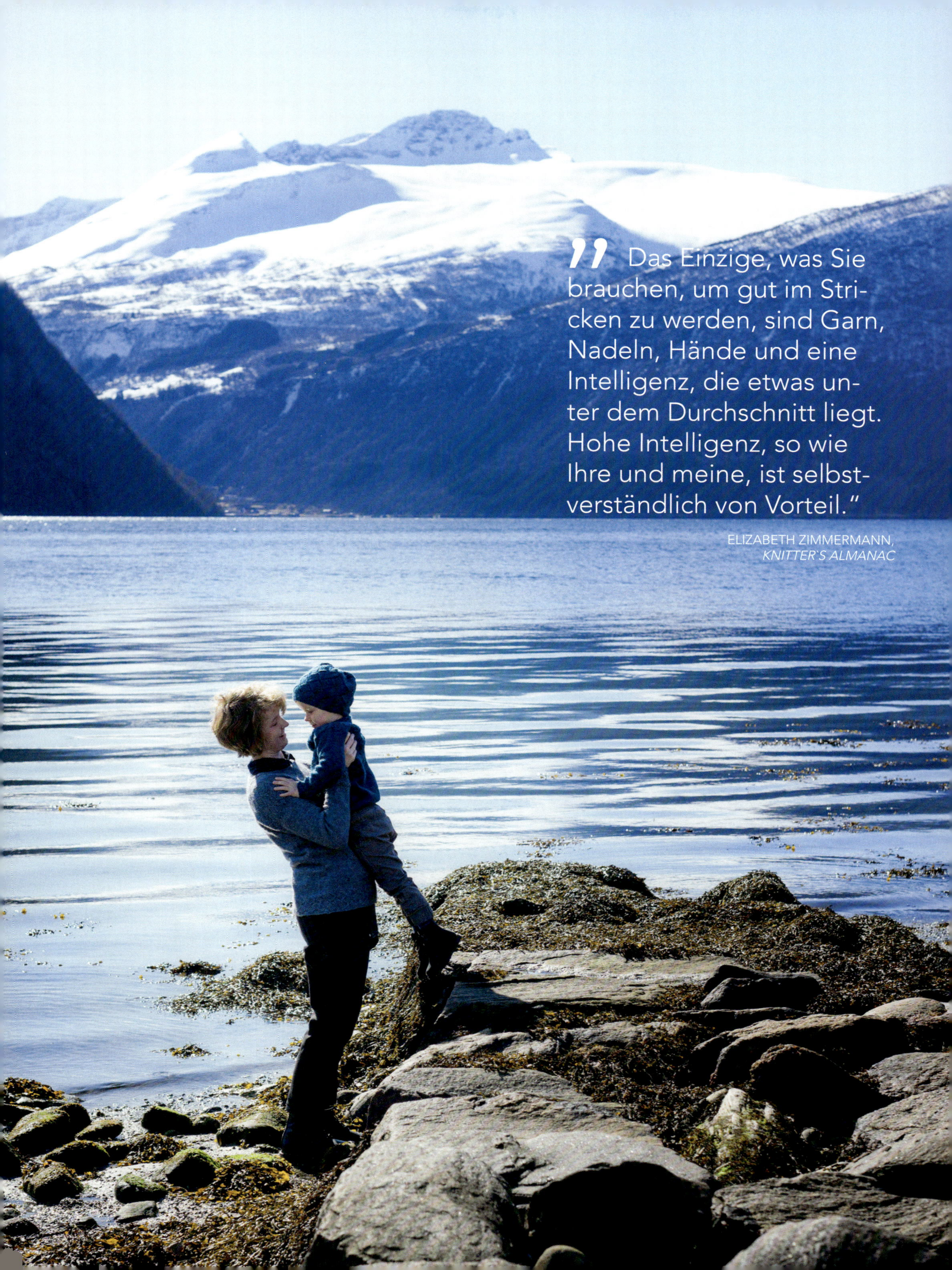

> „Das Einzige, was Sie brauchen, um gut im Stricken zu werden, sind Garn, Nadeln, Hände und eine Intelligenz, die etwas unter dem Durchschnitt liegt. Hohe Intelligenz, so wie Ihre und meine, ist selbstverständlich von Vorteil."

ELIZABETH ZIMMERMANN,
KNITTER`S ALMANAC

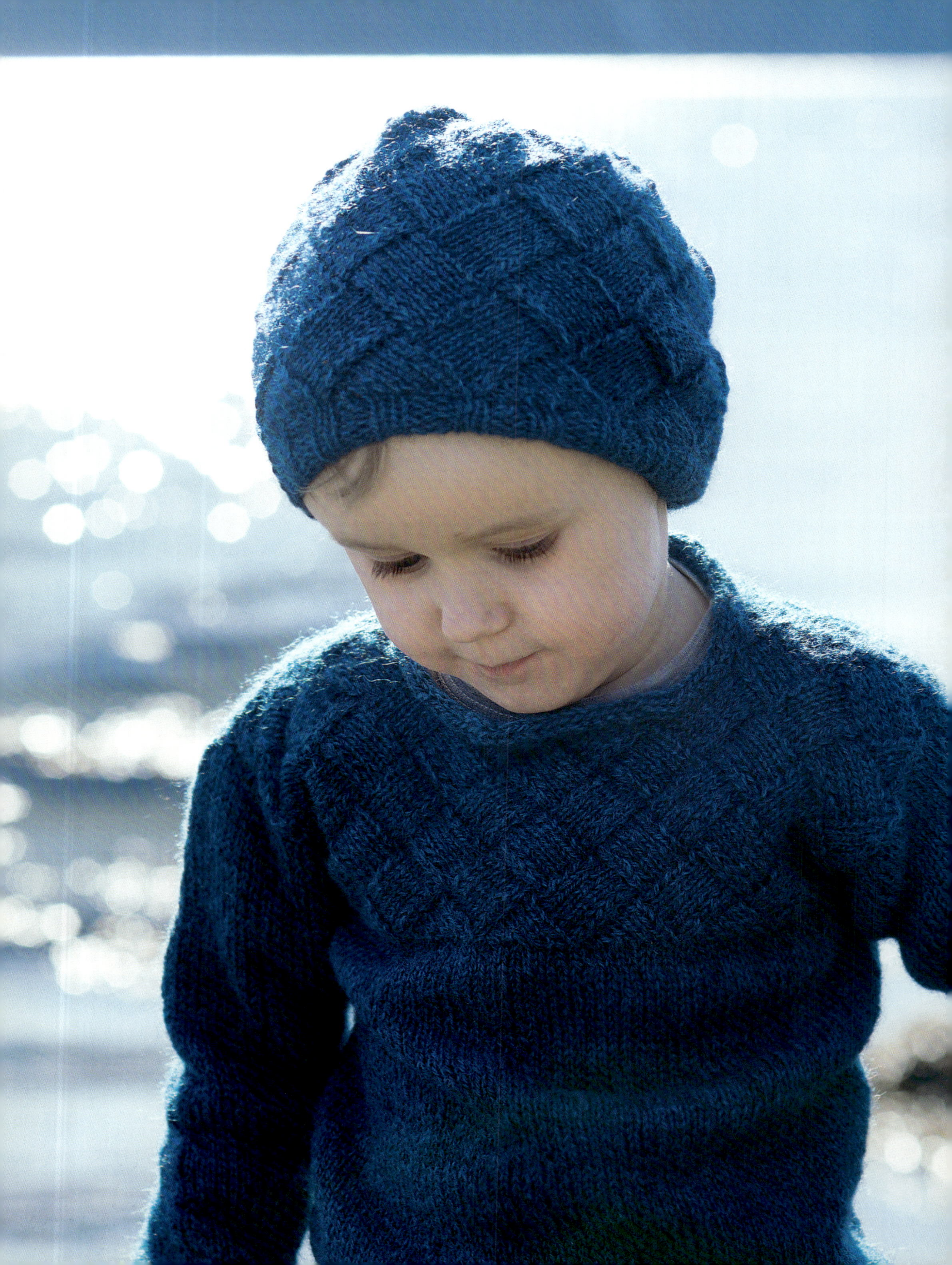

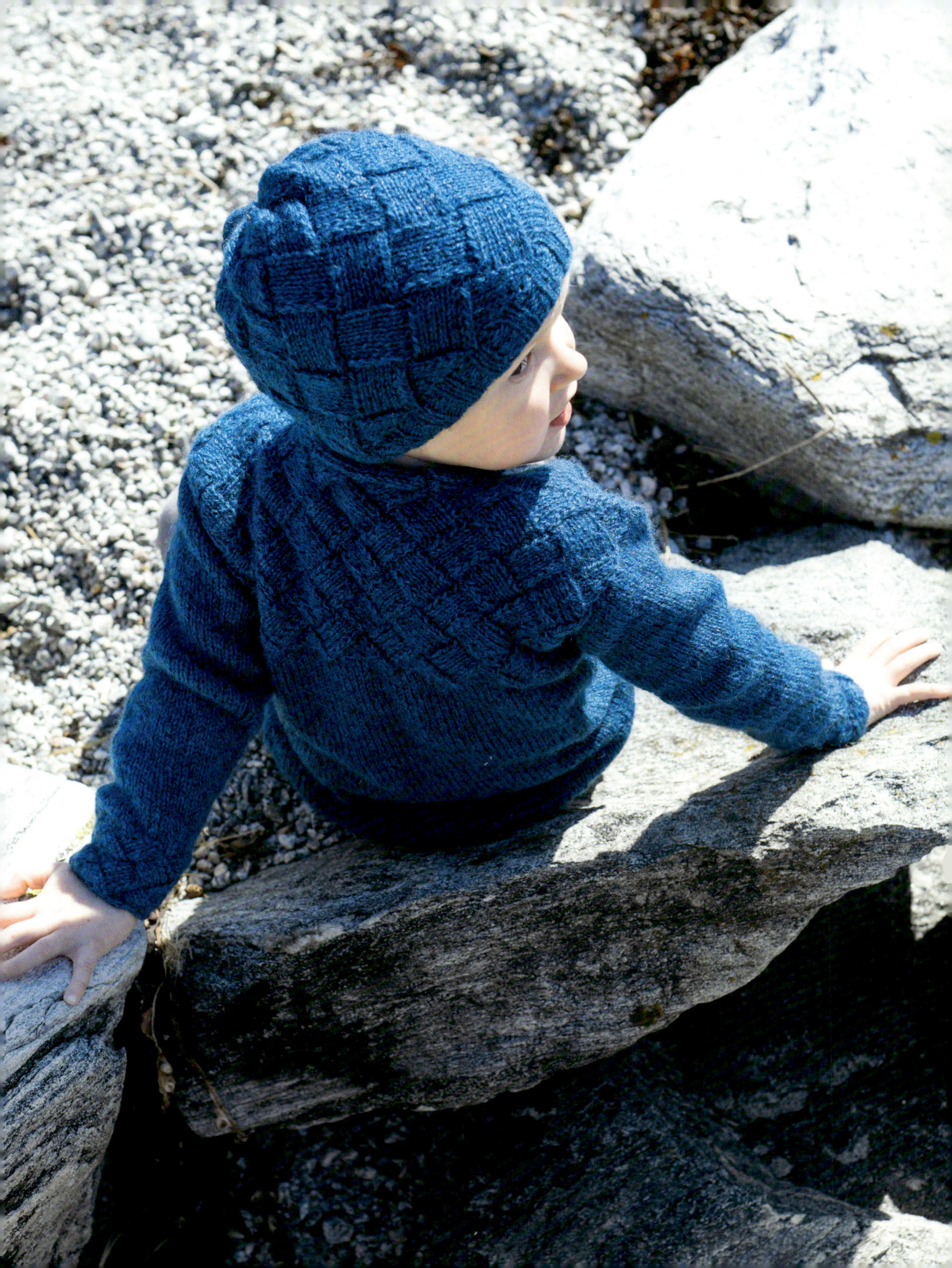

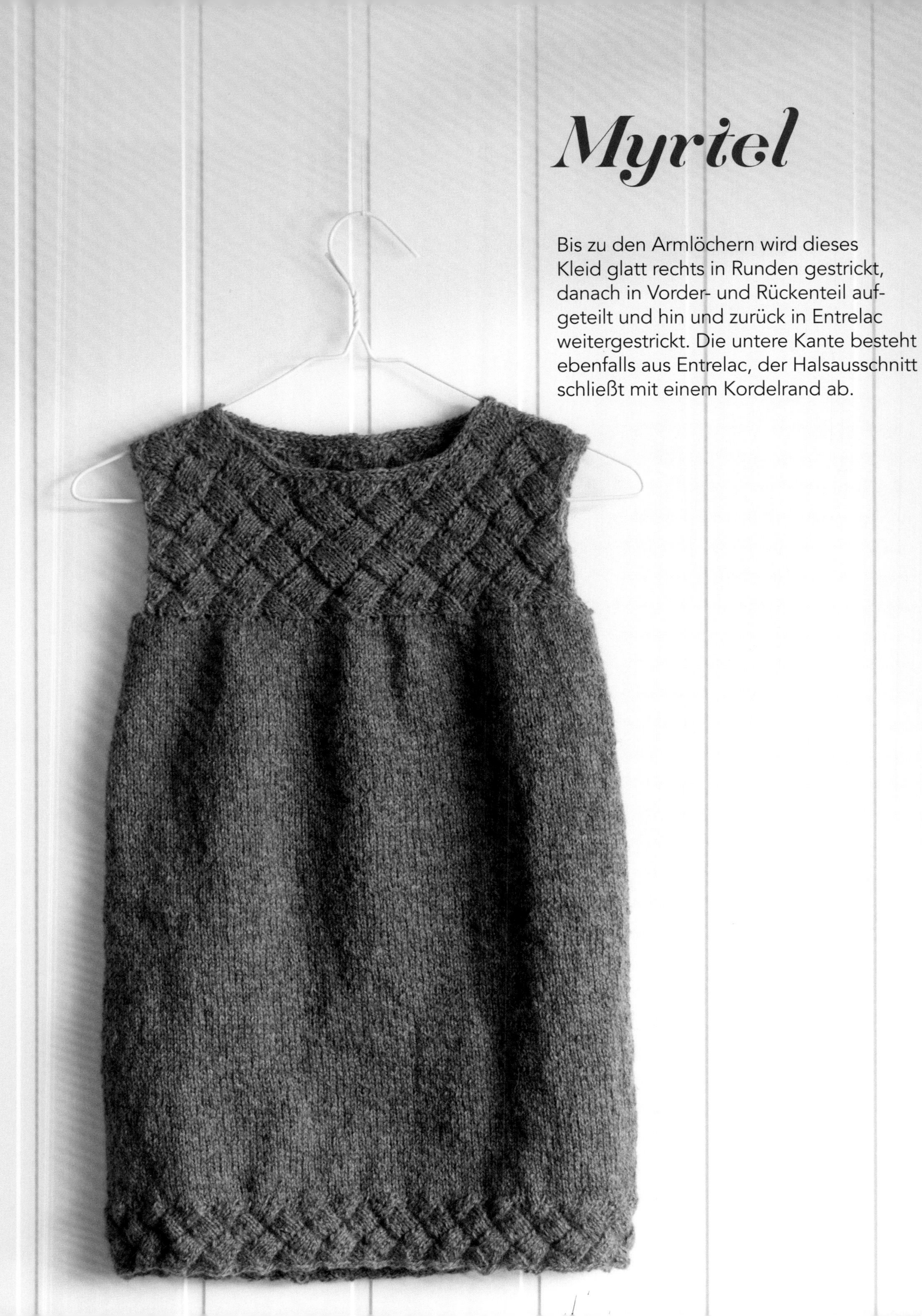

Myrtel

Bis zu den Armlöchern wird dieses Kleid glatt rechts in Runden gestrickt, danach in Vorder- und Rückenteil aufgeteilt und hin und zurück in Entrelac weitergestrickt. Die untere Kante besteht ebenfalls aus Entrelac, der Halsausschnitt schließt mit einem Kordelrand ab.

GRÖSSE: 2 (4) 6 (8) Jahre
BRUSTUMFANG: 56 (61) 66 (70) cm
GESAMTLÄNGE: 50 (55) 60 (65) cm
GARN: Tinde von Hillesvåg
MASCHENPROBE: 22 M glatt re = 10 cm
NADELN: Rundstricknadeln Nr. 3,5 und 4
GARNMENGE: 200 (300) 300 (400) g
FARBE: Rosa (652110)

Rumpf

110 (125) 145 (155) M auf der Rundstricknadel Nr. 3,5 elastisch anschlagen (siehe S. 16). Entrelac-Kante: 1 Streifen mit 22 (25) 29 (31) halben horizontalen Quadraten zu je 5 M von re nach li str. Danach 2 Streifen mit ganzen Quadraten und 1 Streifen mit halben horizontalen Quadraten abwechselnd nach re und nach li str.

1 Rd re über alle M str, dabei gleichmäßig verteilt auf 144 (168) 192 (216) M zunehmen. Zu Nd Nr. 4 wechseln und glatt re in Rd str, bis die Arbeit 38 (44) 48 (52) cm lang ist. 1 Rd str, dabei die M paarweise zusammenstr = 72 (84) 96 (108) M. Nun die Arbeit in Vorder- und Rückenteil einteilen und beide Teile getrennt beenden = 36 (42) 48 (54) M je Teil.

Rückenteil

Nun Entrelac hin und zurück str. 1 Streifen mit 6 (7) 8 (9) halben horizontalen Quadraten zu je 6 M von re nach li str. 1 zusätzliche M zwischen der letzten M des Rückenteils und der 1. M des Vorderteils aufnehmen und ein halbes vertikales Quadrat str. Die zusätzliche M bildet die Rand-M des Quadrats. Diese Rand-M beim Weiterstricken stets so beibehalten. 1 Streifen mit ganzen Quadraten von li nach re str. 1 zusätzliche M zwischen der letzten M des Rückenteils und der 1. M des Vorderteils aufnehmen und auch an dieser Seite ein halbes vertikales Quadrat str. Die zusätzliche M bildet die Rand-M des Quadrats. Diese Rand-M beim Weiterstricken stets so beibehalten.

Weiter ganze Quadrate und halbe vertikale Quadrate an den Seiten str, bis insg. 5 (6) 6 (7) Streifen mit ganzen Quadraten gestrickt sind. Mit 1 Streifen halber horizontaler Quadrate enden. Die mittleren 24 (24) 30 (30) M für den Halsausschnitt auf einer Hilfsnadel oder einem Hilfsfaden stilllegen.

Für die Schulter 1 R str, dabei locker abketten, gleichzeitig für jede 3. M, die abgekettet wurde, 1 neue M herausstricken. Die herausgestrickten M genauso wie die anderen M abketten. So wird die Abkettkante elastisch.

Vorderteil

Das Vorderteil wie das Rückenteil str, bis insg. 4 (5) 5 (6) Streifen gestrickt sind, die ersten halben Quadrate mit eingerechnet. Den nächsten Streifen laut Schemazeichnung und Anleitung (S. 86) str. ACHTUNG! Die M von den halben horizontalen Quadraten nach und nach auf einem Hilfsfaden stilllegen.

Streifen 5 (6) 6 (7):

Größe 2: 1 halbes vertikales Quadrat, 1 ganzes Quadrat, 2 halbe horizontale Quadrate, 1 ganzes Quadrat und 1 halbes vertikales Quadrat
Größe 4: 1 halbes vertikales Quadrat, 2 ganze Quadrate, 2 halbe horizontale Quadrate, 2 ganze Quadrate, 1 halbes vertikales Quadrat
Größe 6: 1 halbes vertikales Quadrat, 2 ganze Quadrate, 3 halbe horizontale Quadrate, 2 ganze Quadrate, 1 halbes vertikales Quadrat
Größe 8: 3 ganze Quadrate, 3 halbe horizontale Quadrate, 3 ganze Quadrate

Die Schultern getrennt beenden.

Linke Schulter

Streifen 6 (7) 7 (8):
Größe 2: 1 halbes horizontales Quadrat
Größe 4: 2 ganze Quadrate
Größe 6: 2 ganze Quadrate
Größe 8: 1 halbes vertikales Quadrat, 2 ganze Quadrate

Streifen – (8) 8 (9):

Größe 2: (ist nach dem 6. Streifen beendet)
Größe 4: 1 Viertelquadrat, 1 halbes horizontales Quadrat
Größe 6: 1 Viertelquadrat, 1 halbes horizontales Quadrat
Größe 8: 2 halbe horizontale Quadrate

Wie beim Rückenteil abketten.

Rechte Schulter

Wie die linke Schulter arbeiten, jedoch die Quadrate in umgekehrter Reihenfolge str.

Fertigstellung

Die Schultern jeweils im 1. Maschenglied zusammennähen.

Halskante: 60 (60) 72 (72) M aus dem Halsausschnitt auffassen und einen Kordelrand str (siehe S. 16).

Alle Fäden vernähen.

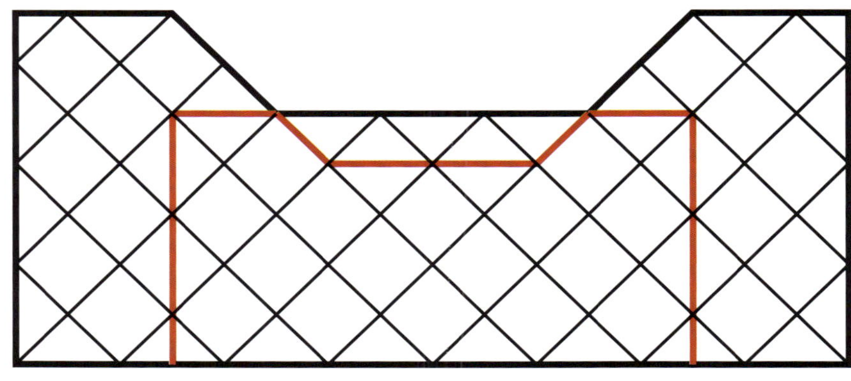

6 Jahre 2 Jahre

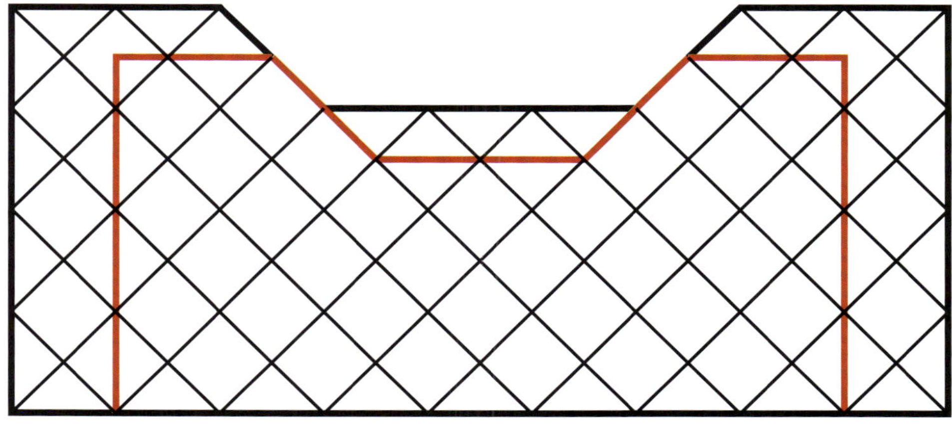

8 Jahre 4 Jahre

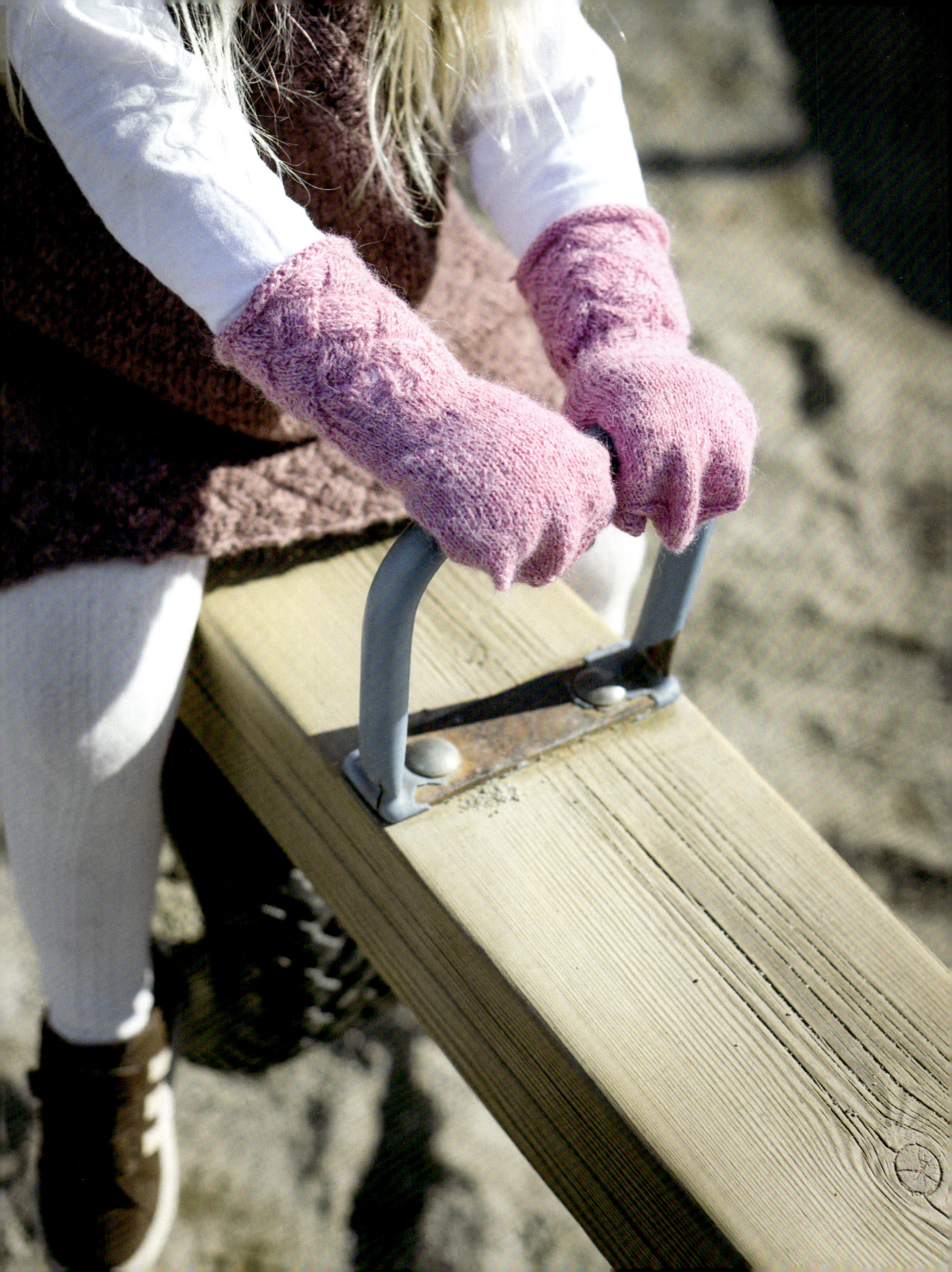

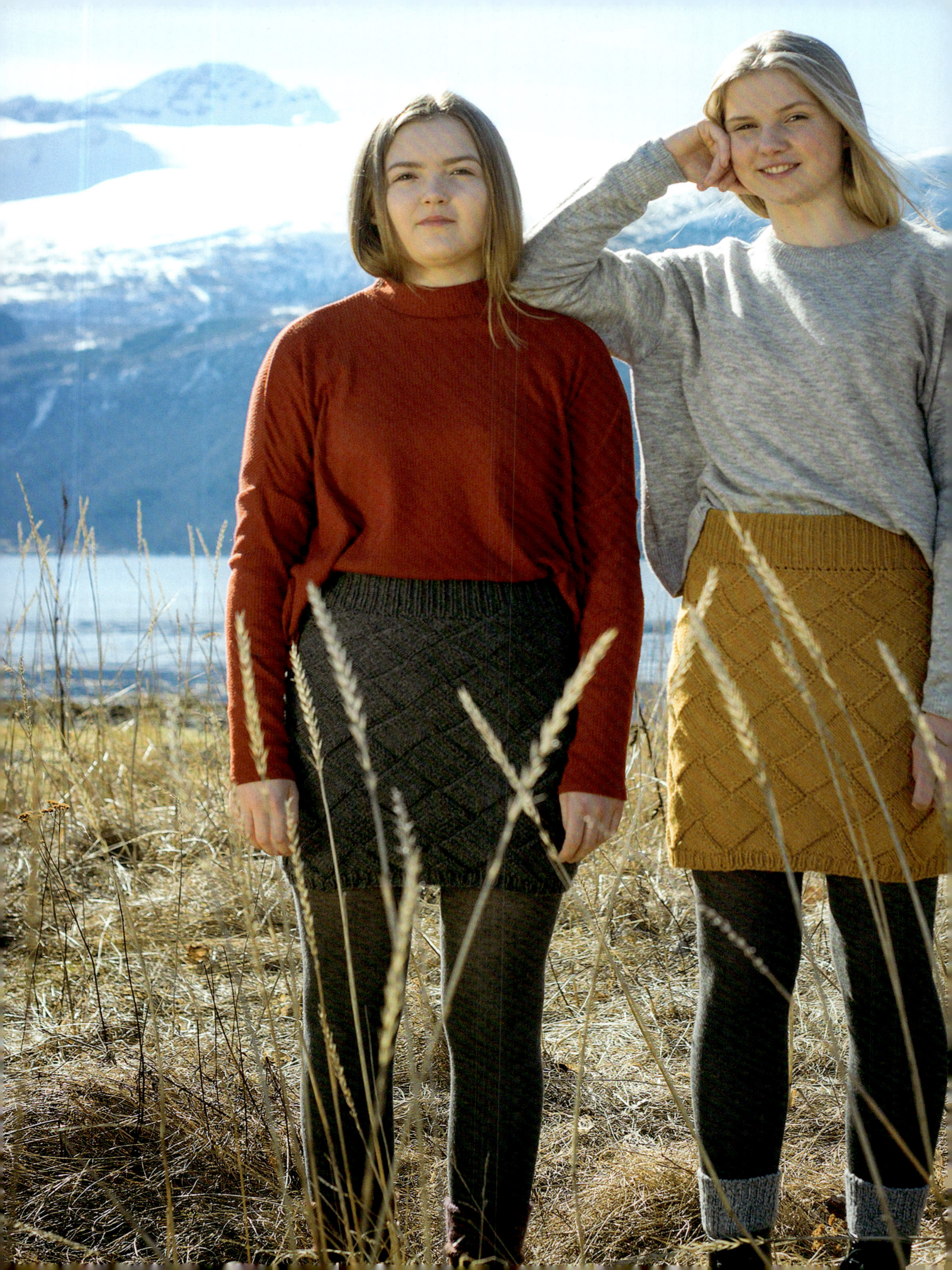

Für Damen

Wir möchten zeigen, dass Entrelac sich in jeder Art von Strickkleidung umsetzen lässt. Die Variationsmöglichkeiten sind schier endlos: Entrelac durchgehend oder als schönes Gestaltungselement, ein- oder mehrfarbig, bei Pullovern, Jacken, Tüchern, Röcken und vielen anderen. Ihrer Fantasie sind keine Grenzen gesetzt. Als Inspirationsquelle kann so manches dienen. Oft ist es das Garn selbst, das eine Idee liefert, oder eine Fernsehserie, die Natur oder einfach die Neugier, wie ein Kleidungsstück in Entrelac gestrickt wird. Zu den Modellen inspirierten uns die 80er-Jahre, Jacken-Stricktraditionen und die aktuelle Mode zu den nachfolgenden Modellen. Hier findet sich für jeden Geschmack etwas. Ein Pluspunkt von Entrelac ist, dass es den Kleidungsstücken Elastizität verleiht, die die Figur umschmeichelt.

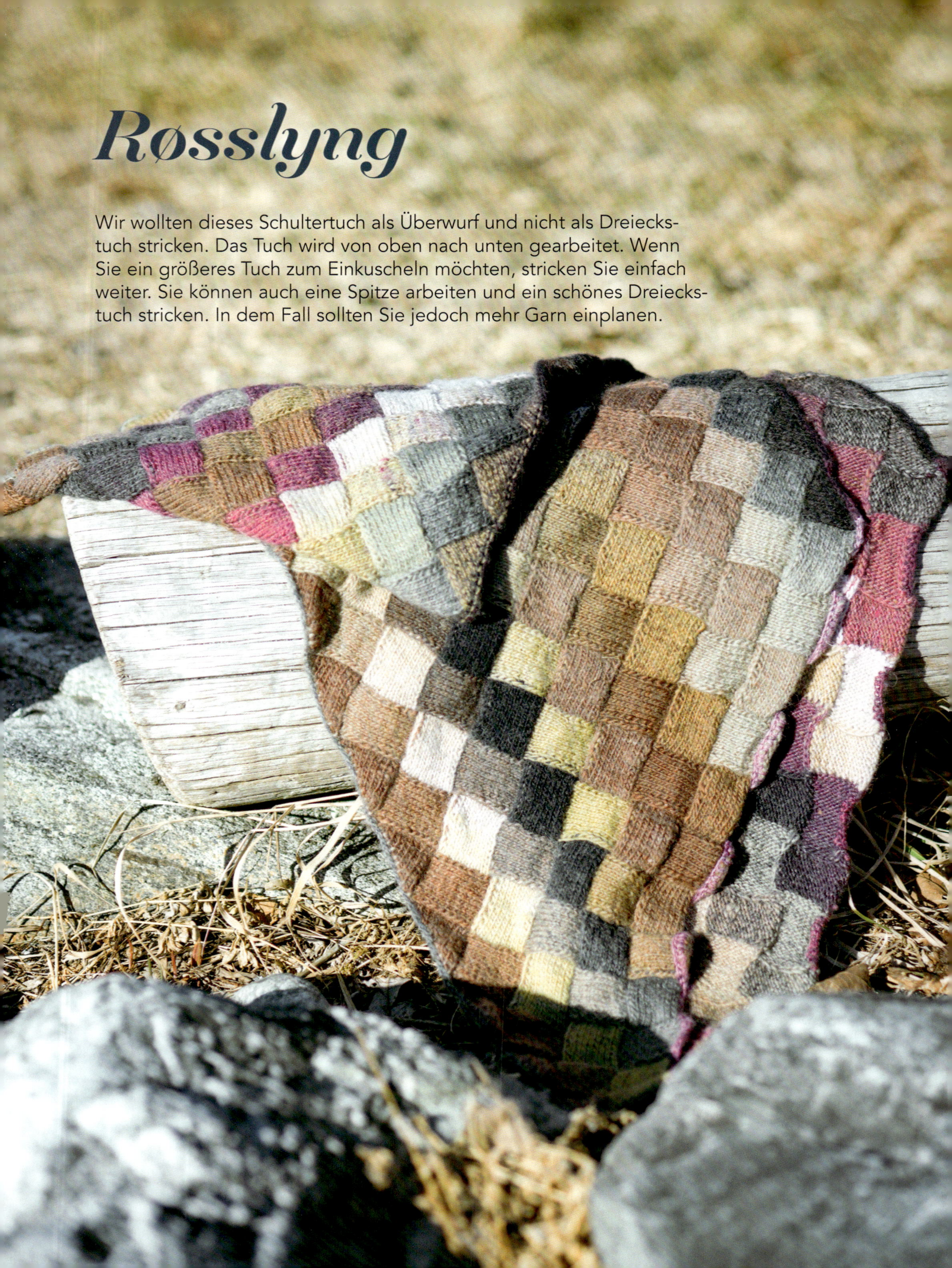

Røsslyng

Wir wollten dieses Schultertuch als Überwurf und nicht als Dreieckstuch stricken. Das Tuch wird von oben nach unten gearbeitet. Wenn Sie ein größeres Tuch zum Einkuscheln möchten, stricken Sie einfach weiter. Sie können auch eine Spitze arbeiten und ein schönes Dreieckstuch stricken. In dem Fall sollten Sie jedoch mehr Garn einplanen.

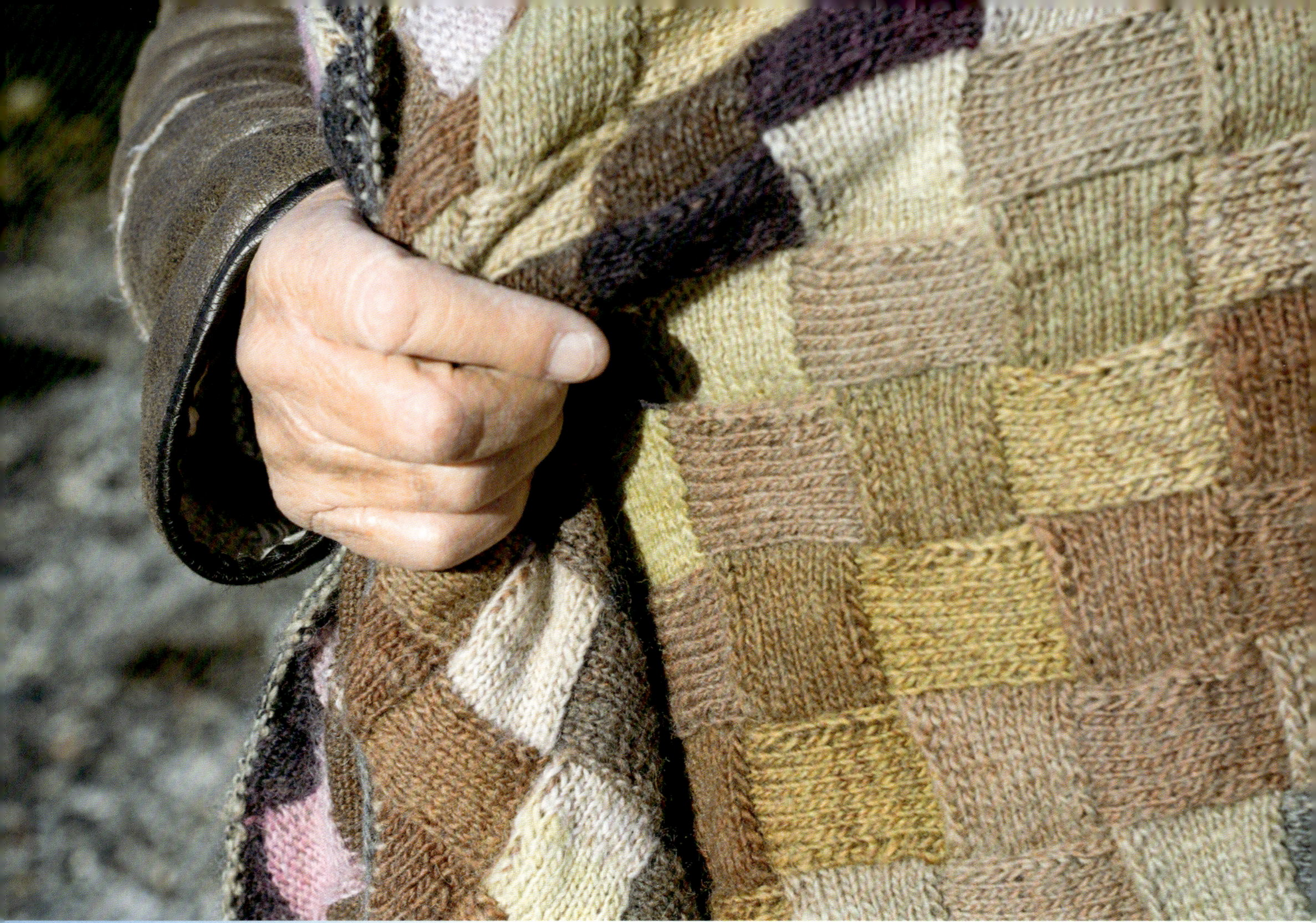

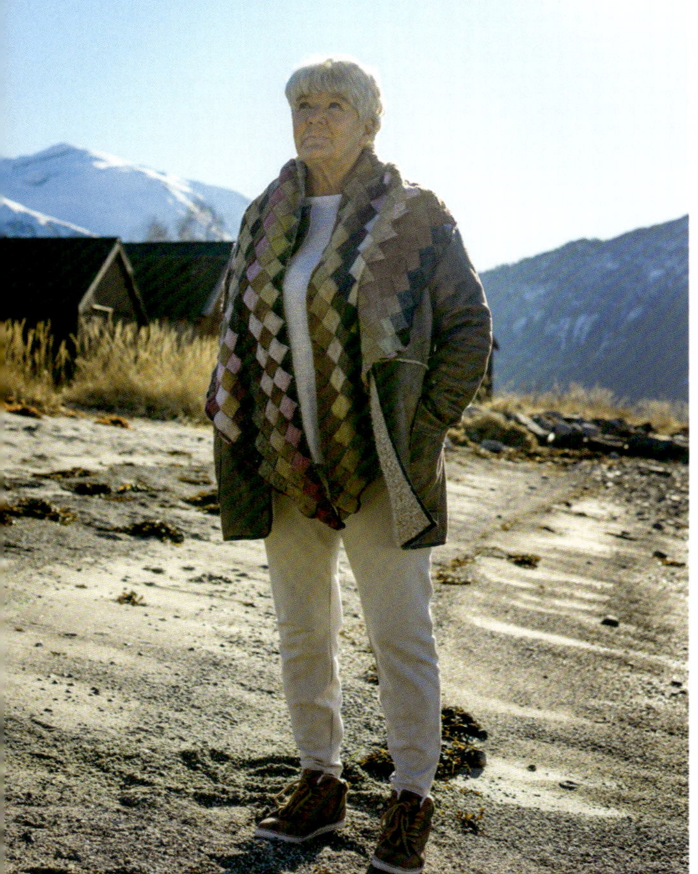

SCHULTERTUCH

GRÖSSE: Einheitsgröße
MASSE: ca. 220 × 35 cm
GARN: Delight von Drops
MASCHENPROBE: 23 M glatt re = 10 cm
NADELN: lange Rundstricknadel Nr. 3,5
HÄKELNADEL: Nr. 3,5
GARNMENGE: 250 g
FARBE: Beige/Grau/Rosa (05)

---

420 M anschlagen. In der 1. R jede 5. M abnehmen = 350 M. 1 Streifen mit 35 halben horizontalen Quadraten zu je 10 M von re nach li str. 12 Streifen mit ganzen Quadraten abwechselnd von li nach re und von re nach li str. Das letzte Quadrat in jedem Streifen locker abketten, sodass im nächsten Streifen 2 Quadrate weniger sind. Mit 1 Streifen halber horizontaler Quadrate enden, insg. 22 Quadrate = 220 M. 1 R li str, dabei gleichmäßig verteilt auf 276 M zunehmen. Locker abketten und die Schmalseiten des Tuchs mit 1 R fester M behäkeln. Alle Fäden vernähen.

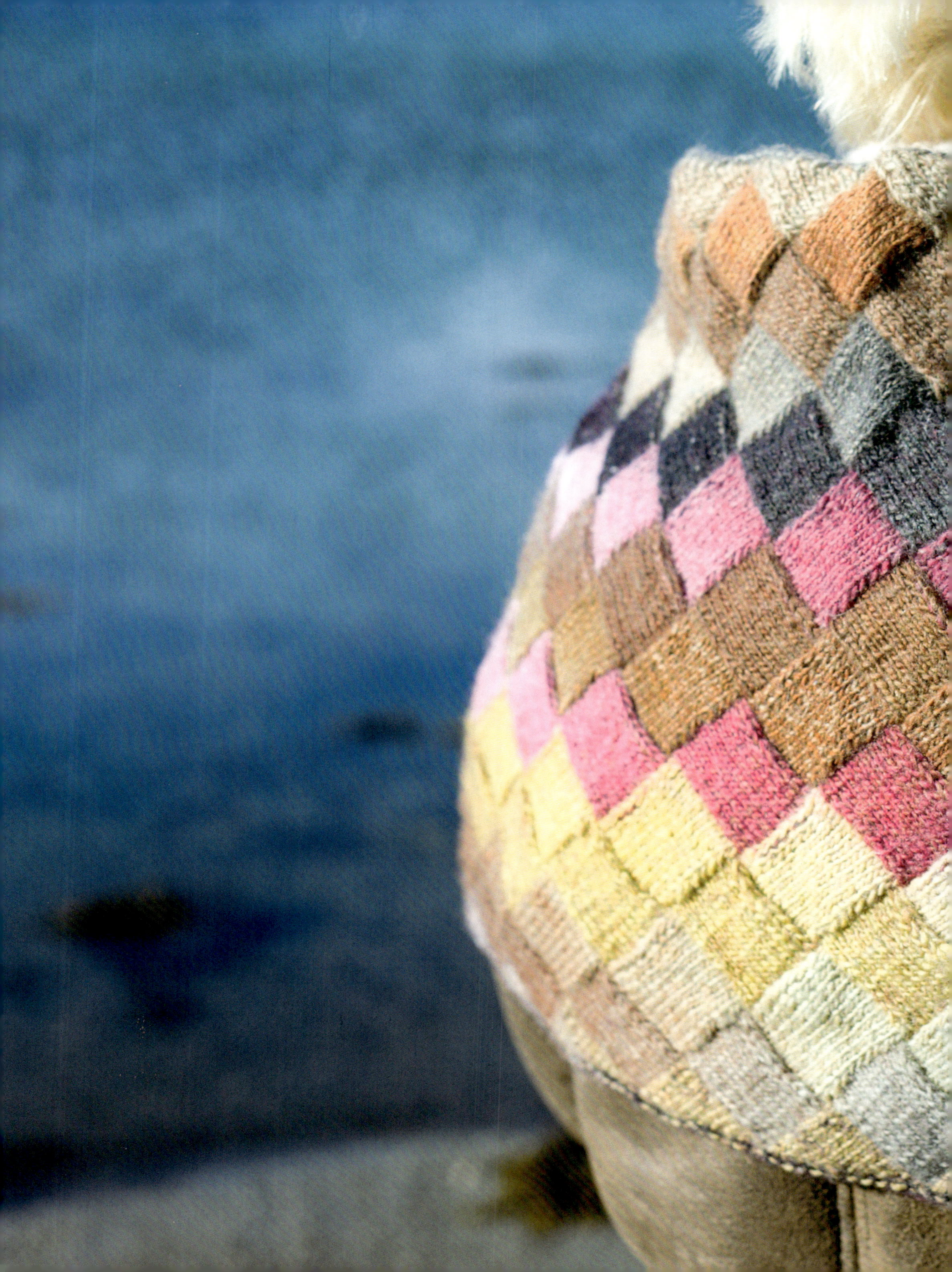

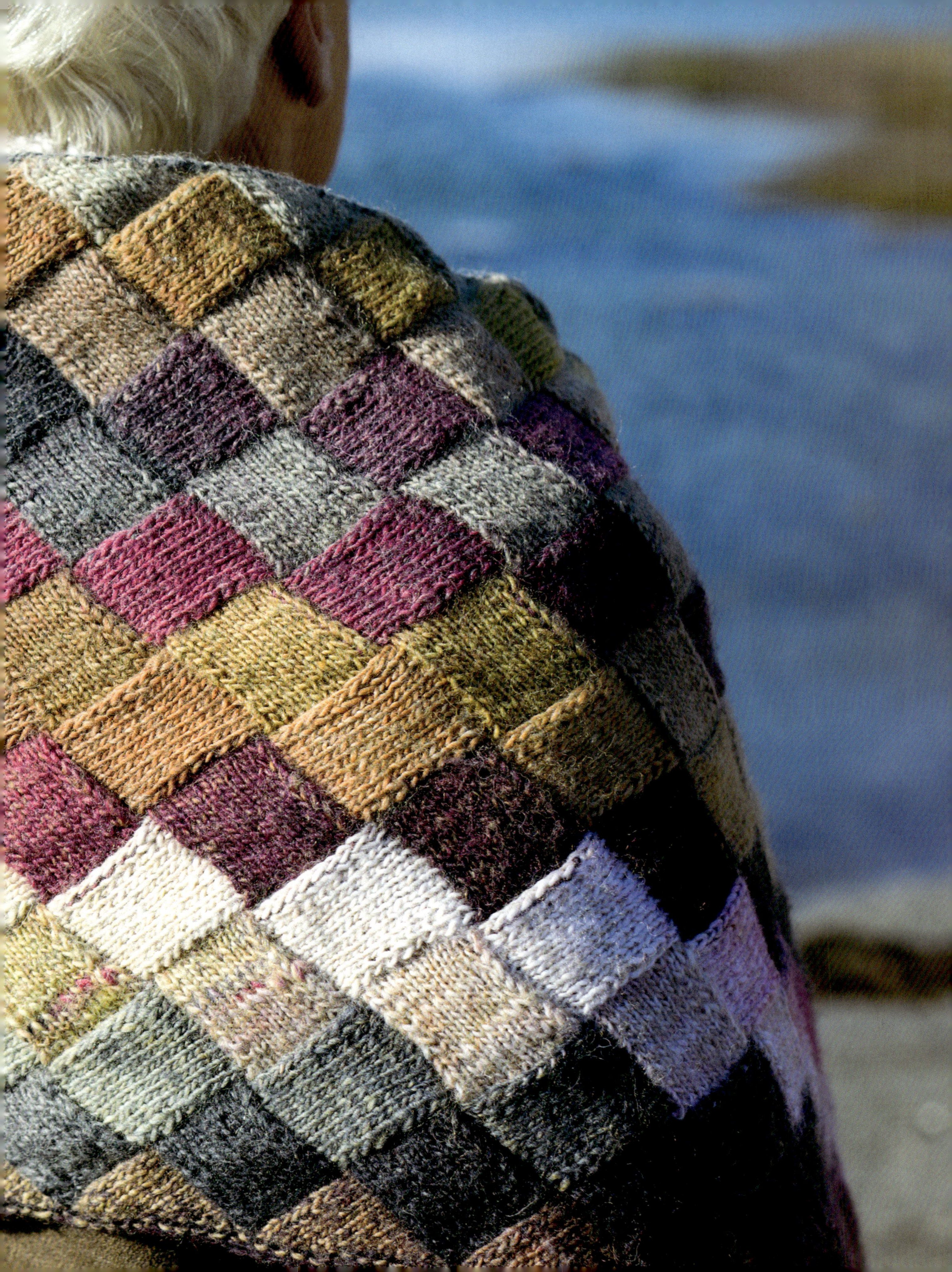

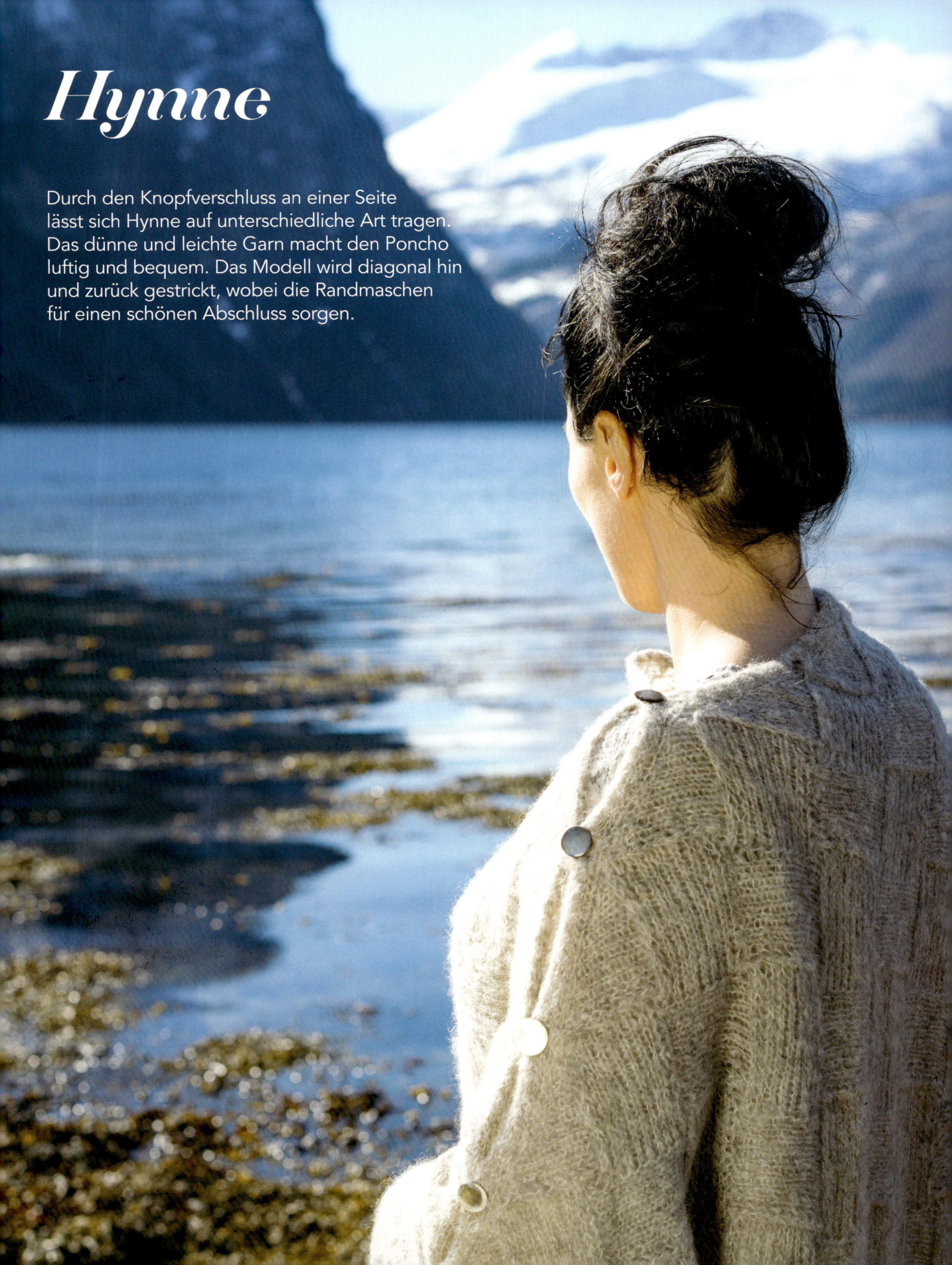

Hynne

Durch den Knopfverschluss an einer Seite lässt sich Hynne auf unterschiedliche Art tragen. Das dünne und leichte Garn macht den Poncho luftig und bequem. Das Modell wird diagonal hin und zurück gestrickt, wobei die Randmaschen für einen schönen Abschluss sorgen.

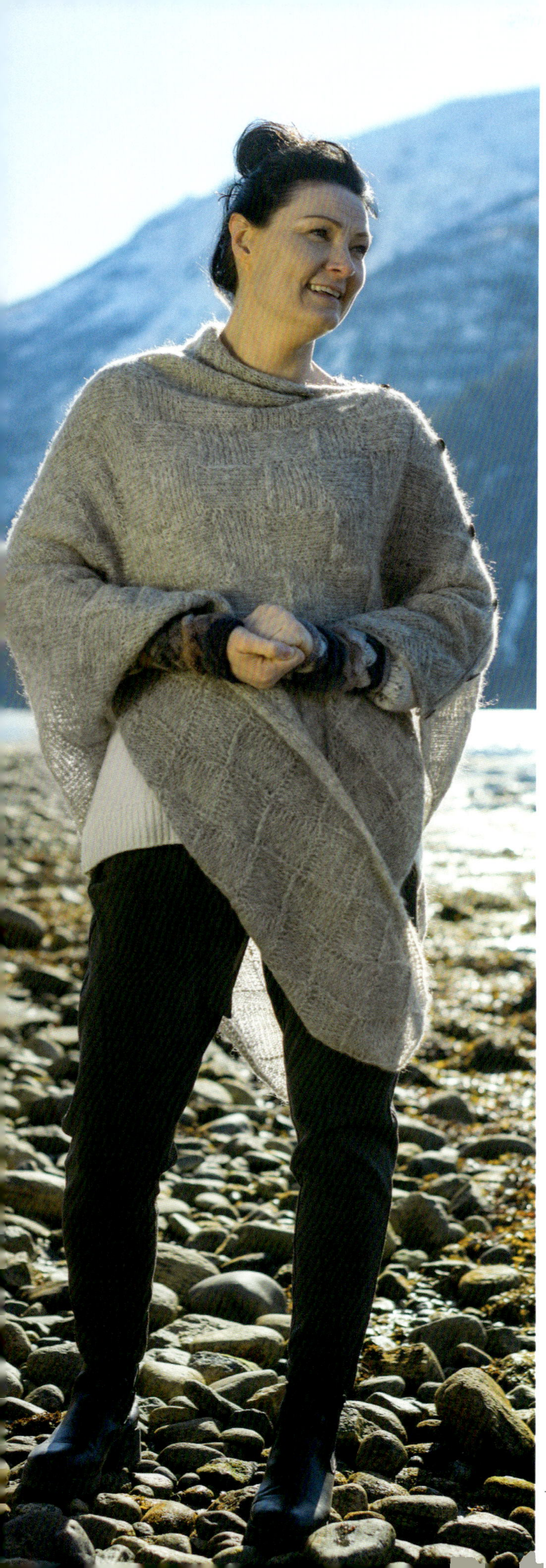

PONCHO/TUCH

GRÖSSE: Einheitsgröße
MASSE: ca. 76 × 160 cm
GARN: Alpaca Silk Brushed von Drops
MASCHENPROBE: 23 M glatt re = 10 cm
NADELN: Rundstricknadel Nr. 5
GARNMENGE: 200 g
FARBE: Hellgrau (02)
7 Knöpfe, ca. 20 mm Ø

---

120 M anschlagen und 1 R li str, dabei gleichmäßig verteilt 20 M abnehmen = 100 M. Nun Entrelac hin und zurück str. Die ersten 5 und die letzten 5 M in der R werden glatt re mit den halben vertikalen Quadraten zusammengestrickt. An der li Seite der Arbeit zwischen den vertikalen Quadraten Knopflöcher in die Rand-M einstricken (s. unten). Für die Knopflöcher die 2. und 3. M abketten, wenn nach li gestrickt wird, und in der nächsten R 2 neue M über den abgeketteten M anschlagen.

Entrelac: 5 Rand-M glatt re, einen Streifen mit 9 halben horizontalen Quadraten zu je 10 M str, mit 1 halben vertikalen Quadrat mit 5 Rand-M glatt re enden. 35 Streifen mit ganzen Quadraten abwechselnd nach re und nach li sowie mit halben vertikalen Quadraten an den Rändern der Arbeit str. 7 Knopflöcher in der ersten Hälfte der Arbeit (s. unten) einstricken. Mit 1 Streifen halber horizontaler Quadrate enden. 1 R über alle M str, dabei gleichmäßig verteilt auf 120 M zunehmen. Locker abketten und alle Fäden vernähen.
Die Knöpfe auf der anderen Hälfte in Höhe der Knopflocher annähen.

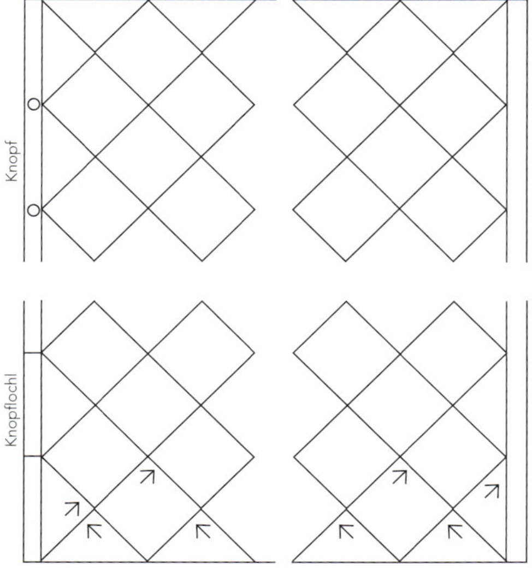

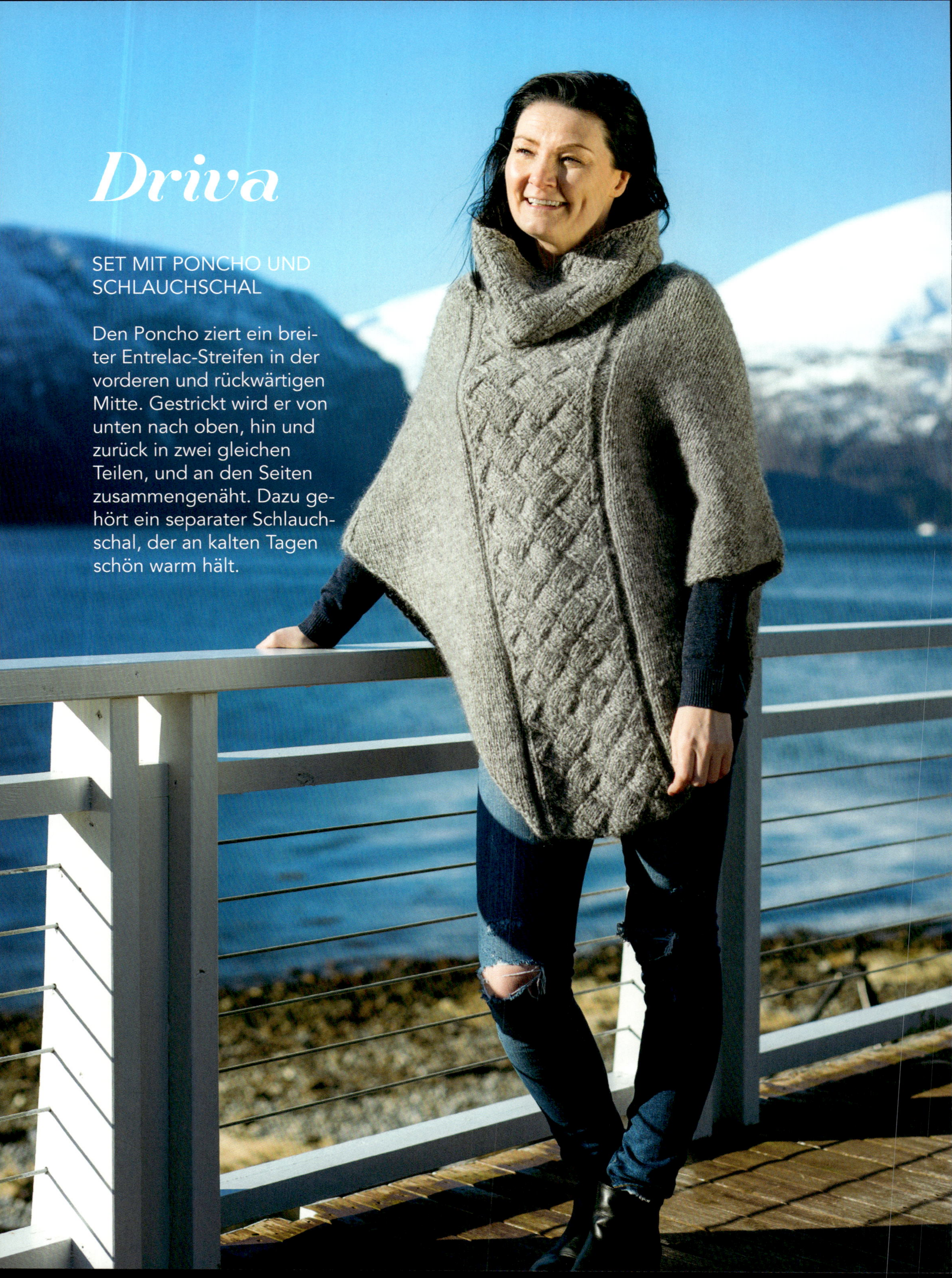

Driva

SET MIT PONCHO UND SCHLAUCHSCHAL

Den Poncho ziert ein breiter Entrelac-Streifen in der vorderen und rückwärtigen Mitte. Gestrickt wird er von unten nach oben, hin und zurück in zwei gleichen Teilen, und an den Seiten zusammengenäht. Dazu gehört ein separater Schlauchschal, der an kalten Tagen schön warm hält.

PONCHO

GRÖSSE: Einheitsgröße
GESAMTLÄNGE: ca. 100 cm
GARN: Blåne Pelsull von Hillesvåg
MASCHENPROBE: 14 M glatt re = 10 cm
NADELN: Rundstricknadel Nr. 6
GARNMENGE: 900 g
FARBE: Naturgrau (672115)

Vorderteil

7 M elastisch anschlagen (siehe S. 16). 1 M re, 3 M li (diese die gesamte Arbeit hindurch in der Hin-R li und in der Rück-R re str), 1 M re (Rand-M), 3 halbe horizontale Quadrate zu je 6 M von re nach li, 1 M re (Rand-M), 3 M li (diese die gesamte Arbeit hindurch in der Hin-R li und in der Rück-R re str), 1 U, 1 M re. Im nächsten Streifen 1 M re, den U verschr abstr, 3 M li, 1 halbes vertikales Quadrat am li Arbeitsrand, 2 ganze Quadrate von li nach re, 1 halbes vertikales Quadrat am re Arbeitsrand, 3 M li, 1 U, die restl. M re str.

So weiterstr, dabei beidseits der Arbeit zunehmen, bis 17 Streifen mit ganzen Quadraten (inkl. der halben horizontalen Quadrate zu Beginn der Arbeit) gestrickt sind bzw. die Arbeit ca. 50 cm misst. Es wird vor der letzten M in jeder R durch 1 U zugenommen, der in der nächsten R verschr abgestrickt wird.

Laut Anleitung weiterstr, jedoch mit der Ausnahme, dass vor der letzten M in jeder R 2 M re zusammengestrickt werden. Wenn insg. 27 Streifen mit ganzen Quadraten gestrickt sind (inkl. den halben horizontalen Quadraten zu Beginn der Arbeit) bzw. die Arbeit ca. 80 cm misst, für die Halsöffnung abketten.

Halsöffnung

Für den nächsten Streifen 3 halbe horizontale Quadrate von re nach li str. Die R wie oben beschrieben fertig str. Die M der halben horizontalen Quadrate auf einem Hilfsfaden stilllegen. Beide Seiten getrennt beenden.

Linke Seite: Glatt re in Reihen str, dabei an der li und re Seite der Arbeit jeweils vor der letzten M 1 M abnehmen. Str, bis noch 1 M übrig ist. Diese M auf einem Hilfsfaden stilllegen.

Die re Seite genauso str.

Rückenteil

Das Rückenteil ohne Abnahmen für den Hals str. Wie das Vorderteil arbeiten, bis insg. 31 Streifen mit ganzen Quadraten gestrickt sind (inkl. der halben horizontalen Quadrate). 1 Streifen mit halben horizontalen Quadraten und die R zu Ende str. Beidseits der horizontalen Quadrate befinden sich 8 M. Die M von den halben Quadraten zusammen mit den 8 M beidseits der Quadrate stilllegen.

Fertigstellung

Vorder- und Rückenteil von der Spitze nach oben bis zu den stillgelegten M zusammennähen. Die stillgelegten M auf eine Rundstricknadel Nr. 6 nehmen und beidseits des Halses M auffassen wie folgt: Vom Rückenteil: 9 M + M von den halben Quadraten (3 × 6 M) + 9 M + vom Vorderteil 1 M + 8 M vom glatt re gestrickten Teil aufnehmen + M von den halben Quadraten (3 × 6 M) + 8 M vom glatt re gestrickten Teil aufnehmen + 1 M = insg. 72 M. 2 cm Rippenmuster 2 M re, 2 M li im Wechsel str. Locker abketten.

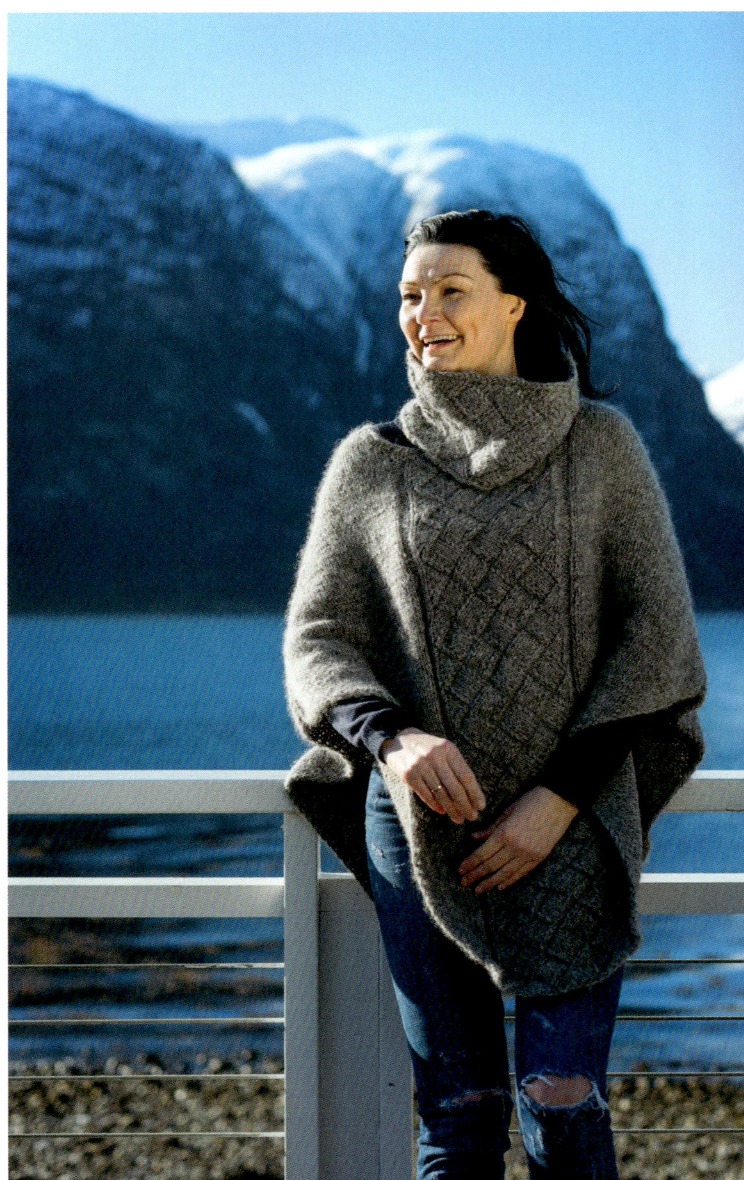

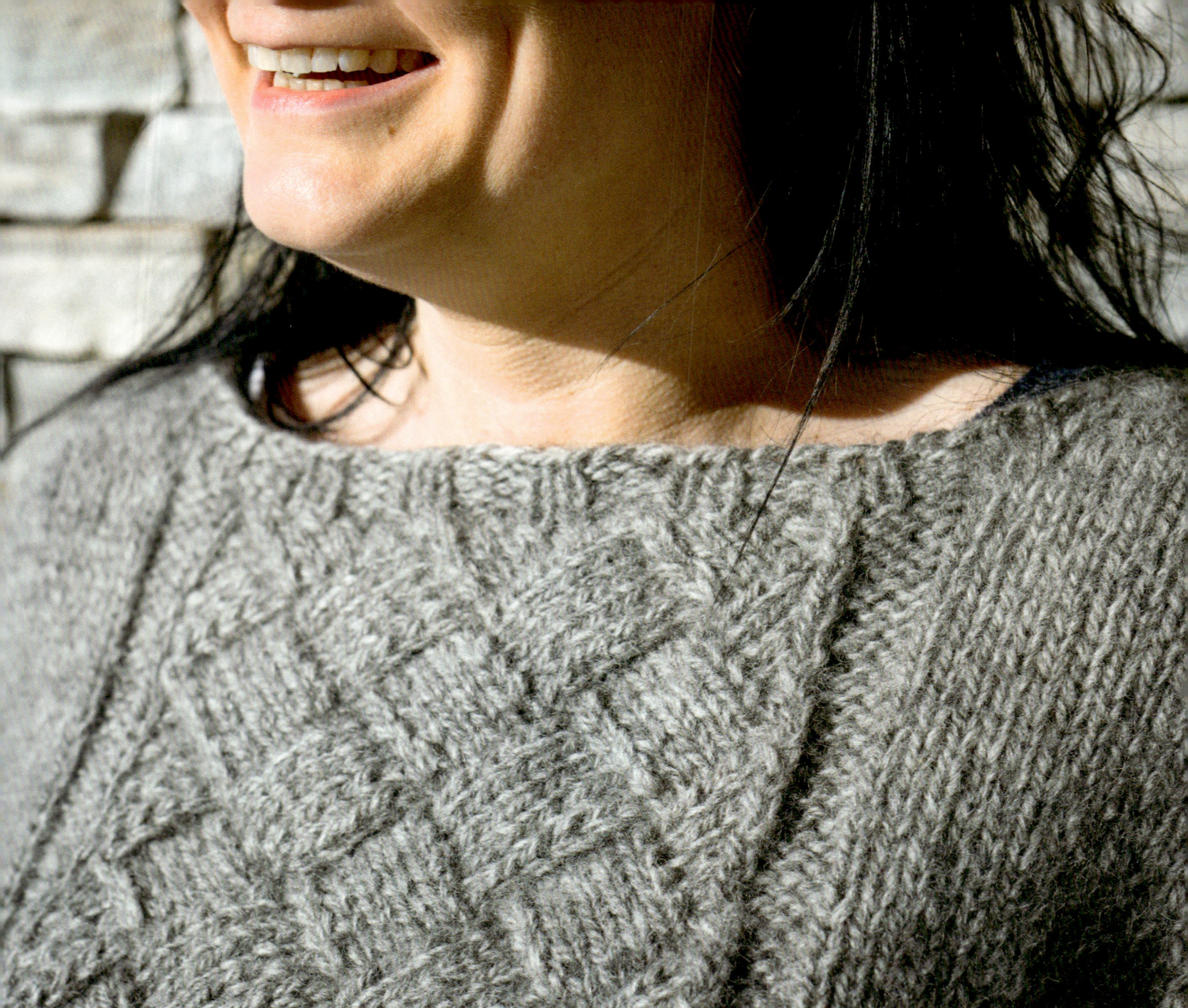

SCHLAUCHSCHAL

GRÖSSE: Einheitsgröße
MASSE: Höhe ca. 16 cm, Umfang ca. 64 cm
GARN: Blåne Pelsull von Hillesvåg
MASCHENPROBE: 14 M glatt re = 10 cm
NADELN: Rundstricknadel Nr. 6
GARNMENGE: 100 g
FARBE: Naturgrau (672115)

66 M elastisch anschlagen (siehe S. 16). 1 Streifen mit 11 halben horizontalen Quadraten zu je 6 M von li nach re str. 4 Streifen mit ganzen Quadraten abwechselnd nach li und nach re und 1 Streifen mit halben horizontalen Quadraten str. Locker abketten, dabei für jede 3. abgekettete M 1 M herausstricken. Die herausgestrickte M wie die anderen M abketten. Alle Fäden vernähen.

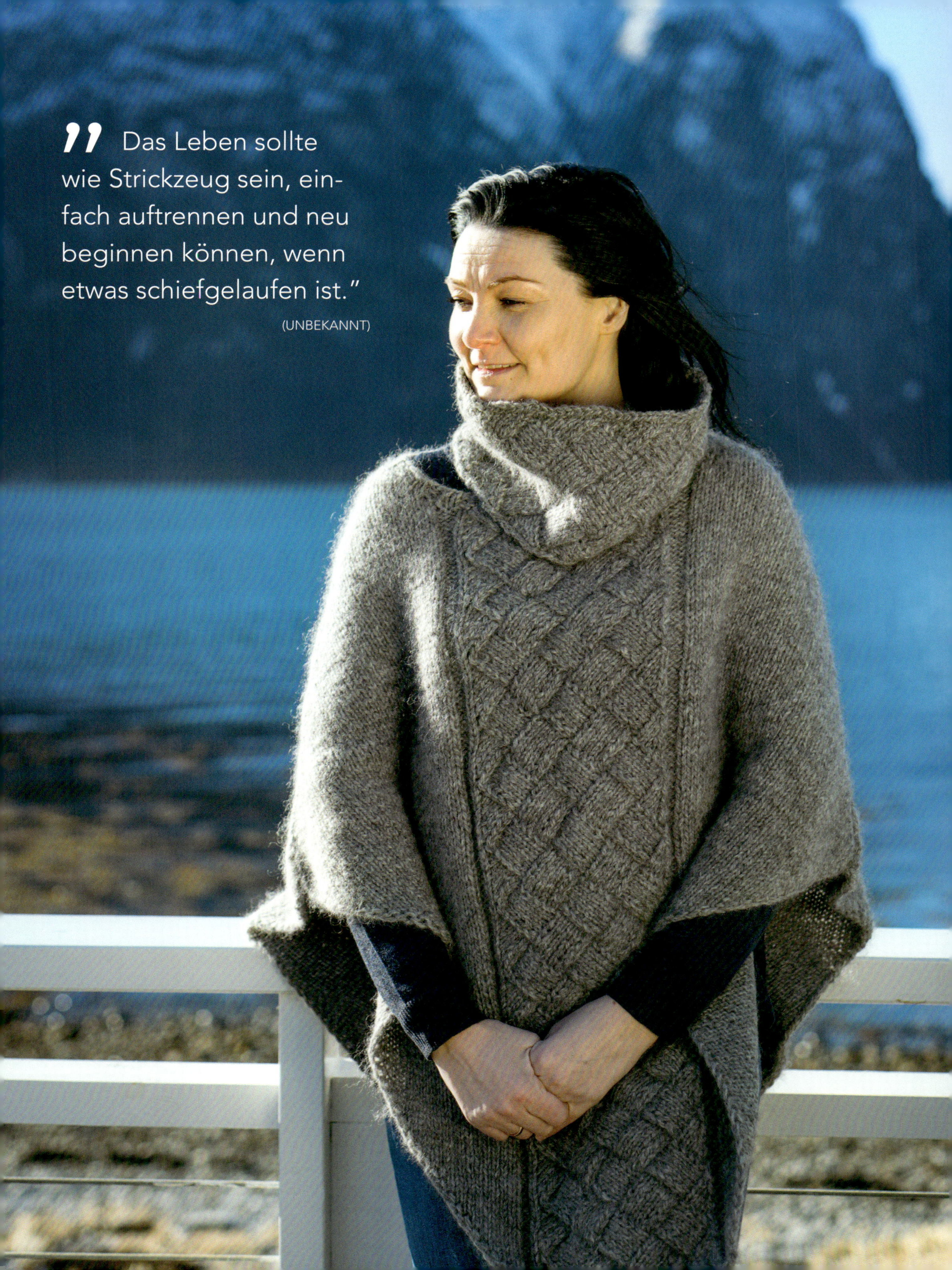

„Das Leben sollte wie Strickzeug sein, einfach auftrennen und neu beginnen können, wenn etwas schiefgelaufen ist.“

(UNBEKANNT)

Hege

PULLOVER UND MÜTZE

Der unglaublich weiche und legere Pullover wird bis zu den Ärmeln in Runden gestrickt und dann in Vorder- und Rückenteil eingeteilt und separat beendet. Die glatt rechts gestrickten Ärmel sind gerade eingesetzt. Da Entrelac sehr elastisch ist, sind die Maße nur Richtwerte. Die verschiedenen Garnqualitäten verleihen den Quadraten eine interessante Struktur. Passen Sie die Länge des Pullovers an, indem Sie mehr oder weniger Streifen mit ganzen Quadraten stricken. Sie arbeiten dieses Modell durchgängig zweifädig: je ein Faden Alpaca und Baby Alpaca Silk bzw. je ein Faden Alpaca und Alpaca Silk Brushed.

Die Beanie-ähnliche Mütze ist als Einheitsgröße angegeben. Wir haben den Bommel aus Kunstfell mit einem Druckknopf befestigt. So lässt sich die Mütze gut waschen.

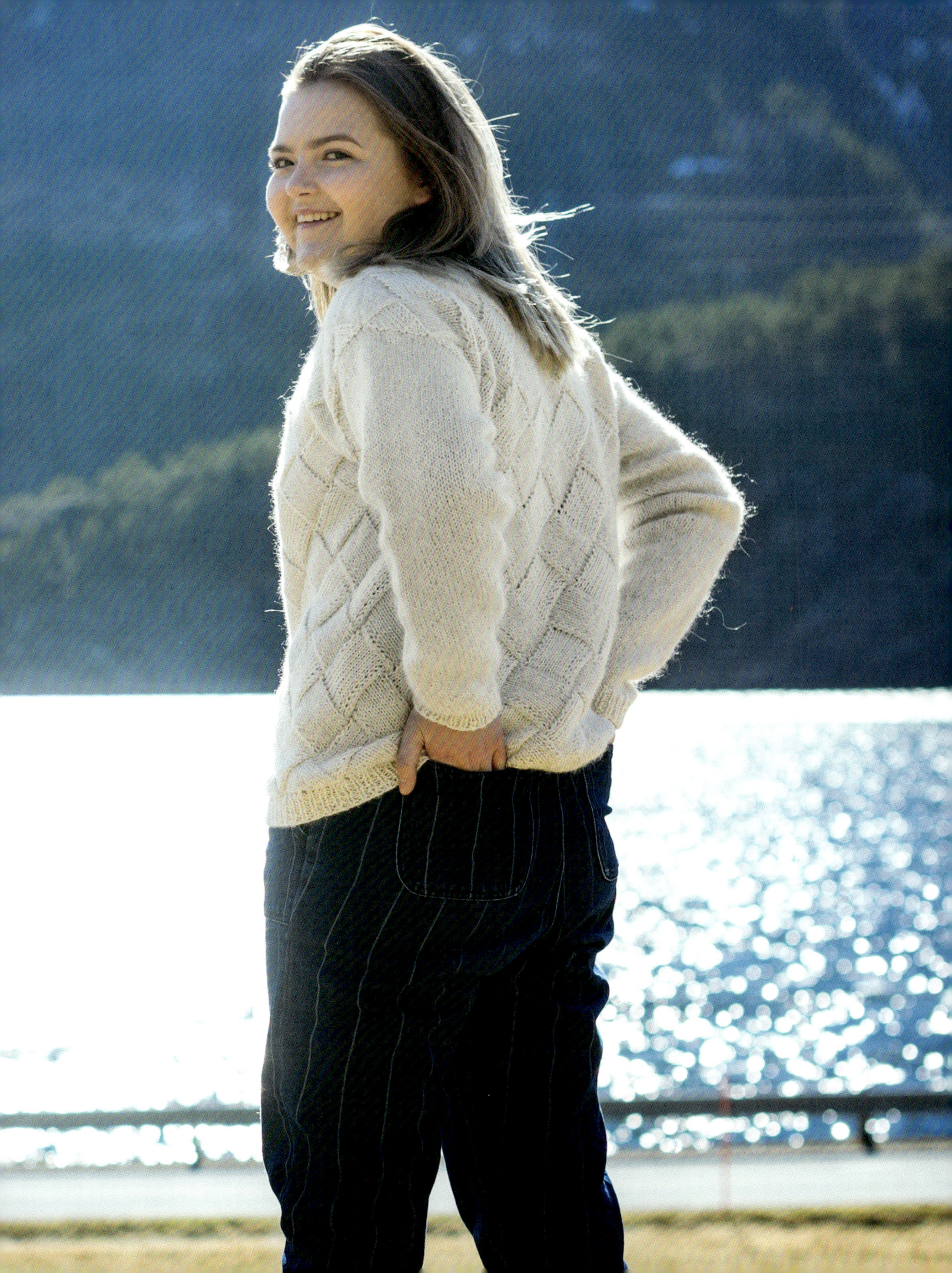

PULLOVER

GRÖSSE: XS (S) M (L) XL (XXL)
BRUSTUMFANG: 88 (98) 109 (120) 131 (142) cm
ÄRMELLÄNGE: 46 (45) 44 (43) 42 (42) cm
GESAMTLÄNGE: 52 (58) 63 (79) 86 (92) cm
GARN: Alpaca, Baby Alpaca Silk und Alpaca Silk Brushed von Drops
MASCHENPROBE: 17 M glatt re = 10 cm
NADELN: Rundstricknadel und Nadelspiel Nr. 4 u. 5
GARNMENGE: Drops Alpaca: Natur (100)
300 (350) 350 (400) 400 (400) g
Drops Baby Alpaca Silk: Natur (0100)
150 (150) 200 (200) 200 (200) g
Drops Alpaca Silk Brushed: Natur (01)
100 (100) 150 (150) 200 (200) g

Rumpf

148 (168) 186 (204) 210 (226) M auf Rundstricknadel Nr. 4 mit je 1 Faden Alpaca und Baby Alpaca Silk anschlagen. 4 cm Rippenmuster 1 M re, 1 M li im Wechsel str. Zu Rundstricknadel Nr. 5 wechseln. 1 Rd str, dabei gleichmäßig verteilt auf 112 (126) 140 (154) 168 (182) M abnehmen. Nun Entrelac in Rd mit je 1 Faden Alpaca und Alpaca Silk Brushed str: 1 Streifen mit 14 halben horizontalen Quadraten zu je 8 (9) 10 (11) 12 (13) M von re nach li str. Weiter ganze Quadrate str, dabei jeden 2. Streifen mit je 1 Faden Alpaca und Baby Alpaca Silk und jeden 2. Streifen mit je 1 Faden Alpaca und Alpaca Silk Brushed, bis 6 (6) 6 (8) 8 (8) Streifen gestrickt sind, inkl. dem 1. Streifen mit halben Quadraten (evtl. 8 Streifen für alle Größen, falls der Pullover auch in den kleineren Größen länger werden soll). Die Arbeit in 2 Teile zu jeweils 7 Quadraten aufteilen. Vorder- und das Rückenteil getrennt beenden.

Rückenteil

Entrelac hin und zurück: 1 Streifen mit 7 ganzen horizontalen Quadraten zu je 8 (9) 10 (11) 12 (13) M von re nach li str. An den Rändern jeweils halbe vertikale Quadrate arbeiten, dabei 1 Extra-M zwischen dem Quadrat vom Vorderteil und dem vom Rückenteil aufnehmen = Rand-M der halben vertikalen Quadrate. Insg. 11 (11) 11 (13) 13 (13) Streifen mit ganzen Quadraten str. Mit 1 Streifen halber horizontaler Quadrate enden. Die mittleren 24 (27) 30 (33) 36 (39) M für den Hals stilllegen. Die Schultern getrennt beenden.

Schultern: 1 R str, dabei locker abketten und für jede 3. abgekettete M 1 M herausstricken. Die herausgestrickten M genauso wie die anderen M abketten. Dadurch wird die Abkettkante elastisch.

Vorderteil

Das Vorderteil wie das Rückenteil arbeiten, bis insg. 10 (10) 10 (12) 12 (12) Streifen mit ganzen Quadraten gestrickt sind. In der nächsten R laut Schemazeichnung und Anleitung unten str.

Streifen 11 (11) (11) 13 (13) 13: 1 halbes vertikales Quadrat, 2 ganze Quadrate, 2 halbe horizontale Quadrate, 2 ganze Quadrate, 1 halbes vertikales Quadrat. Die M von den halben horizontalen Quadraten auf einem Hilfsfaden stilllegen.

Die Schultern getrennt beenden.

Linke Schulter

Von li nach re str:
Streifen 12 (12) 12 (14) 14 (14): 2 halbe horizontale Quadrate str und wie beim Rückenteil locker abketten.

Rechte Schulter

Wie die linke Schulter arbeiten.

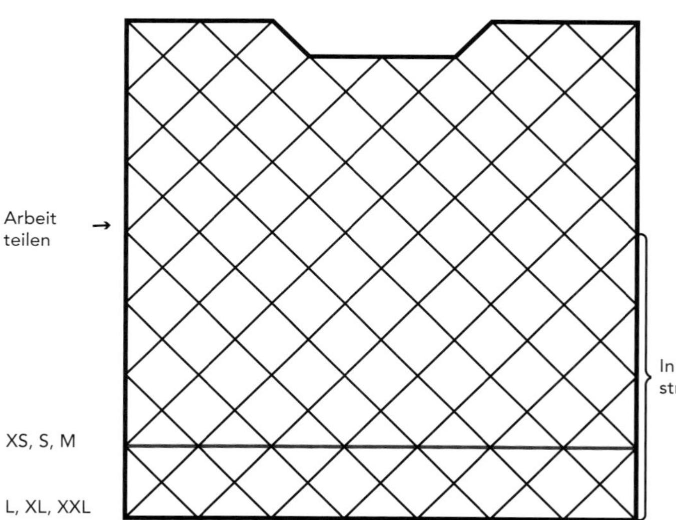

Ärmel

Die Ärmel werden mit je 1 Faden Alpaca und Alpaca Silk Brushed glatt re in Rd gestrickt. 38 (40) 42 (44) 46 (48) M auf Nd Nr. 4 anschlagen und 4 cm Rippenmuster 1 M re, 1 M li im Wechsel str. Zu Nd Nr. 5 wechseln. 1 Rd str, dabei gleichmäßig verteilt 4 M

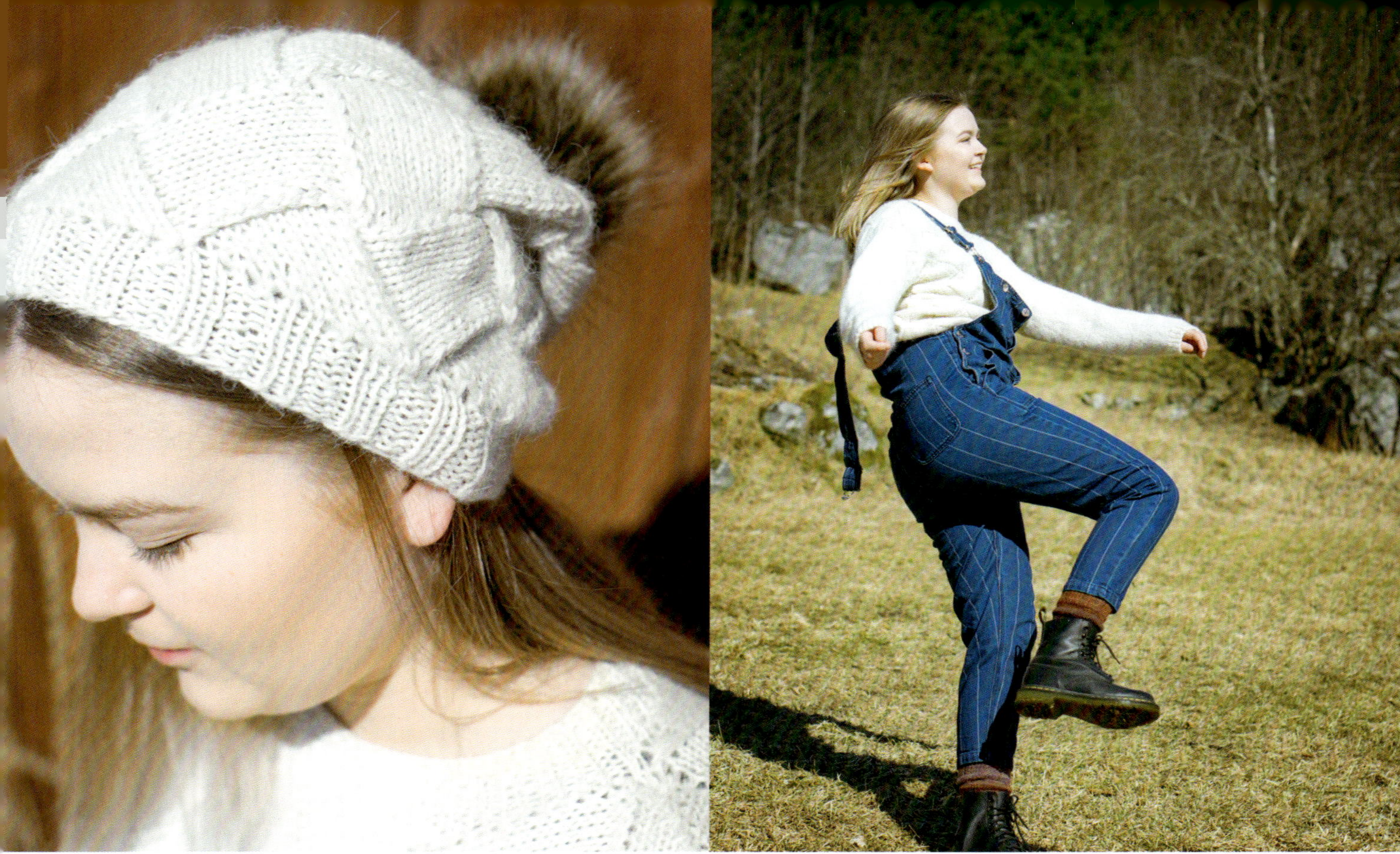

zunehmen = 42 (44) 46 (48) 50 (52) M. Die untere Ärmelmitte markieren. Alle 2 cm beidseits der Markierung je 1 M zunehmen, bis es 60 (66) 72 (78) 84 (90) M sind. Den Ärmel bis zu einer Länge von 46 (45) 44 (43) 42 (42) cm str. Locker abketten. Den zweiten Ärmel genauso str.

Fertigstellung

Die Schulternähte schließen.

Halskante: Mit je 1 Faden Alpaca und Alpaca Silk str. Die am Vorderteil stillgelegten 16 (18) 20 (22) 24 (26) M und die am Rückenteil stillgelegten 24 (27) 30 (33) 36 (39) M auf eine kurze Rundstricknadel Nr. 4 setzen. Insg. 30 (33) 34 (37) 38 (41) M an den Halsseiten auffassen = 70 (78) 84 (92) 98 (106) M für den Halsausschnitt. 3 cm Rippenmuster 1 M re, 1 M li im Wechsel str. Im Musterverlauf abketten.

Die Ärmel einsetzen und alle Fäden vernähen.

MÜTZE

EINHEITSGRÖSSE: Damen (Kopfumfang 55–60 cm)
GARN: Alpaca, Baby Alpaca Silk und Alpaca Silk Brushed von Drops
MASCHENPROBE: 17 M glatt re = 10 cm
NADELN: Rundstricknadel Nr. 5
GARNMENGE:
Drops Alpaca: Natur (100) 50 g
Drops Baby Alpaca Silk: Natur (0100) 50 g
Drops Alpaca Silk Brushed: Natur (01) 50 g

---

80 M anschlagen, 10 Rd Rippenmuster 2 M re, 2 M li im Wechsel mit je 1 Faden Alpaca und Baby Alpaca Silk str. 1 Rd re, dabei gleichmäßig verteilt auf 70 M abnehmen. Nun mit je 1 Faden Alpaca und Alpaca Silk Brushed fortfahren: 1 Streifen mit 7 halben horizontalen Quadraten zu je 10 M str.

3 Streifen mit ganzen Quadraten abwechselnd mit je 1 Faden Alpaca und Alpaca Silk und mit je 1 Faden Alpaca und Alpaca Silk Brushed str.

Die Arbeit mit einer Sternenabnahme beenden (siehe S. 15). Alle Fäden vernähen. Einen Bommel annähen oder mit Druckknopf befestigen.

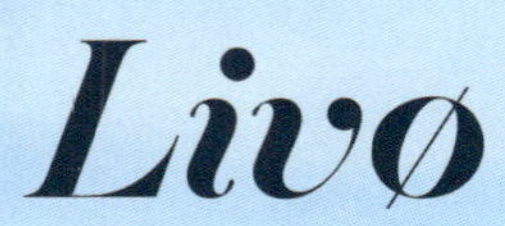

Livø

PULLOVER UND ROCK

Ein wunderschöner Pullover, von unten nach oben gestrickt, aus einer Mischung aus Wolle und Alpaka mit Entrelac-Passe. Diese wird als Letztes gestrickt.

Der Rock wird von unten nach oben, am unteren Teil in Entrelac und dann bis zur Taille glatt rechts gearbeitet. Der elastische Gummibund sorgt für eine gute Passform.

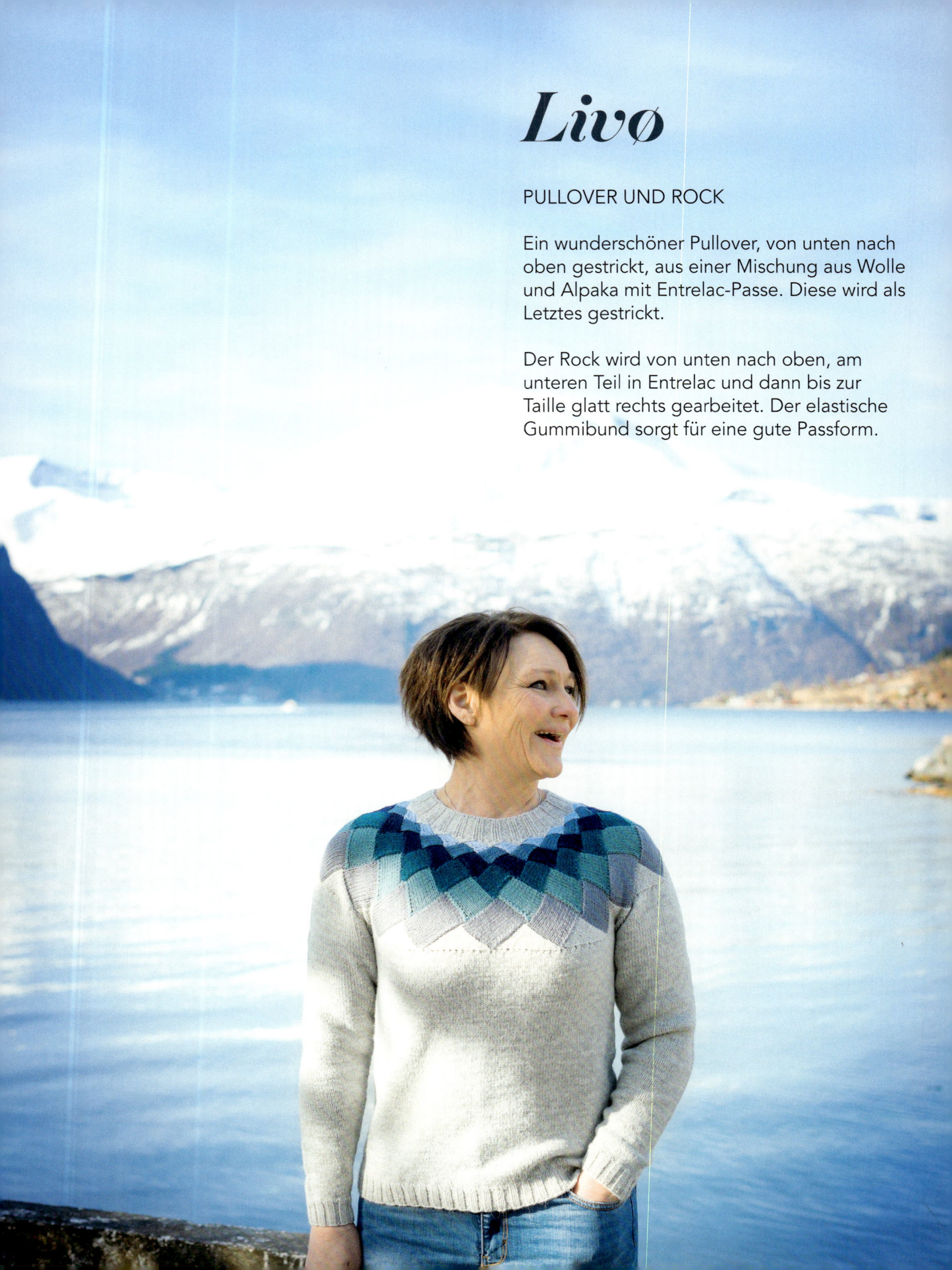

PULLOVER

GRÖSSE: XS (S) M (L) XL (XXL)
BRUSTUMFANG: 78 (85) 92 (98) 115 (121) cm
GESAMTLÄNGE: 57 (59) 61 (63) 65 (66) cm
ÄRMELLÄNGE: 45 (46) 47 (48) 49 (49) cm
GARN: Tumi von Rauma
MASCHENPROBE: 24 M glatt re = 10 cm
NADELN: Nadelspiel und Rundstricknadel Nr. 3 u. 3,5
GARNMENGE:
FARBE 1: Hellgrau (SFN38) 300 (350) 350 (450) 500 (600) g
FARBE 2: Stahlgrau (1992) 50 (50) 50 (50) 50 (100) g
FARBE 3: Seegrün (1244) 50 g für alle Größen
FARBE 4: Petrol (6396) 50 g für alle Größen
FARBE 5: Marine (6416) 50 g für alle Größen
FARBE 6: Bauernblau (0190) 50 g für alle Größen
FARBE 7: Hellbrau (1647) 50 g für alle Größen

Rumpf

188 (204) 220 (236) 276 (290) M in Fb 1 mit Rundstricknadel Nr. 3 anschlagen. 4 cm Rippenmuster in Rd 2 M re, 2 M li im Wechsel str. An beiden Seiten markieren = jeweils 94 (102) 110 (118) 138 (145) M für das Vorder- und Rückenteil. Zu Nd Nr. 3,5 wechseln und weiter glatt re str, bis die Arbeit 42 (44) 45 (46) 46 (46) cm misst. Für die Armlöcher beidseits der Markierungen jeweils 5 M abketten. Beiseitelegen und die Ärmel str.

Ärmel

44 (46) 48 (50) 52 (54) M in Fb 1 mit Rundstricknadel Nr. 3 anschlagen. 4 cm Rippenmuster in Rd 2 M re, 2 M li im Wechsel str. Zu Nd Nr. 3,5 wechseln und weiter glatt re str, dabei alle 1,5 (1,5) 1,5 (2) 2 (2) cm beidseits der 1. M auf insg. 82 (86) 90 (94) 98 (102) M zunehmen. Weiter glatt re str, bis die Arbeit 44 (46) 48 (48) 47 (47) cm misst oder die gewünschte Länge hat. Für die Armlöcher in der unteren Ärmelmitte 10 M abketten. Die Arbeit beiseitelegen und den 2. Ärmel str.

Passe

Die M von Ärmel und Rumpf auf eine Rundstricknadel setzen = 312 (336) 360 (384) 432 (454) M. 1 Rd glatt re, dabei gleichmäßig verteilt auf 187 (198) 216 (234) 252 (270) M abnehmen. Wir empfehlen, diese Rd in einer kleineren Nadelstärke zu str, damit der Übergang zwischen Glattstrick und Entrelac so schön wie möglich aussieht. Nun Entrelac in Rd str. Die Rd beginnt in der rückwärtigen Mitte, damit sich die Quadrate im Verhältnis zu den Ärmeln symmetrisch verteilen.

1. Streifen: 1 Streifen mit 17 (18) 18 (18) 18 (18) halben horizontalen Quadraten zu je 11 (11) 12 (13) 14 (15) M in Fb 1 von re nach li.
2. Streifen: Zu Fb 2 wechseln. 1 Streifen mit ganzen Quadraten zu je 11 (11) 12 (13) 14 (15) M von li nach re.
3. Streifen: Zu Fb 3 wechseln. 1 Streifen mit ganzen Quadraten zu je 9 (9) 10 (11) 12 (13) M von re nach li.
4. Streifen: Zu Fb 4 wechseln. 1 Streifen mit ganzen Quadraten zu je 7 (7) 8 (9) 10 (11) M von li nach re.
5. Streifen: Zu Fb 5 wechseln. 1 Streifen mit ganzen Quadraten zu je 6 (6) 6 (7) 8 (9) M von re nach li.
6. Streifen: Zu Fb 6 wechseln. 1 Streifen mit ganzen Quadraten zu je 5 (5) 5 (6) 7 (8) M von li nach re.
7. Streifen: Zu Fb 7 wechseln. 1 Streifen mit ganzen Quadraten zu je 4 (4) 4 (5) 6 (6) M von re nach li.
8. Streifen: Zu Fb 1 wechseln. 1 Streifen mit halben horizontalen Quadraten zu je 4 (4) 4 (5) 5 (6) M von li nach re.
Nun sind 68 (72) 72 (90) 90 (108) M auf der Nd.
1 Rd glatt re str, dabei gleichmäßig verteilt auf 88 (92) 96 (100) 112 (120) M zunehmen. Zu Nd Nr. 3 wechseln. 4 cm Rippenmuster 2 M re, 2 M li im Wechsel str. Im Musterverlauf locker abketten.

Fertigstellung

Die Öffnungen unter den Ärmeln schließen. Alle Fäden vernähen.

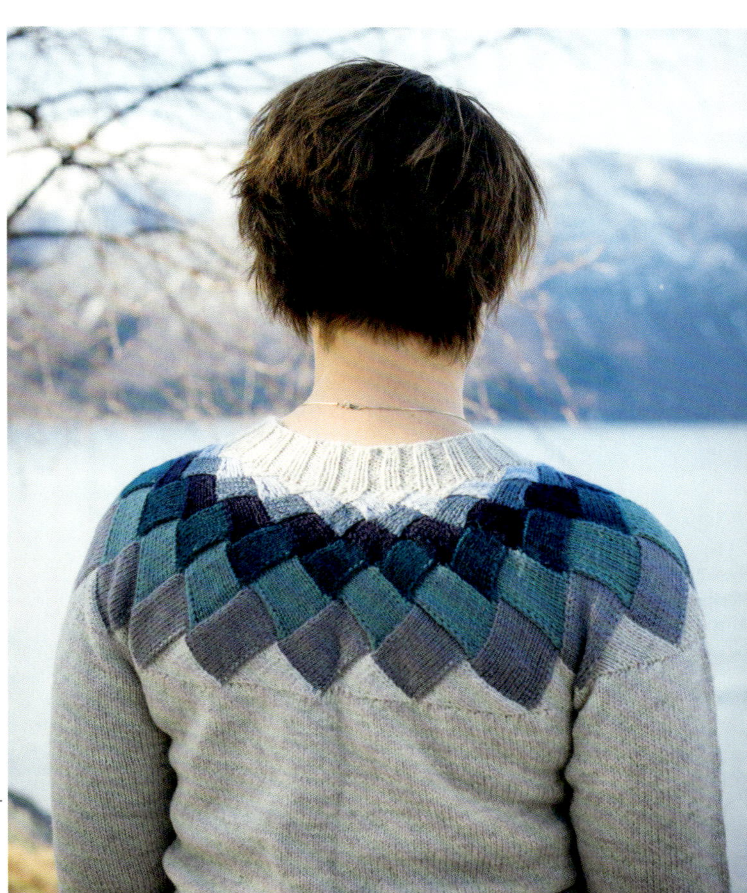

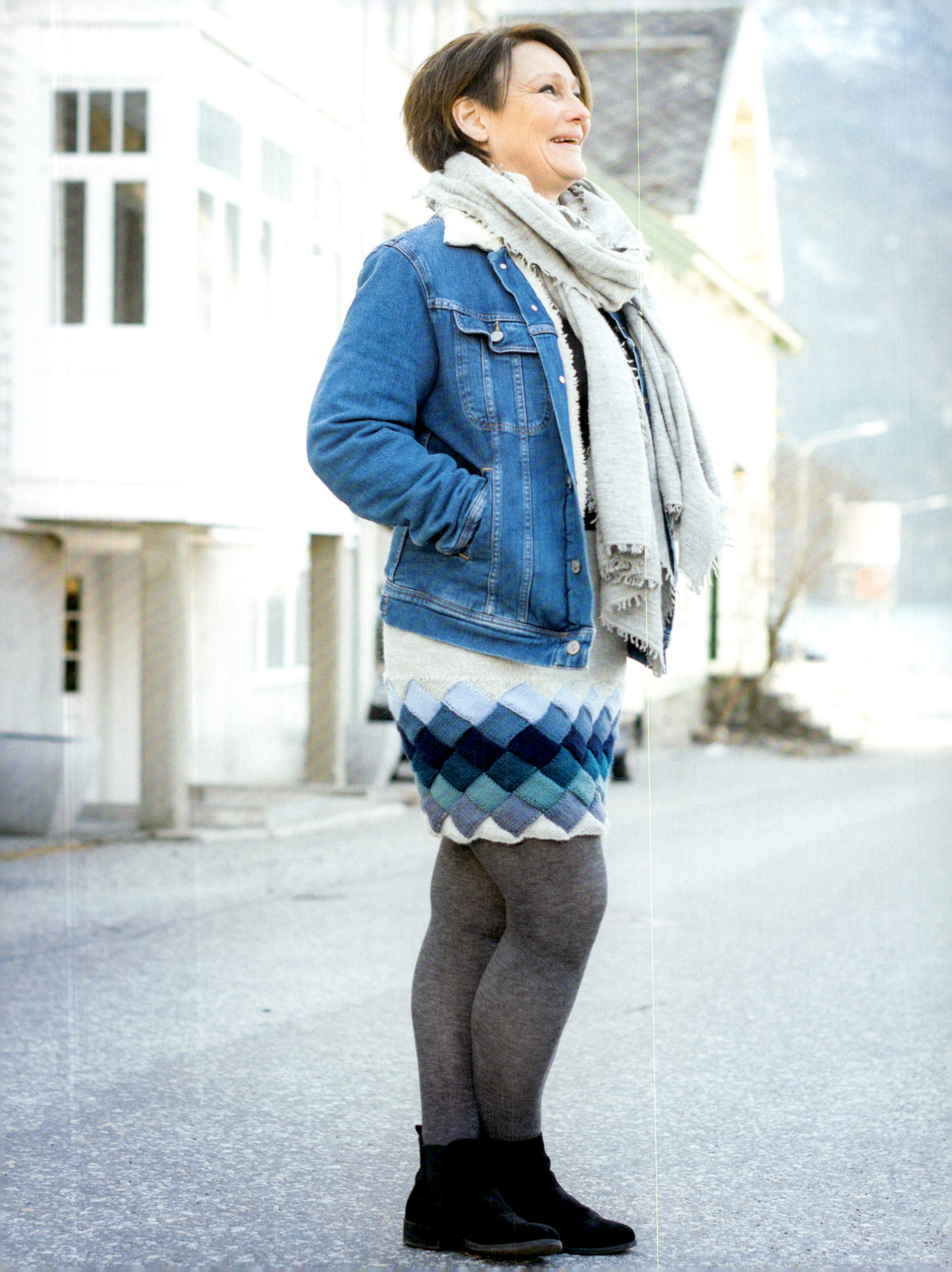

ROCK

GRÖSSE: XS (S) M (L) XL (XXL)
TAILLENWEITE: 58 (60) 66 (72) 84 (90) cm, flach und ungedehnt gemessen
GESAMTLÄNGE: 42 (45) 45 (48) 52 (52) cm
UMFANG UNTEN: 87 (90) 100 (108) 120 (130) cm
GARN: Tumi von Rauma
MASCHENPROBE: 24 M glatt re = 10 cm
NADELN: Rundstricknadel Nr. 3
GARNMENGE:
FARBE 1: Hellgrau (SFN 38) 200 (250) 250 (250) 300 (300) g
FARBE 2: Stahlgrau (1992) 50 (50) 50 (50) 50 (100) g
FARBE 3: Seegrün (I244) 50 g für alle Größen
FARBE 4: Petrol (6396) 50 g für alle Größen
FARBE 5: Marine (6416) 50 g für alle Größen
FARBE 6: Bauernblau (0190) 50 g für alle Größen
FARBE 7: Hellblau (I647) 50 g für alle Größen

---

208 (216) 240 (260) 288 (312) M in Fb 1 mit der Rundstricknadel Nr. 3 anschlagen. 1 Rd glatt re, dabei gleichmäßig verteilt 78 (76) 86 (92) 96 (108) M abnehmen = 130 (140) 154 (168) 192 (204) M. 1 Streifen mit 13 (14) 14 (14) 16 (17) halben horizontalen Quadraten zu je 10 (10) 11 (12) 12 (12) M von li nach re str. Insg. 6 Streifen mit ganzen Quadraten, dabei jeden Streifen in einer anderen Farbe wie angegeben str. Mit 1 Streifen halber horizontaler Quadrate in Fb 1 enden. In der nächsten Rd glatt re über alle M, dabei gleichmäßig verteilt auf 208 (216) 240 (260) 288 (312) M zunehmen. In der nächsten Rd 4 Maschenmarkierer (MM) setzen: 26 (27) 30 (33) 36 (39) M str, 1 MM, 52 (54) 60 (65) 72 (78) M str, 1 MM, 52 (54) 60 (65) 72 (78) M str, 1 MM, 52 (54) 60 (65) 72 (78) M str, 1 MM, Rd fertig str. Beidseits der MM jeweils 2 M zusammenstr wie folgt: li des MM 2 M re zusammenstr, re des MM 2 M re verschr zusammenstr.

Weiter glatt re, dabei ca. alle 2,5 (2,5) 2,5 (2) 2,5 (2,5) 3 cm abnehmen, insg. 9 (9) 10 (11) 11 (12)x = 136 (144) 160 (172) 200 (216) M. Bis zu einer Länge von 42 (45) 45 (48) 52 (52) cm str. 1 Rd li für die Umschlagskante, 4 Rd glatt re, in der nächsten Rd 4 M für den Tunnelzug abketten, weiter glatt re bis Rd-Ende. In der nächsten Rd 4 M über den abgeketteten M anschlagen und 5 Rd glatt re str. Locker abketten.

Fertigstellung

Die Umschlagskante nach innen wenden und locker annähen. Den Gummi einziehen. Alle Fäden vernähen.

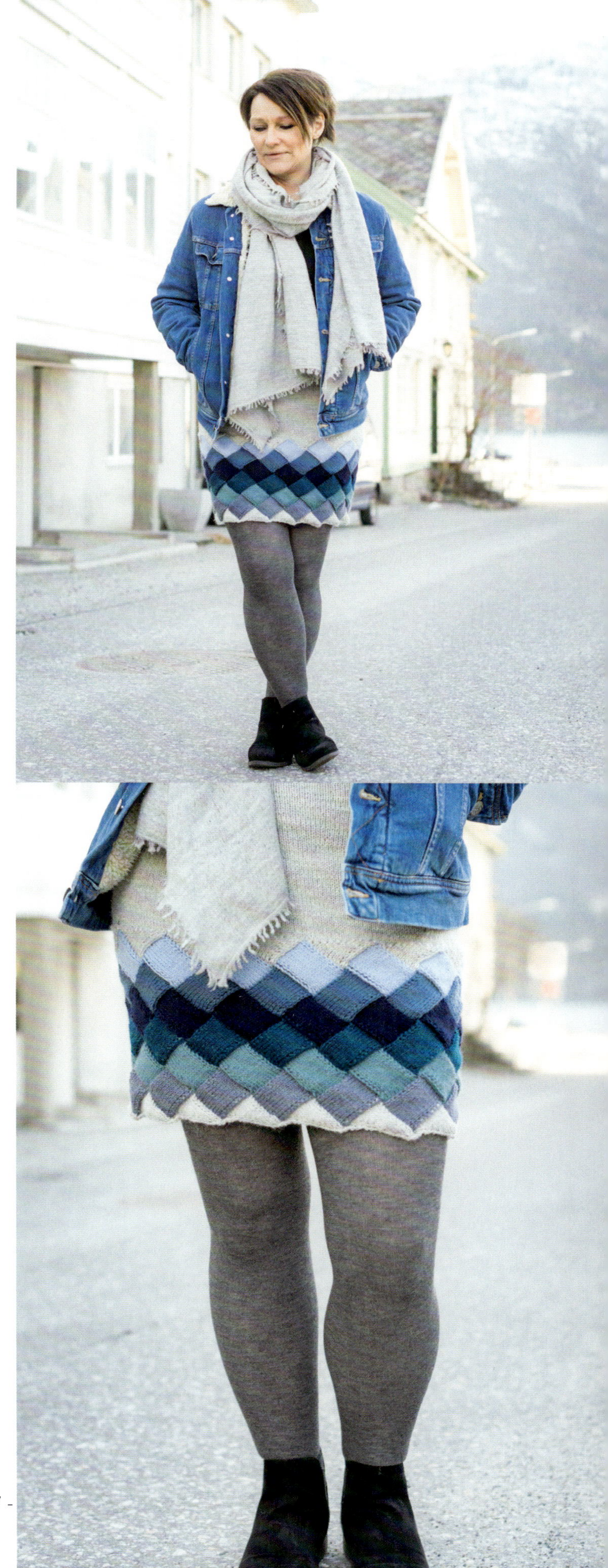

Fjellrose

Die Jacke wird von oben nach unten gestrickt. Dadurch lässt sich die Länge von Oberteil und Ärmeln individuell anpassen. Die Entrelac-Passe wird hin und zurück gearbeitet, dann folgt der Rumpf in Runden mit Maschen zum Aufschneiden. Sie müssen die Maschen vor dem Aufschneiden nicht absteppen, da die Jacke aus reiner Schurwolle gestrickt wird. Um die Schnittkanten zu versäubern, werden sie mit einem Besatz versehen. Die nahtlosen Ärmel sind an den Rumpf angestrickt.

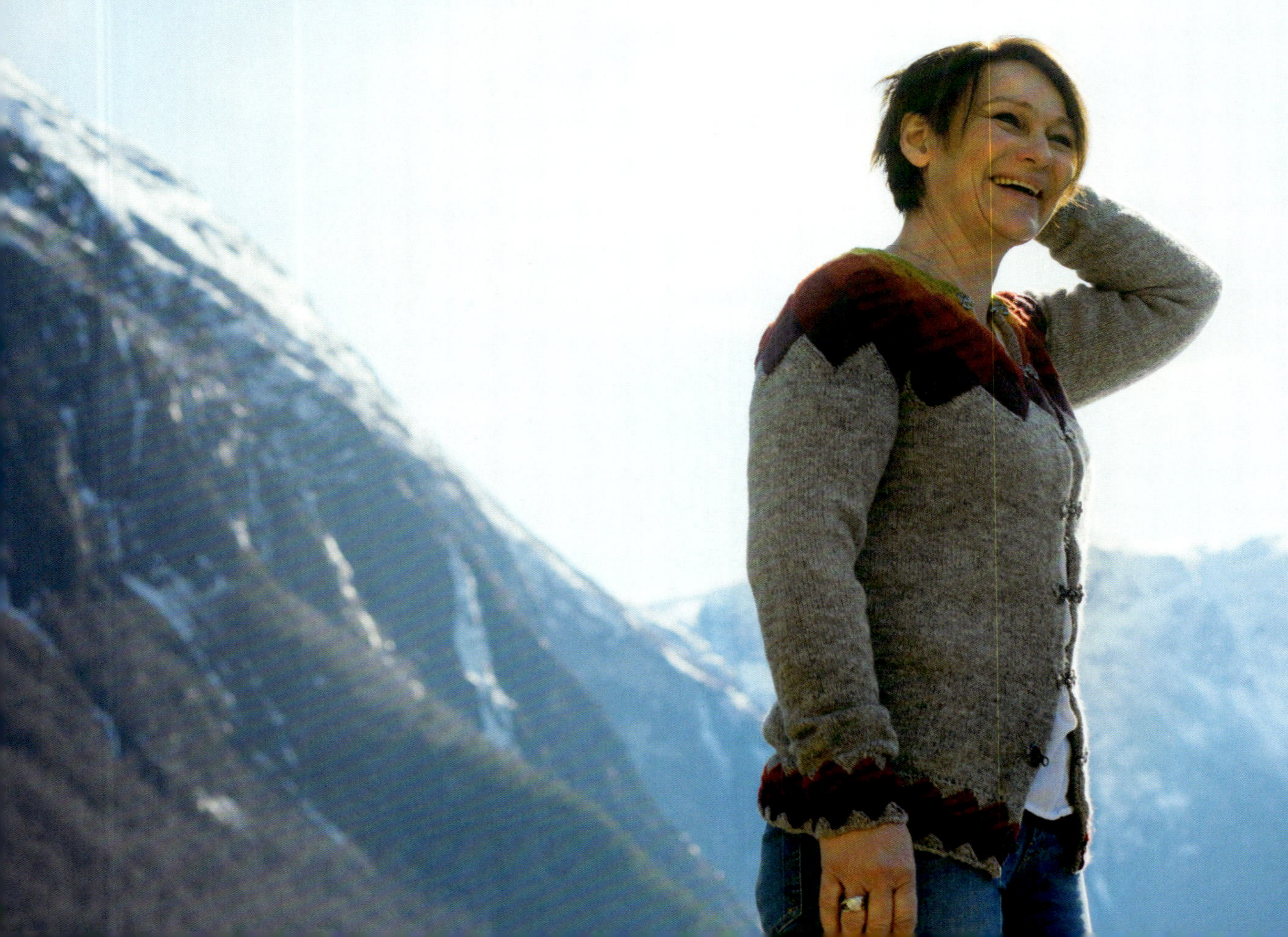

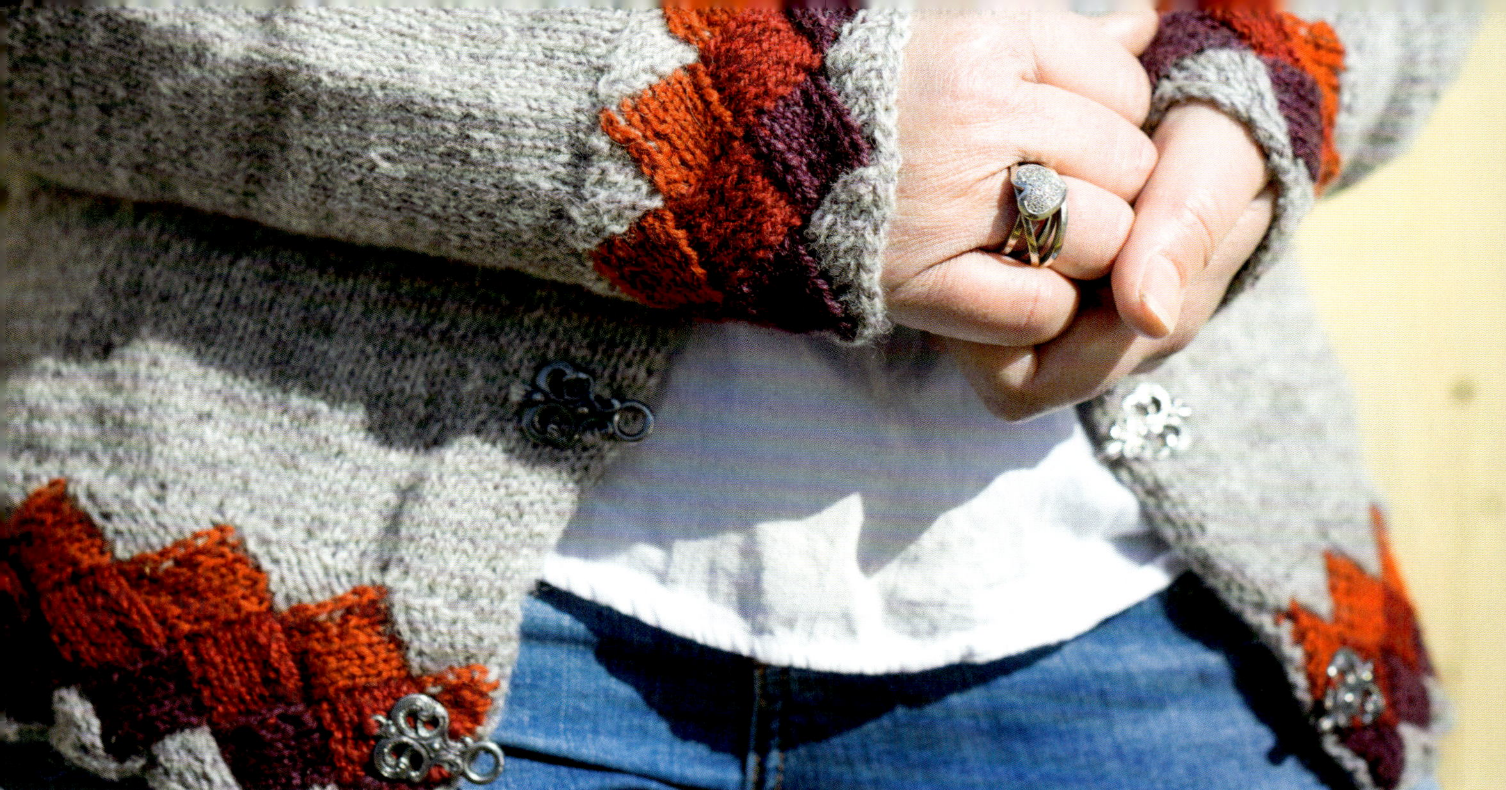

GRÖSSE: XS (S) M (L) XL (XXL)
BRUSTUMFANG: 75 (85) 93 (100) (115) 122 cm
GESAMTLÄNGE: 57 (59) 61 (63) 65 (66) cm
ÄRMELLÄNGE: 45 (46) 47 (48) 49 (49) cm
GARN: Finull von Rauma
MASCHENPROBE: 24 M glatt re = 10 cm
NADELN: Nadelspiel und Rundstricknadel, 60 u. 80 cm, Nr. 3. Für Größe XS und S zusätzlich Nadelspiel Nr. 2,5
GARNMENGE:
FARBE 1: Grau (404) 300 (300) 350 (400) 450 (500) g
FARBE 2: Apfelgrün (498) 50 g für alle Größen
FARBE 3: Gelbgrün (417) 50 g für alle Größen
FARBE 4: Gelbbraun (4076) 50 g für alle Größen
FARBE 5: Gebranntes Orange (434) 50 g für alle Größen
FARBE 6: Rostrot (419) 50 g für alle Größen
FARBE 7: Rotbraun (428) 50 g für alle Größen
FARBE 8: Burgunder (470) 50 (50) 50 (50) 50 (100) g

Passe

An beiden Rändern der Arbeit befindet sich jeweils 1 Rand-M. Diese sind mit +2 angegeben. 68+2 (72+2) 72+2 (90+2) 95+2 (95+2) M auf einer kleinen Rundstricknadel Nr. 3 elastisch (siehe S. 16) in Fb 2 anschlagen. Darauf achten, dass der Anschlag nicht zu fest wird.

1. Streifen: 1 Streifen mit 17 (18) 18 (18) 19 (19) halben horizontalen Quadraten zu je 4 (4) 4 (5) 5 (5) M von re nach li in Fb 2 str. Die erste und letzte M auf der Nd ruhen lassen, dies sind die Rand-M für die vertikalen halben Quadrate im nächsten Streifen. Wenn das letzte halbe Quadrat fertiggestrickt ist, vor dem Str der Rand-M zu Fb 2 wechseln.
2. Streifen: In Fb 2 fortfahren. Ganze Quadrate zu je 4 (4) 4 (5) 5 (5) M von li nach re str. An beiden Arbeitsrändern je 1 halbes vertikales Quadrat str. Bei dem letzten vertikalen Quadrat zu Fb 3 wechseln wie folgt: Wenn auf der linken Nd noch 3 M übrig sind, die 1. M abheben, zu Fb 3 wechseln, die restlichen M str. Die 1. M abheben, die nächste M abheben, die nächste M str und die abgehobene M darüberziehen. Der 2. Streifen ist nun fertig.
3. Streifen: Weiter in Fb 3. Ganze Quadrate zu je 5 (5) 5 (6) 6 (6) M von re nach li str. Die Rand-M nach dem letzten Quadrat in Fb 4 str.
4. Streifen: Weiter in Fb 4. Ganze Quadrate zu je 6 (6) 6 (7) 7 (7) M von li nach re str. An beiden Arbeitsrändern je 1 halbes vertikales Quadrat str. Bei dem letzten vertikalen Quadrat zu Fb 5 wechseln wie folgt: Wenn auf der li Nd noch 3 M übrig sind, die 1. M abheben, zu Fb 5 wechseln, die restlichen M str. Die 1. M abheben, die nächste M abheben, die nächste M str und die abgehobene M darüberziehen. Der 4. Streifen ist nun fertig.
5. Streifen: Weiter in Fb 5. Ganze Quadrate zu je 7 (7) 8 (9) 9 (9) M von re nach li str. Die Rand-M nach dem letzten Quadrat in Fb 6 str.

6. Streifen: Weiter in Fb 6. Ganze Quadrate zu je 9 (9) 10 (11) 11 (11) M von li nach re str. An beiden Arbeitsrändern je 1 halbes vertikales Quadrat str. Bei dem letzten vertikalen Quadrat zu Fb 7 wechseln wie folgt: Wenn auf der linken Nd noch 3 M übrig sind, die 1. M abheben, zu Fb 7 wechseln, die restlichen M str. Die 1. M abheben, die nächste M abheben, die nächste M str und die abgehobene M darüberziehen. Der 6. Streifen ist nun fertig.
7. Streifen: Weiter in Fb 7. Ganze Quadrate zu je 10 (10) 11 (12) 13 (13) M von re nach li str. Die Rand-M nach dem letzten Quadrat in Fb 8 str.
8. Streifen: Weiter in Fb 8. Ganze Quadrate zu je 11 (11) 12 (13) 14 (15) M von li nach re str. An beiden Arbeitsrändern je 1 halbes vertikales Quadrat str. Bei dem letzten vertikalen Quadrat zu Fb 1 wechseln wie folgt: Wenn auf der linken Nd noch 3 M übrig sind, die 1. M abheben, zu Fb 1 wechseln, die restlichen M str. Die 1. M abheben, die nächste M abheben, die nächste M str und die abgehobene M darüberziehen. Der 8. Streifen ist nun fertig.
9. Streifen: Weiter in Fb 1. Halbe horizontale Quadrate zu je 11 (11) 12 (13) 14 (15) M von re nach li str.

Nun sind 187+2 (198+2) 216+2 (234+2) 266+2 (285+2) M auf der Nd. Ab hier wird die Passe in Rd gestrickt. 5 neue M in der vorderen Mitte anschlagen (zum Aufschneiden). Diese M li str, sie sind mit +5 angegeben. Den Rumpf weiter glatt re str. In der 1. Rd zwischen jeder M 1 M zunehmen, damit im Übergang zwischen Entrelac und Glattstrick keine Löcher entstehen. Diese Mühe lohnt sich. In der nächsten Rd gleichmäßig verteilt auf 304+5 (336+5) 364 +5 (388+5) 432+5 (456+5) M abnehmen.
In der nächsten Rd die Arbeit für die Ärmel einteilen: 40 (46) 51 (55) 64 (68) M str, die nächsten 72 (76) 80 (84) 88 (92) M für den 1. Ärmel auf einem Hilfsfaden stilllegen, 10 neue M anschlagen, 80 (92) 102 (110) 128 (136) M str, die nächsten 72 (76) 80 (84) 88 (92) M für den 2. Ärmel auf einem Hilfsfaden stilllegen, 10 neue M anschlagen, 40 (46) 51 (55) 64 (68) M und die M zum Aufschneiden str.

Rumpf

Der Rumpf hat nun 180+5 (204+5) 224+5 (240+5) 276+5 (292+5) M. 29 (31) 31 (31) 31 (32) cm, gemessen ab Übergang zwischen Entrelac und Glattstrick, in Fb 1 weiter glatt re str, dabei in der 1. Rd gleichmäßig verteilt 60 (72) 74 (84) 96 (100) M abnehmen = 120 (132) 150 (156) 180 (192) M.

Entrelac-Kante

Die 5 M zum Aufschneiden abketten. Hin und zurück in Entrelac fertig str. Farbwechsel siehe Passe.

1. Streifen: Weiter in Fb 1. Einen Streifen mit 20 (22) 25 (26) 30 (32) halben horizontalen Quadraten zu je 6 M von re nach li str. An beiden Arbeitsrändern je 1 M als Rand-M aufnehmen.
2. Streifen: Ganze Quadrate von li nach re sowie an beiden Arbeitsrändern je 1 halbes vertikales Quadrat in Fb 6.
3. Streifen: Halbe Quadrate von re nach li in Fb 7.
4. Streifen: Halbe Quadrate von li nach re sowie an beiden Arbeitsrändern je 1 halbes vertikales Quadrat in Fb 8.
5. Streifen: Halbe horizontale Quadrate von re nach li in Fb 1.

1 Rd glatt re str und locker abketten, dabei für jede 3. abgekettete M 1 M herausstricken. Die herausgestrickten M genauso wie die anderen M abketten. So wird die Abkettkante elastisch.

Ärmel

Die stillgelegten M auf Nd Nr. 3 heben und in der Mitte der 10 zuvor neu angeschlagenen M der Armlöcher je einen Maschenmarkierer (MM) setzen = 82 (86) 90 (94) 98 (102) M. Weiter glatt re in Fb 1. Wenn

> „Seine Finger für nichts anderes zu verwenden, als auf Knöpfe zu drücken oder vielleicht daran zu drehen, ist so, wie seine Stimme nicht zum Singen zu benutzen. Es ist eine Schande und ein Verlust. Nun ist Stricken gewiss nicht das Einzige, was die Finger leisten können, aber es ist jedenfalls etwas Positives ..."
>
> ANNA ZILBOORG, *STRIKKING FOR ANARKISTER*

der Ärmel, gemessen ab Übergang zwischen Entrelac und Glattstrick, 2 cm misst, beidseits des MM 1 M abnehmen. Die Abnahmen alle 2 (2) 2 (2) 1,5 (1,5) cm wdh, insg. 19 (20) 21 (22) 23 (24) Mal = 44 (46) 48 (50) 52 (54) M. Wenn der Ärmel 38 (39) 40 (41) 41 (41) cm lang ist, 1 Rd str und dabei gleichmäßig verteilt 8 (10) 12 (14) 10 (12) M abnehmen = 36 (36) 36 (36) 42 (42) M.

Entrelac-Kante

Zu Nadeln Nr. 2,5 (2,5) 3 (3) 3 (3) wechseln.
1. Streifen: Weiter in Fb 1. Einen Streifen mit 6 (6) 6 (6) 7 (7) halben horizontalen Quadraten zu je 6 M von re nach li str.
2. Streifen: Ganze Quadrate von li nach re in Fb 6.
3. Streifen: Ganze Quadrate von re nach li in Fb 7.
4. Streifen: Ganze Quadrate von li nach re in Fb 8.
5. Streifen: Halbe horizontale Quadrate von re nach li in Fb 1.

1 Rd glatt re str und locker abketten, dabei für jede 3. abgekettete M 1 M herausstricken. Die herausgestrickten M genauso wie die anderen M abketten. So wird die Abkettkante elastisch.

Fertigstellung

Die Arbeit durch die mittlere Aufschneide-M aufschneiden. Reine Schurwolle können Sie ohne Sicherungsnaht durchschneiden. Haben Sie jedoch ein Garn mit Alpaka oder ein Superwash-Garn verwendet, müssen Sie vor dem Aufschneiden beidseits der mittleren Aufschneide-M mit der Nähmaschine absteppen.

Entlang der Kante im Übergang zwischen Glattstrick und Schnittkante M auffassen, dabei ca. jede 3. M überspringen. Einen ca. 3–4 cm breiten Besatz glatt re str und abketten. Den Besatz nach innen über die Schnittkante legen und annähen. Alle Fäden vernähen.

Als Verschluss 8–9 Haken und Ösen gleichmäßig verteilt auf die vorderen Kanten nähen.

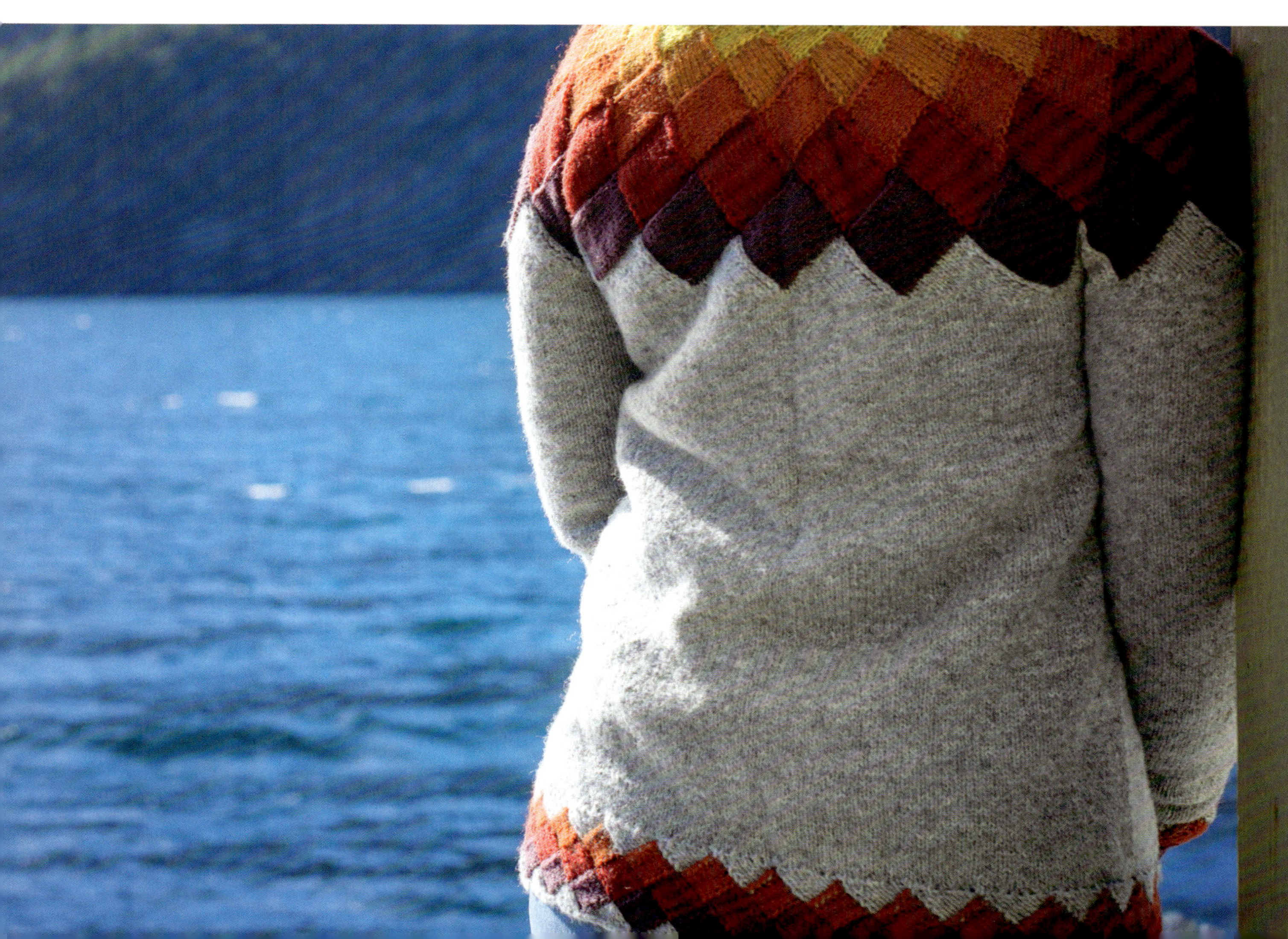

Embla

LANGE JACKE

Die Jacke besteht aus einem Rückenteil und zwei Vorderteilen, alle in Reihen gestrickt, zusammengesetzt. Die Blenden werden mit den Vorderteilen zusammen gestrickt. Die rechte Blende bekommt Knopflöcher. Die Ärmel werden in Entrelac in Runden gestrickt, dabei erfolgen die Zunahmen schrittweise in den Quadraten.

GRÖSSE: XS (S) M (L) XL (XXL)
BRUSTUMFANG: 116 (120) 133 (139) 152 (166) cm
GESAMTLÄNGE: 70 (75) 80 (84) 90 (96) cm
ÄRMELLÄNGE: 41 (42) 43 (43) 43 (44) cm
GARN: Tinde von Hillesvåg
MASCHENPROBE: 22 M glatt re = 10 cm
NADELN: Nadelspiel und Rundstricknadel Nr. 4.
GARNMENGE: 600 (650) 650 (700) 700 (750) g
FARBE: Burgunder (652104)

Rückenteil

82 (90) 98 (102) 112 (122) M auf Rundstricknadel Nr. 4 elastisch anschlagen (siehe S. 16). Die 1. und letzte M sind Rand-M, die in den halben vertikalen Quadraten mitgestrickt werden.
1 Streifen mit 8 (8) 8 (10) 10 (10) halben horizontalen Quadraten zu je 10 (11) 12 (10) 11 (12) M von re nach li str. Danach 17 (17) 17 (19) 19 (19) Streifen mit ganzen Quadraten abwechselnd nach re und nach li str und mit einem Streifen halber horizontaler Quadrate enden. Die M der 4 mittleren halben Quadrate auf einer Hilfsnadel oder einem Hilfsfaden stilllegen. Diese werden später für den Halsausschnitt benötigt. Für die Schultern locker abketten, dabei für jede 3. abgekettete M 1 M herausstricken. Die herausgestrickten M genauso wie die anderen M abketten. So wird die Abkettkante elastisch. Die Arbeit beiseitelegen.

Vorderteil

48 (52) 56 (58) 63 (68) M auf einer Rundstricknadel Nr. 4 elastisch anschlagen (siehe S. 16). Die 7 ersten M bilden die Blende und werden mit den halben vertikalen Quadraten zusammengestrickt. Diese 7 Blenden-M im Rippenmuster 1 M re, 1 M li im Wechsel str. Am re Vorderteil Knopflöcher einarbeiten: die mittleren 3 Blenden-M abketten, in der nächsten R über den abgeketteten M jeweils zwischen jedem halben Quadrat der gesamten Vorderkante entlang 3 neue M anschlagen. Die letzte M (= die 1. M am linken Vorderteil) bleibt als Rand-M, um einen schöneren Rand zu erhalten.

Einen Streifen mit 4 (4) 4 (5) 5 (5) halben horizontalen Quadraten zu je 10 (11) 12 (10) 11 (12) M von re nach li str. Danach 13 (13) 13 (15) 15 (15) Streifen mit ganzen Quadraten abwechselnd nach re und nach li str. Die Blenden-M auf eine Sicherheitsnadel setzen. Die restliche Kante des Vorderteils fertig str. Auf der Halsausschnittseite 1 Quadrat weniger anstatt halbe vertikale Quadrate str. Bei diesen Quadraten 1 R zusätzlich str, um nicht jedes Mal den Faden abschneiden zu müssen. Die M von allen Quadraten von li nach re auf einem Hilfsfaden oder einer Sicherheitsnadel stilllegen. Diese M werden benötigt, wenn die Blende später am V-Ausschnitt gestrickt wird. Insg. 17 (17) 17 (19) 19 (19) Streifen mit ganzen Quadraten str, mit einem Streifen halber horizontaler Quadrate enden. Für die Schultern wie beim Rückenteil abketten. Die Arbeit beiseitelegen und ein 2. Vorderteil str, jedoch gegengleich zum bereits gestrickten Vorderteil.
Alle Fäden vernähen.

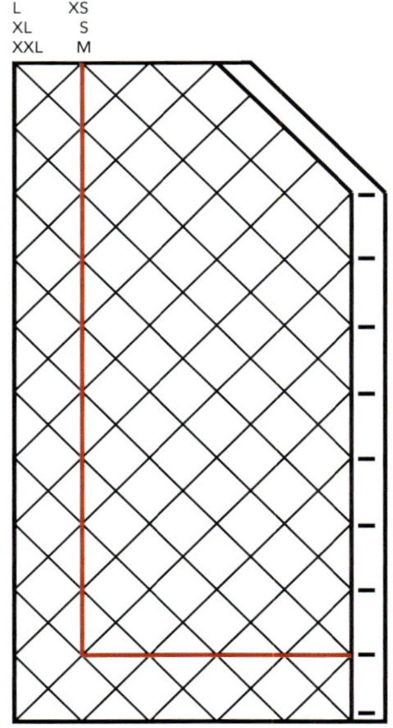

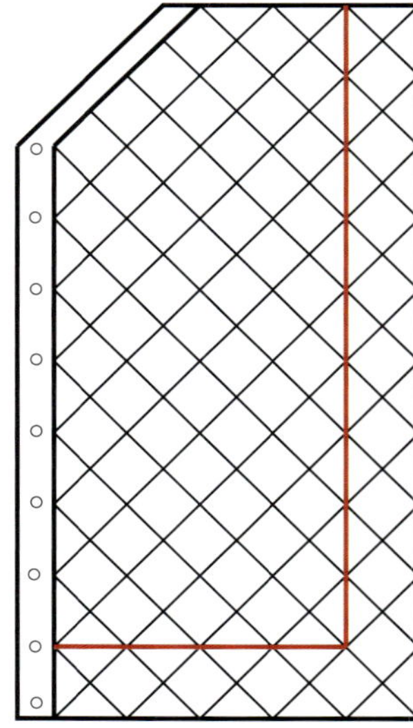

▬ = Knopfloch
○ = Knopf

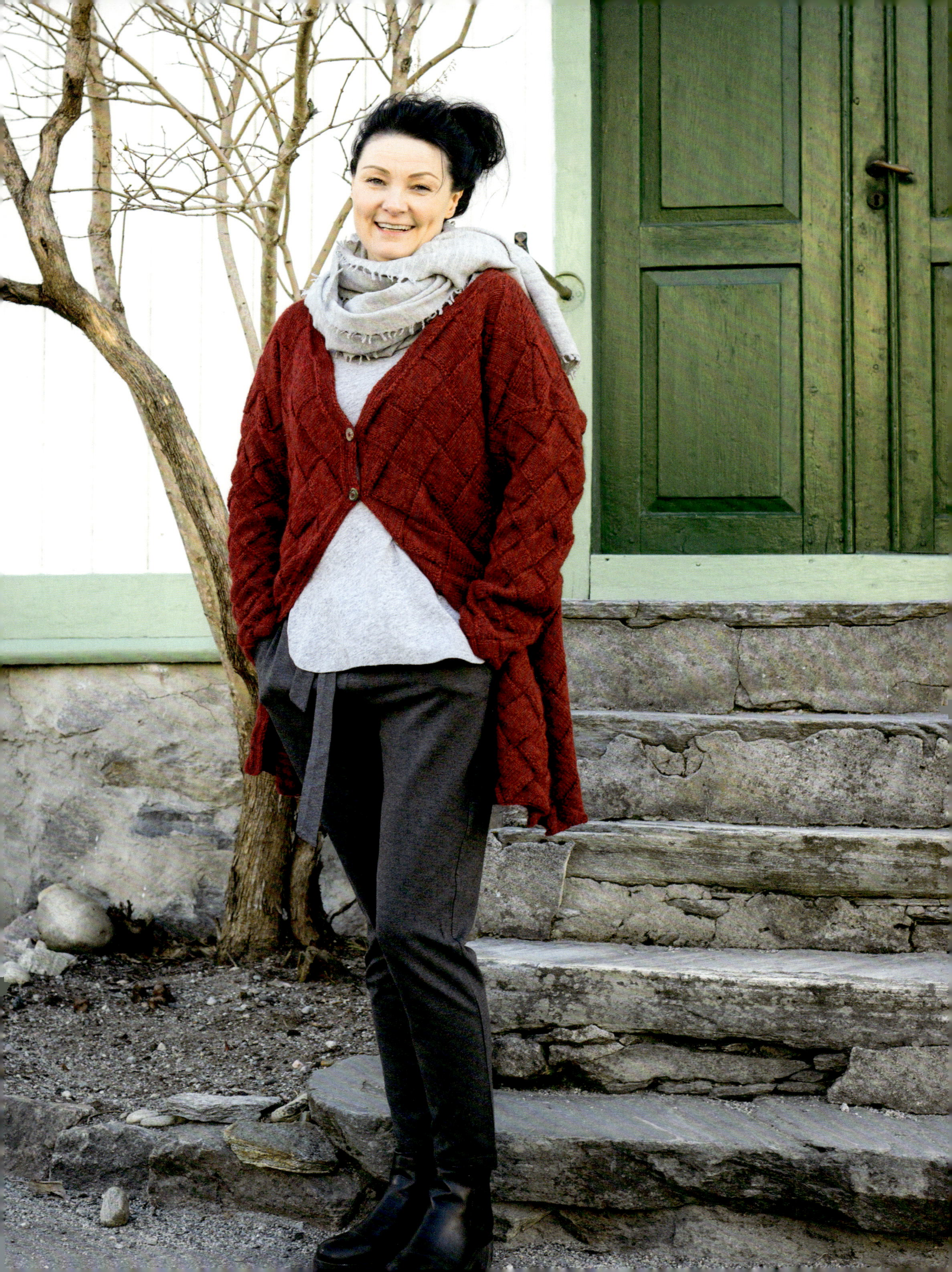

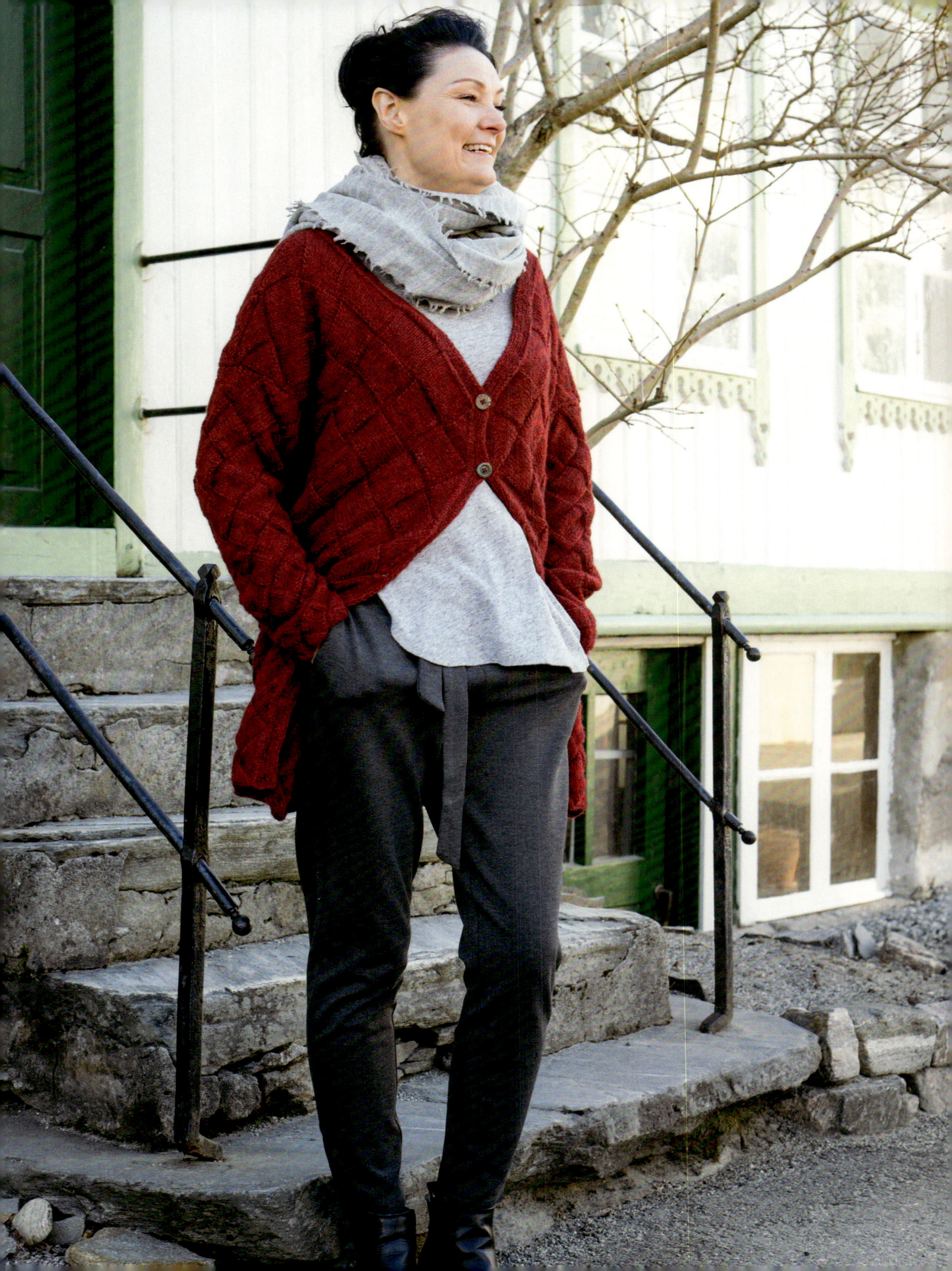

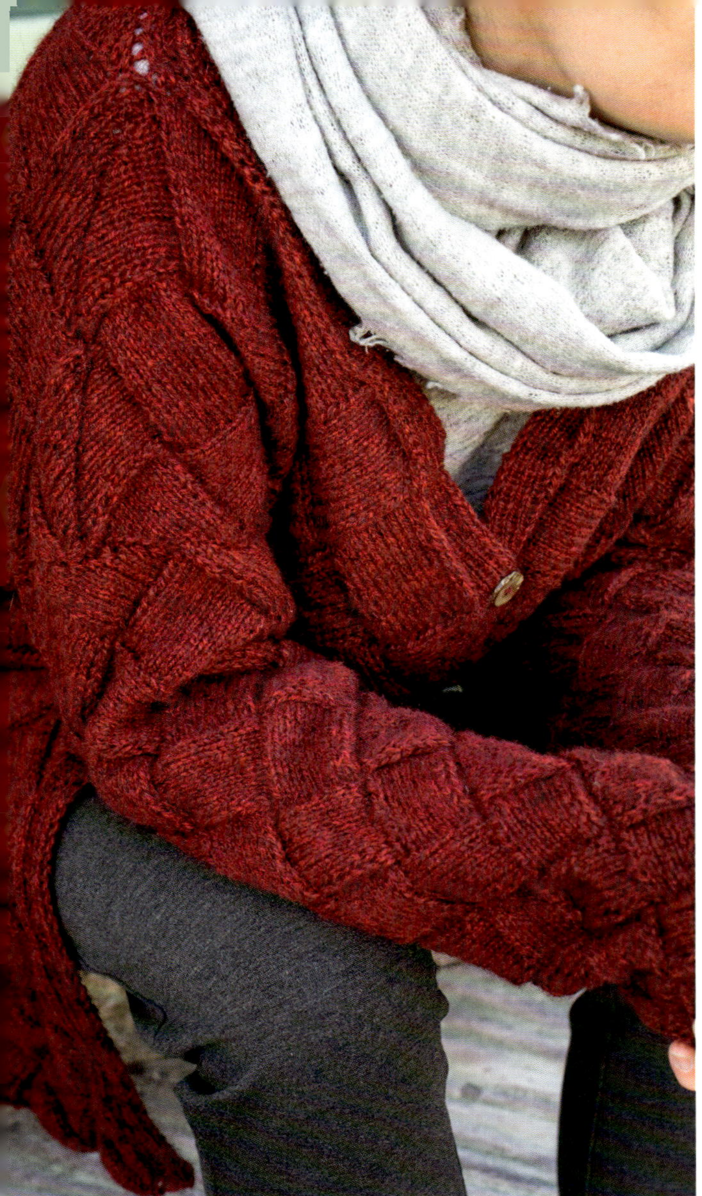

Streifen	XS	S	M	L	XL	XXL
1	5	6	7	5	6	7
2	5	6	7	5	6	7
3	5	7	7	6	7	8
4	6	7	8	6	7	8
5	6	8	8	7	8	8
6	7	8	9	7	8	9
7	7	9	9	7	9	9
8	8	9	9	8	9	10
9	8	9	10	8	10	10
10	8	10	10	8	10	11
11	9	10	10	9	10	11
12	9	10	11	9	11	11
13	9	11	11	9	11	12
14	10	11	12	10	11	12
15	10	11	12	10	11	12
16	10			10		
17	10			10		

Ärmel

Die Ärmel werden in Entrelac in Rd gestrickt. Die Zunahmen erfolgen durch Aufnehmen mehrerer M in den Quadraten. In dem Quadrat, in dem zugenommen wird, keine weiteren R str. Auf diese Weise verteilt sich die Zunahme auf 2 Streifen.

25 (30) 35 (30) 36 (42) M auf Nd Nr. 4 elastisch anschlagen (siehe S. 16). Nun Entrelac laut nachfolgender Tabelle str. Jeder Streifen soll 5 (5) 5 (6) 6 (6) Quadrate umfassen. Die Tabelle gibt die Maschenzahl pro Quadrat in den verschiedenen Streifen an. Der 1. und der letzte Streifen besteht aus halben horizontalen Quadraten.

Wenn alle Streifen gestrickt sind, 1 Rd glatt re über alle M str, dabei gleichmäßig verteilt auf 87 (96) 105 (106) 110 (120) M zunehmen. Locker abketten.

Fertigstellung

Die Schulternähte schließen.

Die Blenden-M auf Nd Nr. 4 setzen und die Blende (Kante) am Halsausschnitt wie folgt str: Alle M, außer der letzten M auf der Nd, str und die Blende gegen die schräge Kante am Vorderteil legen, den Faden im äußeren Maschenglied am Vorderteil hochholen, die neue M auf die Nd mit der Blende legen, die letzte M auf der Nd mit der neuen M re zusammenstr. Die Arbeit wenden und die R fertig stricken. Jedes Mal, wenn gegen das Vorderteil gestrickt wird, 1 M herausstricken und diese M mit der letzten M auf der Nadel zusammenstr. Die M, die auf dem Hilfsfaden oder der Hilfsnadel liegen, werden jeweils mit der letzten M auf der Nd re zusammengestrickt, anstatt 1 M herauszustricken. Den V-Ausschnitt am Vorderteil auf diese Weise bis zur rückwärtigen Mitte weiterarbeiten.

Am anderen Vorderteil genauso arbeiten. Die Blenden-M in der rückwärtigen Mitte im Maschenstich zusammenfügen, die Ärmel einsetzen und alle Fäden vernähen.

Am li Vorderteil Knöpfe annähen.

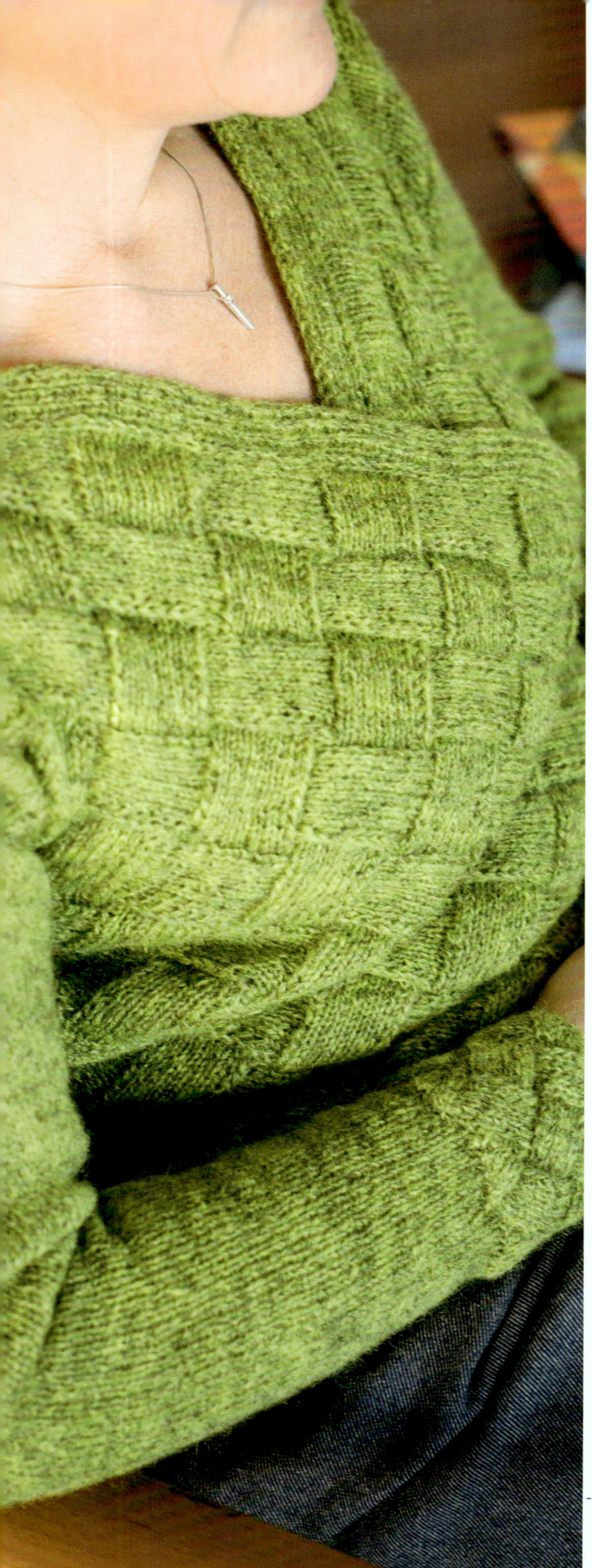

Misty

KURZE WICKELJACKE

Diese kurze, figurnahe Wickeljacke besteht aus separat gestricktem Rückenteil, zwei Vorderteilen und angesetzten Ärmeln. Der Rumpf wird in Entrelac gearbeitet, die Ärmel glatt rechts mit Entrelac-Bündchen. Das lange Band, das in der Taille gebunden wird, ist die Verlängerung der Blende für die Ausschnittkanten.

GRÖSSE: XS (S) M (L) XL (XXL)
BRUSTUMFANG: 80 (88) 98 (106) 118 (130) cm
GESAMTLÄNGE: 52 (54) 57 (57) 58 (65) cm
ÄRMELLÄNGE: 47 (47) 47 (47) 47 (47) cm
GARN: Sølje von Hillesvåg
MASCHENPROBE: 25 M glatt re = 10 cm
NADELN: Rundnadeln und Nadelspiel Nr. 2,5 u. 3
GARNMENGE: 400 (400) 450 (500) 500 (550) g
FARBE: Olivgrün (642118)

Rückenteil

56 (64) 72 (81) 90 (100) M auf Nd Nr. 3 elastisch anschlagen (siehe S. 16). Nun Entrelac hin und zurück str. 1 Streifen mit 7 (8) 8 (9) 9 (10) halben horizontalen Quadraten zu je 8 (8) 9 (9) 10 (10) M von re nach li str, an beiden Arbeitsrändern halbe vertikale Quadrate arbeiten. Ganze Quadrate abwechselnd nach re und nach li str, bis 17 (19) 19 (19) 18 (19) Streifen mit ganzen Quadraten gestrickt sind. 1 Streifen mit halben horizontalen Quadraten arbeiten. Bitte beachten: Für Größe XL im letzten Streifen Viertelquadrate an beiden Seiten str. Die mittleren 24 (32) 27 (36) 40 (40) M für den Halsausschnitt auf einem Hilfsfaden oder einer Hilfsnadel stilllegen. Die Arbeit beiseitelegen.

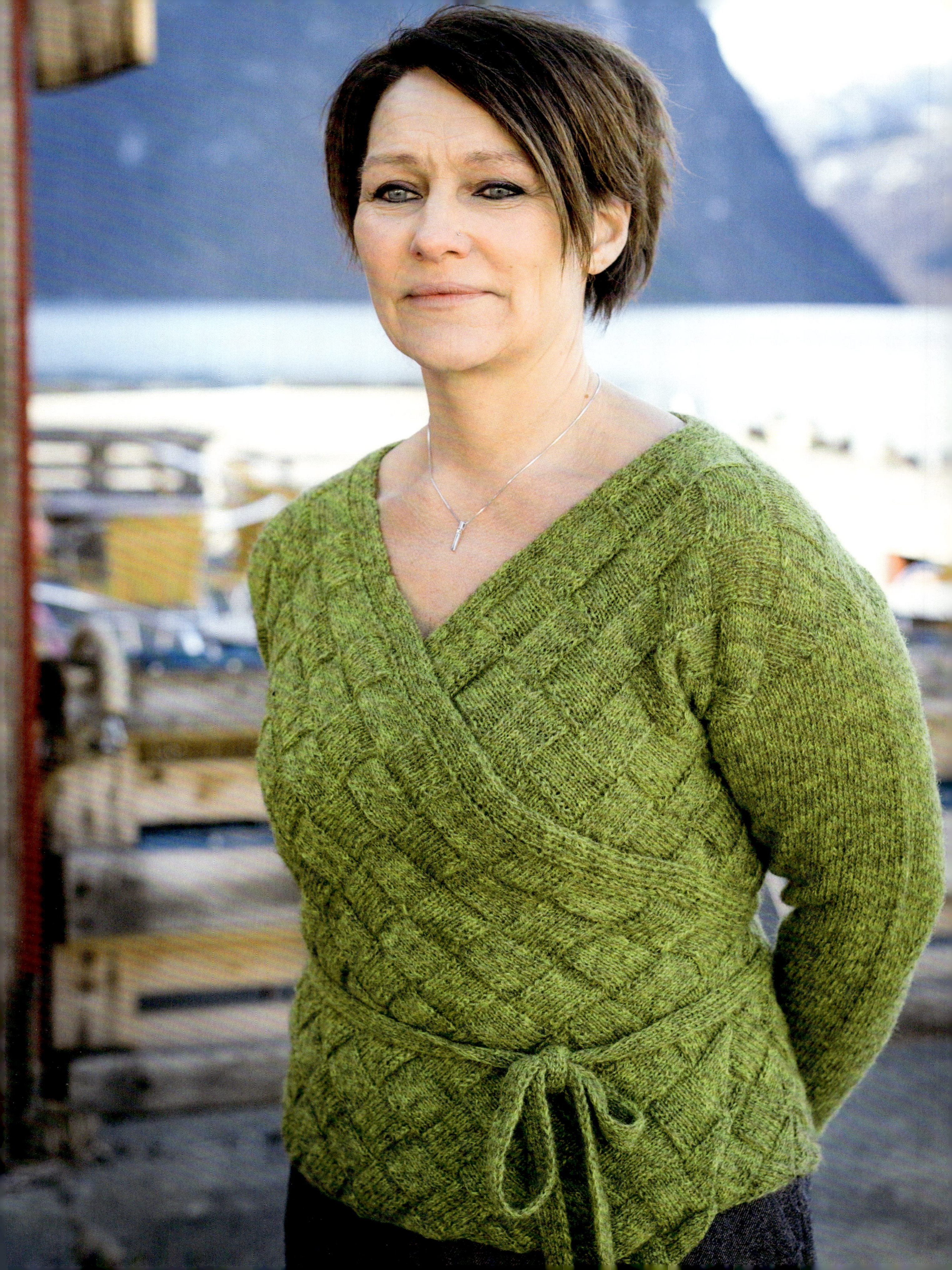

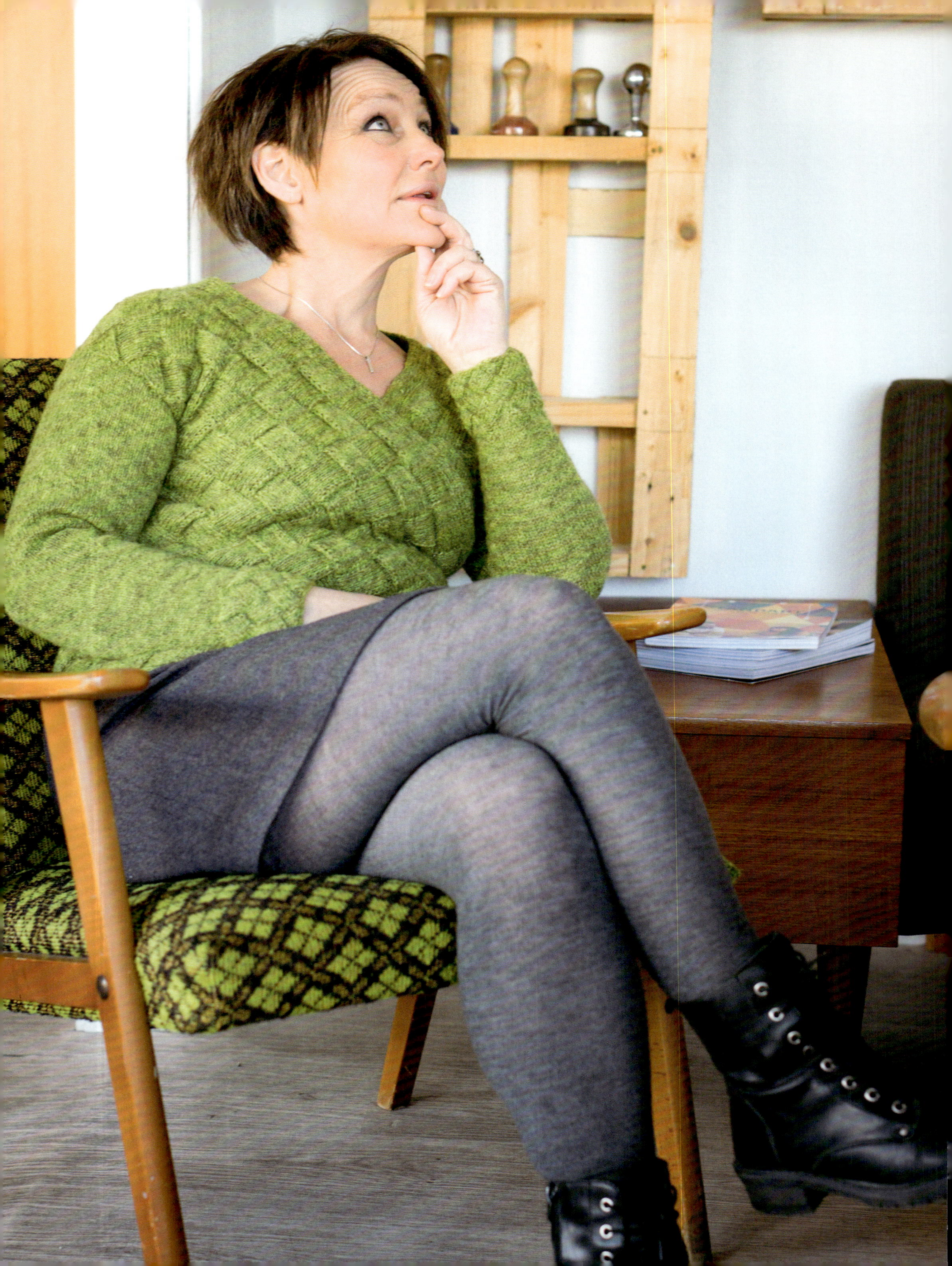

Vorderteil

56 (64) 72 (81) 90 (100) M auf Nd Nr. 3 elastisch anschlagen (siehe S. 16). Nun Entrelac hin und zurück str. 1 Streifen mit 7 (8) 8 (9) 9 (10) halben horizontalen Quadraten zu je 8 (8) 9 (9) 10 (10) M von re nach li str, an beiden Arbeitsrändern halbe vertikale Quadrate arbeiten. Ganze Quadrate abwechselnd nach re und nach li str, bis 7 (7) 7 (7) 5 (5) Streifen mit ganzen Quadraten gestrickt sind. Ab jetzt an einer Seite der Arbeit 1 Quadrat weniger pro Streifen str, siehe Schemazeichnung.

Die M von den Quadraten von li nach re am re Vorderteil bzw. von re nach li am li Vorderteil auf einem Hilfsfaden oder einer Sicherheitsnadel stilllegen. Diese M werden für das Band benötigt, das später am V-Ausschnitt entlanggestrickt wird. Weiterstricken, bis 17 (19) 19 (19) 18 (19) Streifen mit ganzen Quadraten gestrickt sind. Die Arbeit beiseitelegen und das 2. Vorderteil gegengleich zum 1. str.

Ärmel

30 (30) 36 (36) 42 (42) M auf Nd Nr. 2,5 elastisch anschlagen (siehe S. 16). Nun Entrelac in Runden str. Einen Streifen mit 6 halben horizontalen Quadraten zu je 5 (5) 6 (6) 7 (7) M von re nach li str. 3 Streifen mit ganzen Quadraten abwechselnd nach re und nach li, danach 1 Streifen mit halben horizontalen Quadraten von re nach li str. In der 1. Rd glatt re gleichmäßig verteilt auf 40 (40) 48 (48) 56 (56) M zunehmen. Zu Nd Nr. 3 wechseln. Glatt re str, bis der Ärmel 47 (47) 47 (47) 47 (47) cm lang ist, dabei beidseits der letzten M in der Rd je 1 M ca. alle 2 (2) 2 (2) 1,5 (1,5) cm zunehmen, bis 74 (78) 82 (88) 98 (110) M auf der Nd sind. Locker abketten. Den 2. Ärmel genauso str.

Fertigstellung

Die Schulternähte schließen. Darauf achten, dass die Quadrate aufeinandertreffen, um ein möglichst schönes Ergebnis zu erzielen. Die Seitennähte schließen, dabei an einer Seite eine Öffnung für das Bindeband lassen, und zwar von unten gezählt nach 7 (7) 7 (7) 5 (5) Streifen mit ganzen Quadraten. Die Ärmel einsetzen, dabei jeweils das 1. Maschenglied auffassen, um ein schönes Ergebnis zu erzielen. Die Arbeit vor dem Zusammennähen, falls nötig, leicht dämpfen.

Band

Vor dem Stricken des Bands sollten Sie die Jacke anprobieren. Die Weite des Halsausschnitts kann durch die Bandbreite reguliert werden, das von einem Vorderteil über den rückwärtigen Halsausschnitt bis zum anderen Vorderteil verläuft. Unser Modell hat ein ca. 3 cm breites Band. 9 M auf Nd Nr. 3 anschlagen und ca. 104 (108) 115 (122) 129 (137) cm Rippenmuster 1 M re, 1 M li im Wechsel hin und zurück str. Dann das Band am Vorderteil wie folgt anstricken: Alle M, außer der letzten, str und die Arbeit gegen die schräge Kante am Vorderteil legen, den Faden im äußeren Maschenglied am Vorderteil hochholen, die neue M auf die Nd mit dem Band legen, die letzte M auf der Nd mit der neuen M re zusammenstr. Die Arbeit wenden und die R fertig stricken. Diese beiden R fortlaufend wdh. Die stillgelegten M werden jeweils mit der letzten M auf der Nd re zusammengestrickt, anstatt 1 M herauszustricken.
Auf diese Weise von einem Vorderteil über den rückwärtigen Halsausschnitt bis an das andere Vorderteil weiterarbeiten. Für mehr Weite zwischen jeder 3. M am Halsausschnitt und im Nacken je 1 M herausstricken. Weiterstricken, bis das lose Bandende 104 (108) 115 (122) 129 (137) cm lang ist. Locker abketten und alle Fäden vernähen.

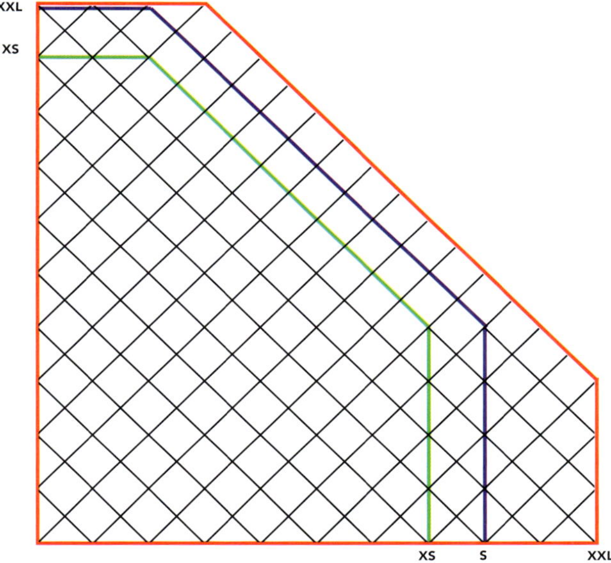

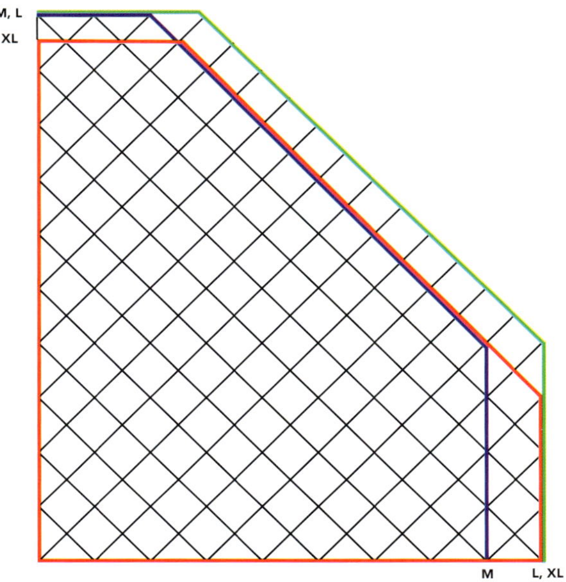

Silja

Der Rock ist einfach zu stricken. Er lässt sich zu vielen Gelegenheiten tragen und passt für jedes Alter. Da er von oben nach unten gestrickt ist, kann man die Länge nach Wunsch regulieren. Das Entrelac verleiht dem Modell eine wunderbare Elastizität, sodass er sich der Figur der Trägerin anpasst. Für einen längeren Rock stricken Sie einfach mehr Streifen mit ganzen Quadraten, bevor Sie mit einem Streifen halber horizontaler Quadrate enden. Denken Sie daran, dass Sie dann mehr Garn brauchen.

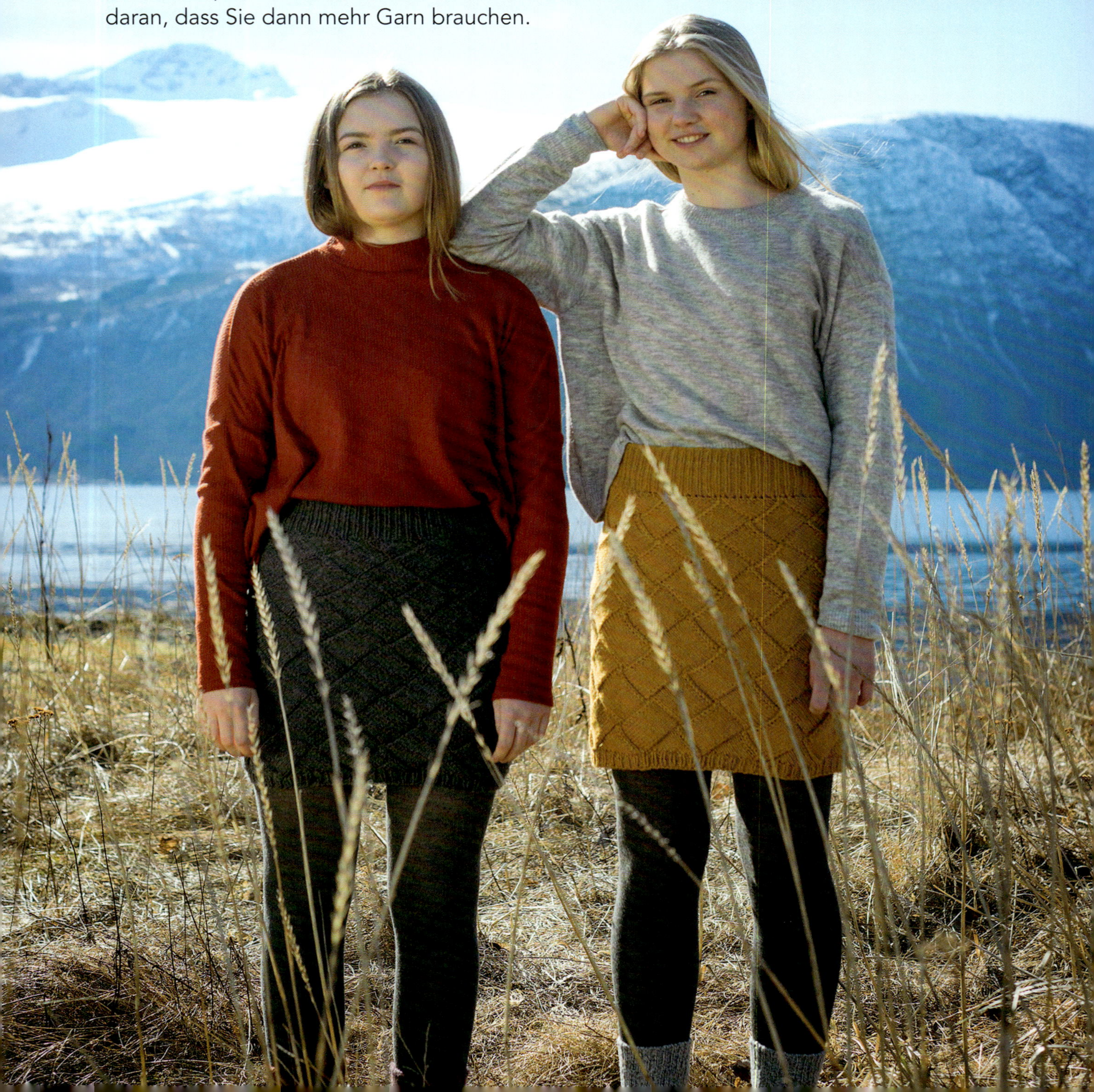

ROCK

GRÖSSE: S (M) L (XL) XXL
TAILLENWEITE: 60 (66) 72 (84) 90 cm, flach und ungedehnt gemessen. Der Rock ist sehr elastisch. Im Zweifel wählen Sie lieber eine Nummer kleiner.
GESAMTLÄNGE: 45 (45) 48 (52) 52 cm
GARN: Mitu von Rauma
MASCHENPROBE: 22 M glatt re = 10 cm
NADELN: Rundstricknadeln Nr. 3 und 4
GARNMENGE: 200 (250) 300 (300) 350 g
FARBE: Ocker (7150)
FARBALTERNATIVE: Graumeliert (SFN43)

---

120 (132) 144 (156) 168 M auf Nd Nr. 3 anschlagen. 8 cm Rippenmuster 1 M re, 1 M li im Wechsel str. Zu Nd Nr. 4 wechseln. 1 Rd re, dabei jede 4. M abnehmen = 90 (99) 108 (117) 126 M. Nun Entrelac in Rd str. Einen Streifen mit 10 (11) 12 (13) 14 halben horizontalen Quadraten zu je 9 M von re nach li str. 2 Streifen mit ganzen Quadraten zu je 9 M str. Im nächsten Streifen (= 4. Streifen) auf 10 M pro Quadrat zunehmen. 2 Streifen mit ganzen Quadraten zu je 10 M str. Im nächsten Streifen (= 6. Streifen) auf 11 M pro Quadrat zunehmen. Weiter ganze Quadrate zu je 11 M str, bis insg. 9 (9) 10 (11) 11 Streifen mit ganzen Quadraten gestrickt sind. 1 Streifen mit halben horizontalen Quadraten str = 110 (121) 132 (143) 154 M.

1 Rd re über alle M str, dabei gleichmäßig verteilt auf 120 (132) 144 (156) 168 M zunehmen. 5 Rd Rippenmuster 1 M re, 1 M li str.

Im Musterverlauf locker abketten. Alle Fäden vernähen.

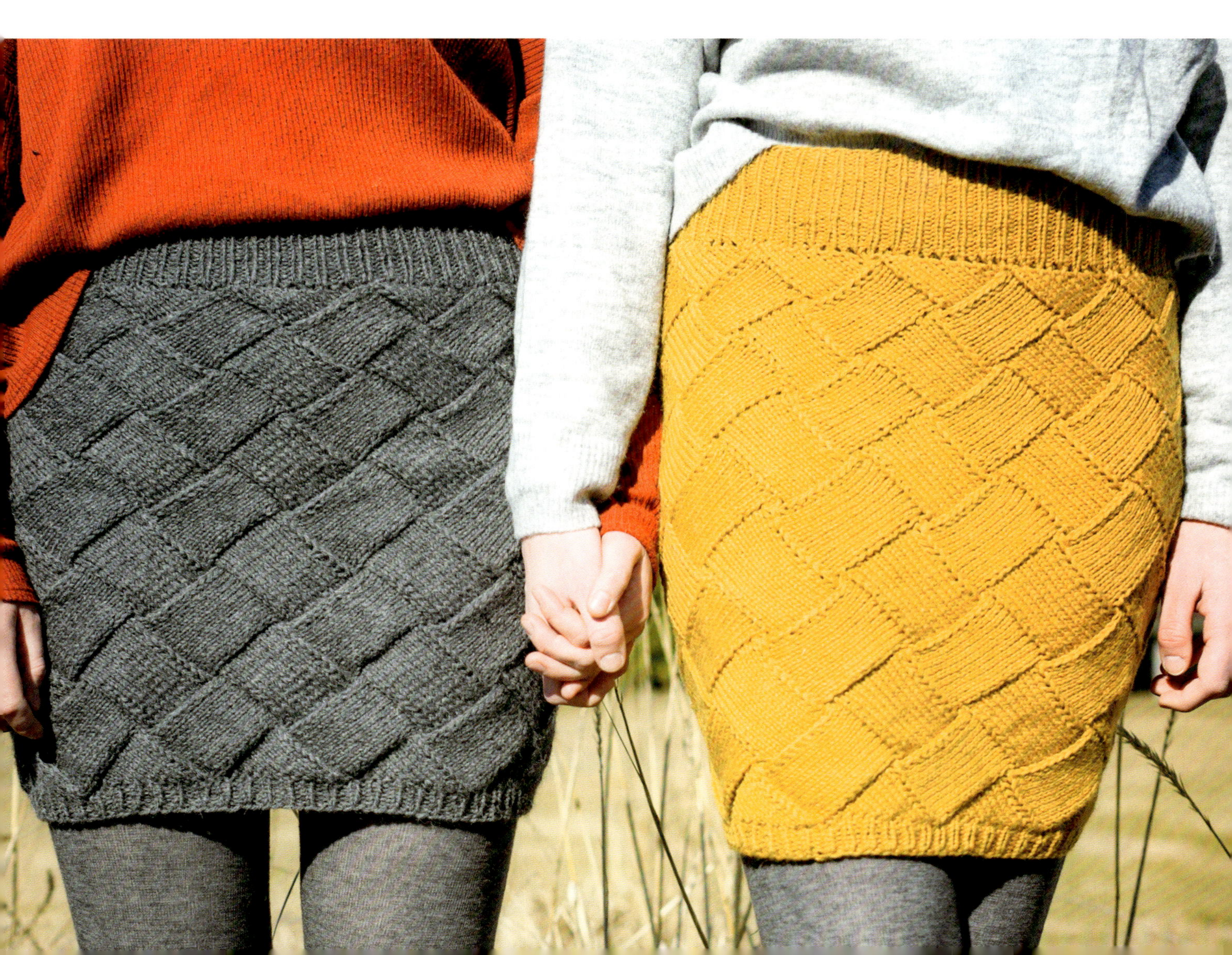

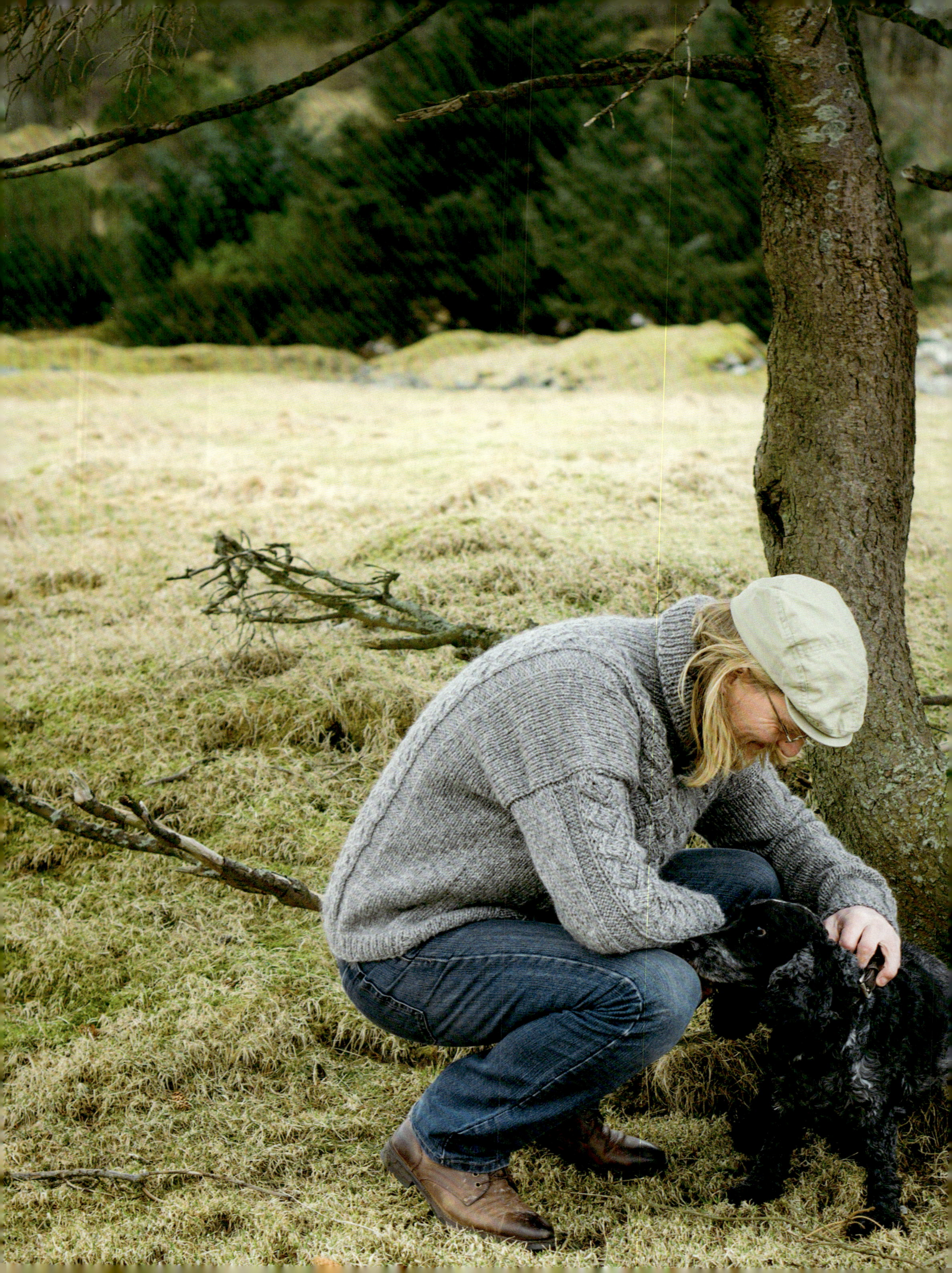

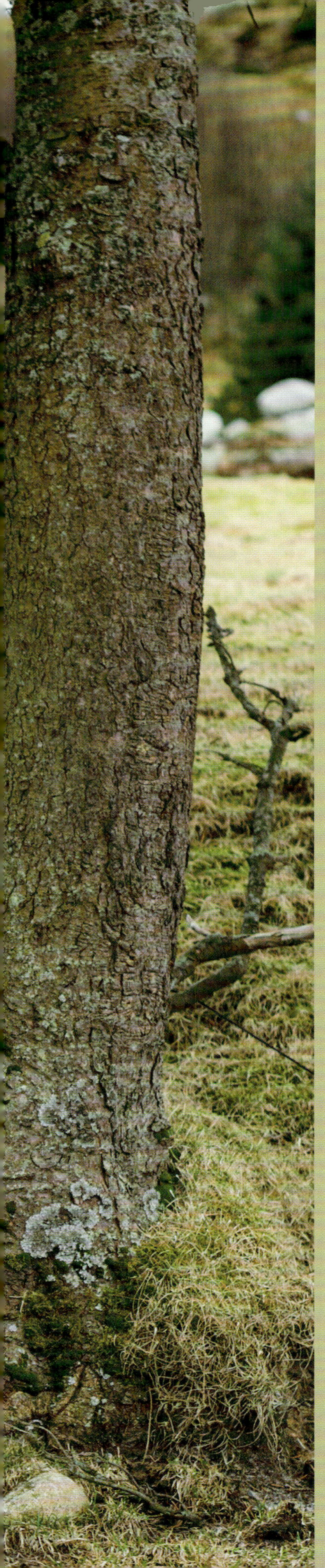

Für Herren

Entrelac sieht auch in Strickkleidung für Herren gut aus. Für die beiden Herrenmodelle haben wir unsere Männer befragt, was sie sich vorstellen könnten. Die einzige Bedingung war, dass Entrelac dabei sein musste. So entwarfen wir mit ein wenig Unterstützung gemeinsam zwei Pullover mit unterschiedlicher Stärke und Optik. Wir sind sehr zufrieden mit dem Ergebnis. Passende Mützen und Fäustlinge gab's als Accessoires noch obendrauf.

Loke

PULLOVER, MÜTZE UND FÄUSTLINGE

Der Pullover wird bis zu den Ärmeln glatt rechts in Runden gestrickt. Dann wird die Arbeit in Vorder- und Rückenteil aufgeteilt und weiter in Entrelac hin und zurück gestrickt. Der Ausschnitt bekommt mit einem Kordelrand einen schönen Abschluss. Die glatt rechts gestrickten Ärmel werden gerade eingesetzt. Anstelle des üblichen Rippenmusters sind die Bündchen in Entrelac gestrickt, was eine interessante Optik ergibt.

Die Anleitung für die Mütze gibt es nur in einer Größe. Durch die Nadelstärke kann diese jedoch variiert werden. Die einfachen Fäustlinge mit Entrelac-Bündchen passen perfekt zu Pullover und Mütze.

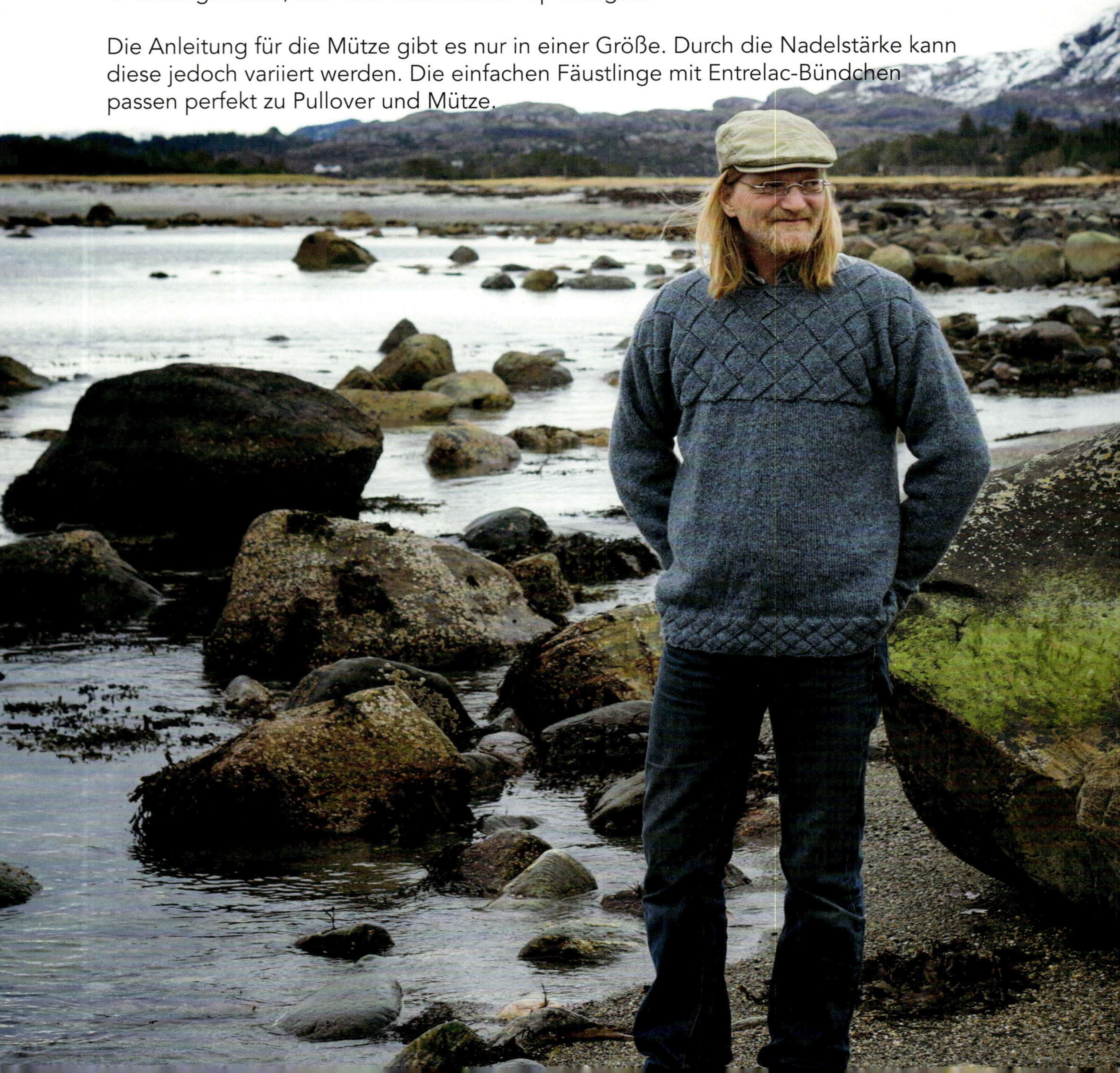

PULLOVER

GRÖSSE: S (M) L (XL) XXL
BRUSTUMFANG: 96 (102) 107 (113) 120 cm
GESAMTLÄNGE: 69 (70) 72 (73) 74 cm
ÄRMELLÄNGE: 58 (58) 59 (57) 56 cm
GARN: Tinde von Hillesvåg
MASCHENPROBE: 22 M glatt re = 10 cm
NADELN: Nadelspiel und Rundstricknadel Nr. 3,5 u. 4
GARNMENGE: 500 (550) 600 (650) 700 g
FARBE: Helles Jeansblau (652113)

Rumpf

156 (168) 174 (186) 198 M auf Nd Nr. 3,5 elastisch anschlagen (siehe S. 16). Nun Entrelac in Runden str: 26 (28) 29 (31) 33 halbe horizontale Quadrate zu je 6 M von re nach li, 3 Streifen mit ganzen Quadraten abwechselnd nach re und nach li, mit 1 Streifen halber horizontaler Quadrate enden. In der nächsten Rd gleichmäßig verteilt auf 212 (224) 236 (248) 264 M zunehmen. Zu Nd Nr. 4 wechseln. Glatt re in Rd str, bis die Arbeit 49 (50) 47 (48) 49 cm lang ist. In der nächsten Rd gleichmäßig verteilt 52 (62) 76 (72) 72 M abnehmen = 160 (162) 160 (176) 192 M. Die Arbeit in Vorder- und Rückenteil zu je 80 (81) 80 (88) 96 M einteilen. Die Teile getrennt beenden.

Rückenteil

Einen Streifen mit 8 (9) 8 (8) 8 halben horizontalen Quadraten zu je 8 (9) 10 (11) 12 M von re nach li str. An beiden Arbeitsrändern halbe vertikale Quadrate arbeiten, dabei jeweils 1 M extra zwischen dem 1. Quadrat des Vorderteils und dem letzten Quadrat des Rückenteils aufnehmen. Diese M sind Rand-M der halben vertikalen Quadrate.

Weiter Streifen mit ganzen Quadraten abwechselnd nach re und nach li str, bis insg. 8 (8) 7 (6) 6 Streifen mit ganzen Quadraten gestrickt sind. Mit einem Streifen halber horizontaler Quadrate enden. Die M von den 4 (4) 4 (3) 3 halben horizontalen Quadraten, insg. 32 (36) 40 (33) 36 M, auf einer Hilfsnadel oder einem Hilfsfaden für den Halsausschnitt stilllegen.
Abketten für die Schulter: 1 R str und locker abketten, dabei für jede 3. abgekettete M 1 M herausstricken. Die herausgestrickten M genauso wie die anderen M abketten. So wird die Abkettkante elastisch.

Vorderteil

Das Vorderteil wie das Rückenteil str, bis insg. 6 (6) 5 (4) 4 Streifen mit ganzen Quadraten gestrickt sind. Den nächsten Streifen laut Schemazeichnung str.

Streifen 7 (7) 6 (5) 5:
Größe S und M: 1 halbes vertikales Quadrat, 3 ganze Quadrate, 2 halbe horizontale Quadrate, 3 ganze Quadrate, 1 halbes vertikales Quadrat. Die M der halben horizontalen Quadrate auf einem Hilfsfaden stilllegen.
Größe L: 3 ganze Quadrate, 2 halbe horizontale Quadrate, 3 ganze Quadrate. Die M der halben horizontalen Quadrate auf einem Hilfsfaden stilllegen.
Größe XL und XXL: 1 halbes vertikales Quadrat, 3 ganze Quadrate, 1 halbes horizontales Quadrat, 3 ganze Quadrate, 1 halbes vertikales Quadrat. Die M des halben horizontalen Quadrates auf einem Hilfsfaden stilllegen.

Die Schultern getrennt beenden. Alle Fäden vernähen.

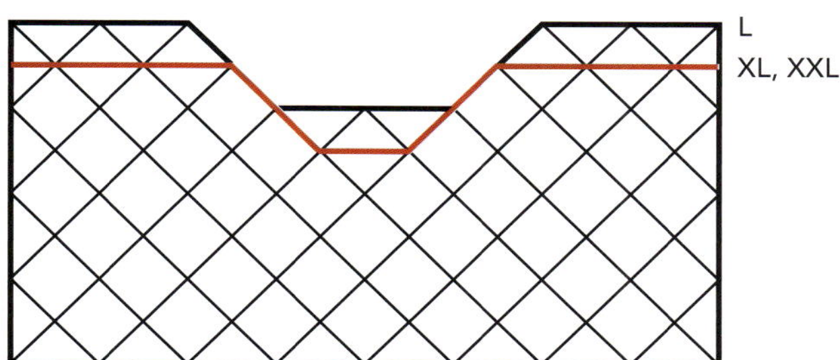

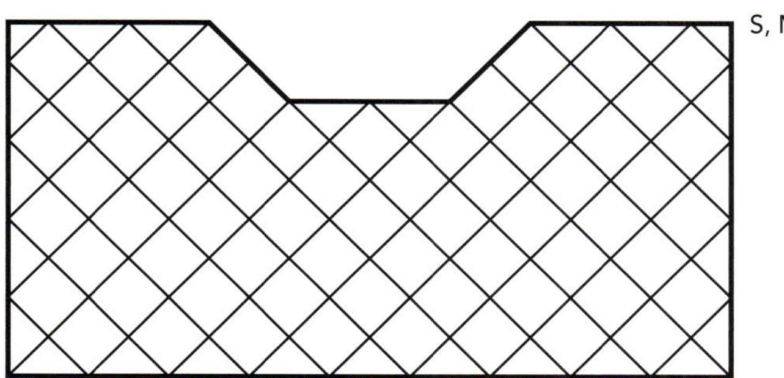

Linke Schulter

Von li nach re str.

Streifen 8 (8) 7 (6) 6:
Größe S und M: 3 ganze Quadrate.
Größe L: 1 halbes vertikales Quadrat, 2 ganze Quadrate
Größe XL und XXL: 3 ganze Quadrate

Streifen 9 (9) 8 (7) 7:
Größe S und M: Viertelquadrat, 2 halbe horizontale Quadrate
Größe L: 2 halbe horizontale Quadrate
Größe XL und XXL: 1 Viertelquadrat, 2 halbe horizontale Quadrate

Locker wie beim Rückenteil abketten.

Rechte Schulter

Gegengleich zur linken Schulter str.

Ärmel

36 (36) 42 (42) 48 M auf Nd Nr. 3,5 elastisch anschlagen (siehe S. 16). Nun Entrelac in Runden str: 6 (6) 7 (7) 8 halbe horizontale Quadrate zu je 6 M von re nach li, 3 Streifen mit ganzen Quadraten abwechselnd nach re und nach li, mit 1 Streifen halber horizontaler Quadrate enden.

1 Rd glatt re, dabei gleichmäßig verteilt auf 50 (52) 54 (56) 58 M zunehmen. Zu Nd Nr. 4 wechseln. Den Ärmel glatt re weiterstricken. Beidseits der 1. M in der Rd ca. alle 2 cm je 1 M zunehmen, bis insg. 90 (96) 100 (106) 112 M auf der Nd liegen. Bis zu einer Gesamtlänge von 58 (58) 59 (57) 56 cm str. Locker abketten. Den 2. Ärmel genauso str.

Fertigstellung

Die Schultern jeweils im 1. Maschenglied schließen.

Halsausschnitt: Die M vom Rückenteil auf eine Nd setzen, beidseits der Halsöffnung M in beiden Maschengliedern auffassen und die M von der vorderen Mitte auf eine Nd setzen = insg. 80 (90) 100 (110) 120 M für die Halsöffnung. Einen Kordelrand str (siehe S. 16).

Die Ärmel einsetzen. Den Entrelac-Teil der Ärmel vor dem Einsetzen leicht dämpfen, da sich die Quadrate etwas zusammenziehen, wenn das Kleidungsstück noch ungetragen ist, und sich erst bei Verwendung ein wenig auseinanderziehen. Das Ärmelloch kann größer sein als der Ärmel. Die Ärmelmitte von der Schulternaht ausgehend annähen. Zuletzt die Öffnung unter dem Arm schließen. Alle Fäden vernähen.

MÜTZE

GRÖSSE: Einheitsgröße für Herren. Die Mützengröße kann durch die Nadelstärke variiert werden.
GARN: Tinde von Hillesvåg
MASCHENPROBE: 22 M glatt re = 10 cm
NADELN: Nadelspiel Nr. 4
GARNMENGE: 100 g
FARBE: Helles Jeansblau (652113)

---

108 M auf Nd Nr. 4 anschlagen. 4 cm Rippenmuster 2 M re, 2 M li im Wechsel str. 1 Rd re, dabei gleichmäßig verteilt auf 88 M abnehmen. Nun Entrelac in Rd str. 1 Streifen mit 11 halben horizontalen Quadraten zu je 8 M von re nach li str. 5 Streifen mit ganzen Quadraten abwechselnd nach re und nach li str.

Die Arbeit mit einer Sternenabnahme beenden (siehe S. 15).

Alle Fäden vernähen.

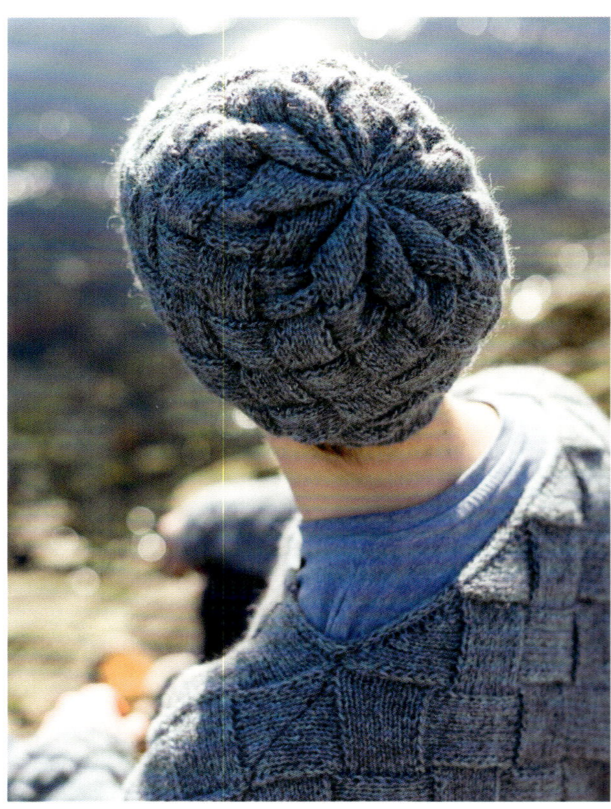

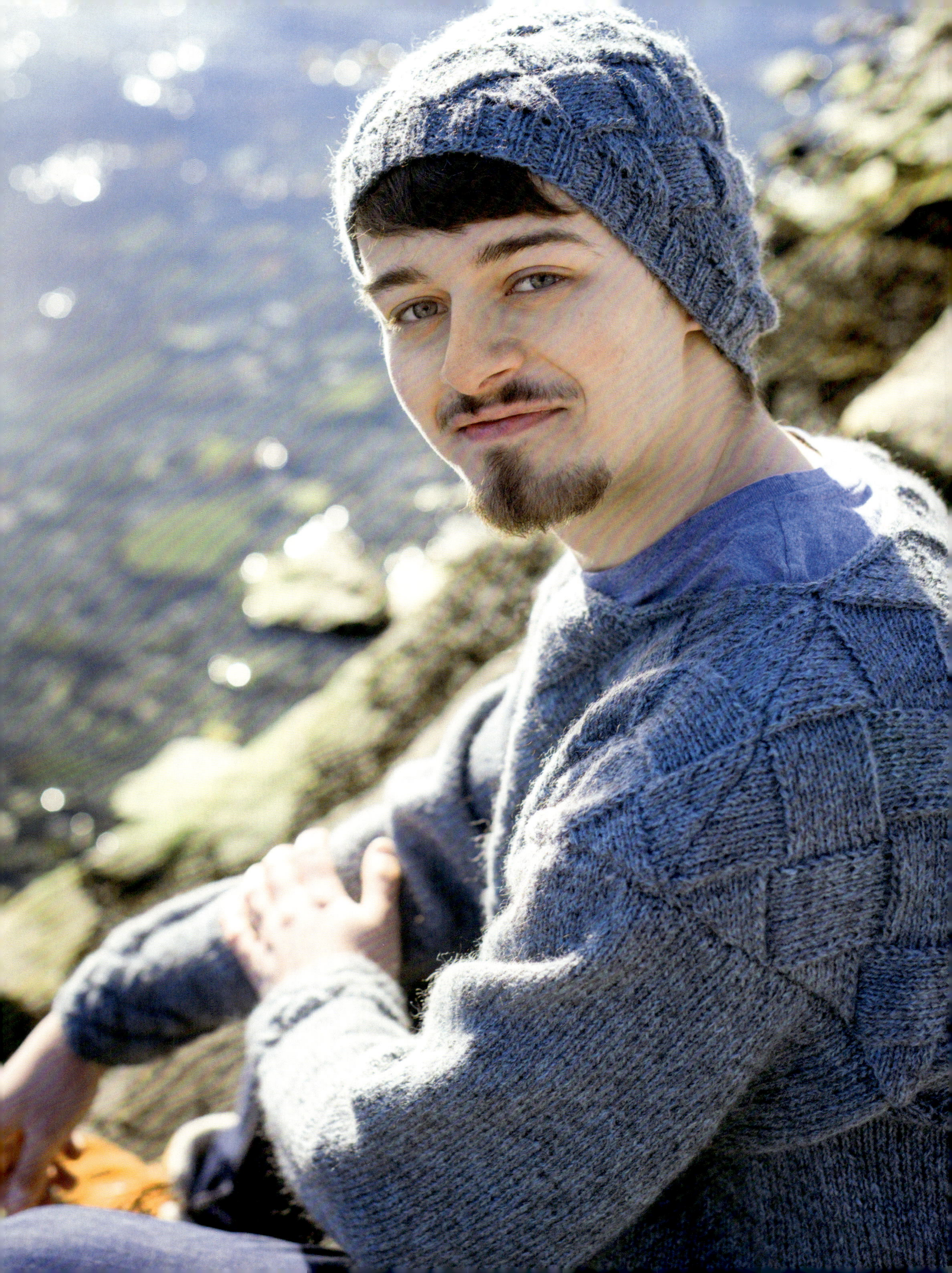

FÄUSTLINGE

GRÖSSE: Einheitsgröße für Herren
GARN: Tinde von Hillesvåg
MASCHENPROBE: 22 M glatt re = 10 cm
NADELN: Nadelspiel Nr. 4
GARNMENGE: 100 g
FARBE: Helles Jeansblau (652113)

Beide Fäustlinge

48 M anschlagen und 8 Rd glatt re str. 1 Rd str, dabei jede 4. M abnehmen = 36 M. Nun Entrelac in Rd str: 6 halbe horizontale Quadrate zu je 6 M von re nach li, 3 Streifen ganze Quadrate abwechselnd nach re und nach li, 1 Streifen halbe horizontale Quadrate. 1 Rd re, dabei gleichmäßig verteilt auf 48 M zunehmen. Insg. 6 Rd Rippenmuster 1 M re verschr, 1 M li im Wechsel str.

Linker Fäustling

Weiter glatt re in Rd str. In der 2. Rd nach dem Rippenmuster mit dem Daumenkeil beginnen.
Den Keil wie folgt str:
1. Zunahme: Beidseits der vorletzten M in der Rd je 1 M zunehmen: 1 U, in der nächsten Rd verschr abstr.
2. Zunahme: 1 M neben der M der 1. Zunahme zunehmen, sodass 3 M zwischen den Zunahme-M liegen.
3. Zunahme: Nun sind es 5 M zwischen den Zunahme-M.
So fortfahren, dabei in jeder 3. Rd zunehmen, insg. 5x = 11 Daumenmaschen. 3 Rd ohne Zunahmen str. Nun die Daumenmaschen + beidseits 1 M (= 13 M) auf einem Hilfsfaden stilllegen. 3 neue M anschlagen, um die M für den Daumen zu ersetzen. Weiter 9 cm oder bis zur gewünschten Länge glatt re str.

Abnahme: Die M auf 4 Nadelspielnadeln verteilen (Rd-Beginn liegt am Anfang der 1. Nd), 12 M pro Nd. Auf jeder Nd wie folgt abnehmen:
Nadel Nr. 1: 9 M re, 2 M re zusammenstr, 1 M re.
Nadel Nr. 2: 1 M re, 1 M abheben, 1 M re, die abgehobene M darüberziehen, 9 M re.
Nadel Nr. 3: wie Nd Nr. 1
Nadel Nr. 4: wie Nd Nr. 2
In jeder Rd wird 1 M pro Nd abgenommen. Wenn insg. noch 8 M übrig sind, den Faden abschneiden und durch die M ziehen.

Daumen

Die M des Daumenkeils auf die Nd heben und 5 M aus dem Rand aufnehmen = 18 M. Ca. 6,5 cm glatt re in Rd str, dann paarweise 2 M re zusammenstr. Wenn insg. noch 8 M übrig sind, den Faden abschneiden und durch die M ziehen.

Rechter Fäustling

Gegengleich zum linken Fäustling str, d. h., für den Daumenkeil beidseits der 2. M in der Rd zunehmen.

Alle Fäden vernähen.

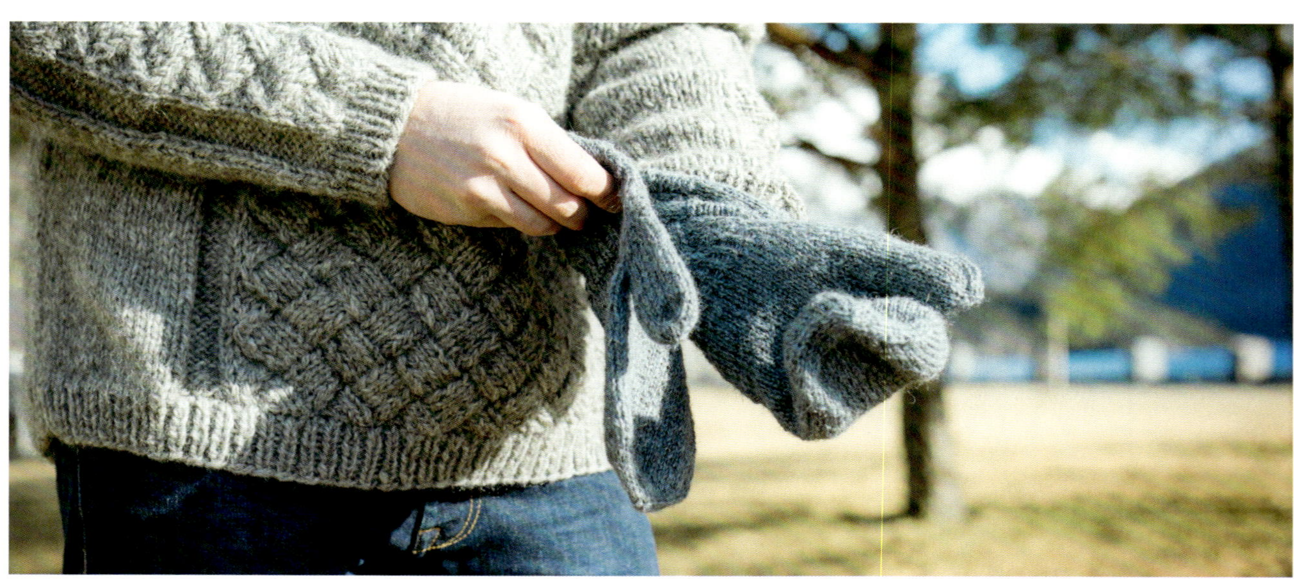

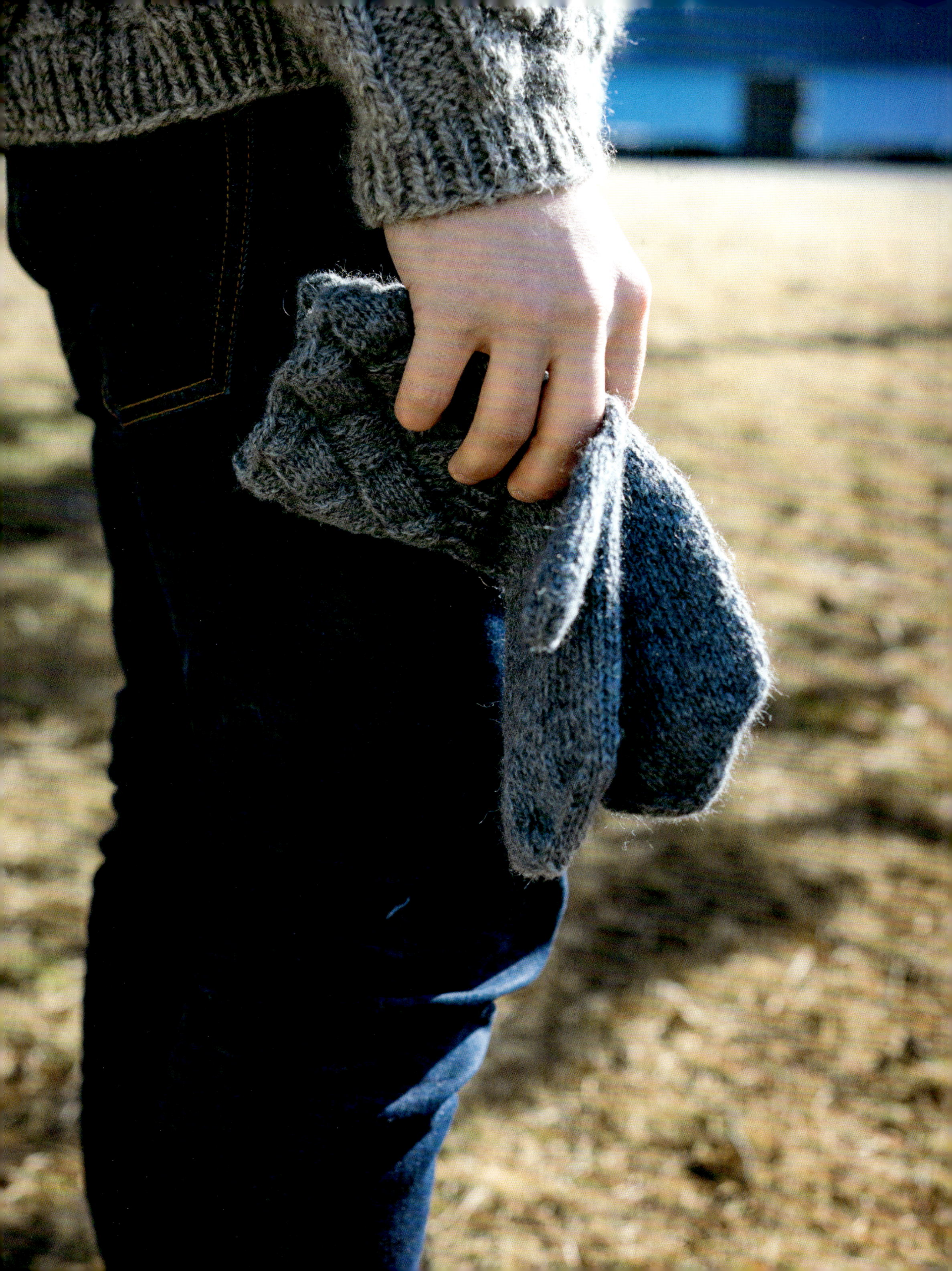

Balder

PULLOVER MIT SCHALKRAGEN UND MÜTZE

Der Pullover hat vorn und hinten eine breite Entrelac-Partie, der Rest ist glatt rechts. Vorder- und Rückenteil werden separat in Reihen gestrickt. Auch die Ärmel werden in Reihen gestrickt und haben einen Längsstreifen in Entrelac und werden als Letztes eingesetzt. Die Balder-Mütze ergänzt den Pullover aufs Beste.

PULLOVER

GRÖSSE: XS (S) M (L) XL (XXL)
BRUSTUMFANG: 93 (99) 107 (117) 127 (131) cm
GESAMTLÄNGE: 62 (64) 66 (70) 72 (74) cm
ÄRMELLÄNGE: 49 (50) 51 (51) 52 (53) cm
GARN: Hillesvåg Blåne Pelsull oder Rauma Vams PT3
MASCHENPROBE: 14 M glatt re = 10 cm
NADELN: Rundstricknadeln Nr. 5 und 6
GARNMENGE:
Blåne Pelsull Naturgrau (672115): 850 (900) 950 (1000) 1050 (1100) g oder Vams PT3 (V00): 600 (650) 700 (750) 800 (850) g

---

Rückenteil

68 (72) 78 (84) 90 (94) M auf Rundstricknadel Nr. 5 anschlagen. 4 cm Rippenmuster 1 M re, 1 M li im Wechsel str. Zu Nd Nr. 6 wechseln. 1 Rd li, dabei über den mittleren 40 (40) 40 (46) 46 (46) M gleichmäßig verteilt auf 30 (30) 30 (35) 35 (35) M abnehmen = 58 (62) 68 (73) 79 (83) M. Über den mittleren 30 (30) 30 (35) 35 (35) M Entrelac str. Beidseits des Entrelac-Streifens 1 M re, 5 M li, 8 (10) 13 (13) 16 (18) M glatt re, gleichzeitig die halben vertikalen Quadrate str. Entrelac mit 6 (6) 6 (7) 7 (7) halben horizontalen Quadraten zu je 5 M von re nach li beginnen. Weiter ganze Quadrate und an beiden Arbeitsrändern vertikale Quadrate str.
Wenn die Arbeit 62 (64) 66 (70) 72 (74) cm lang ist bzw. 1 Streifen mit halben horizontalen Quadraten

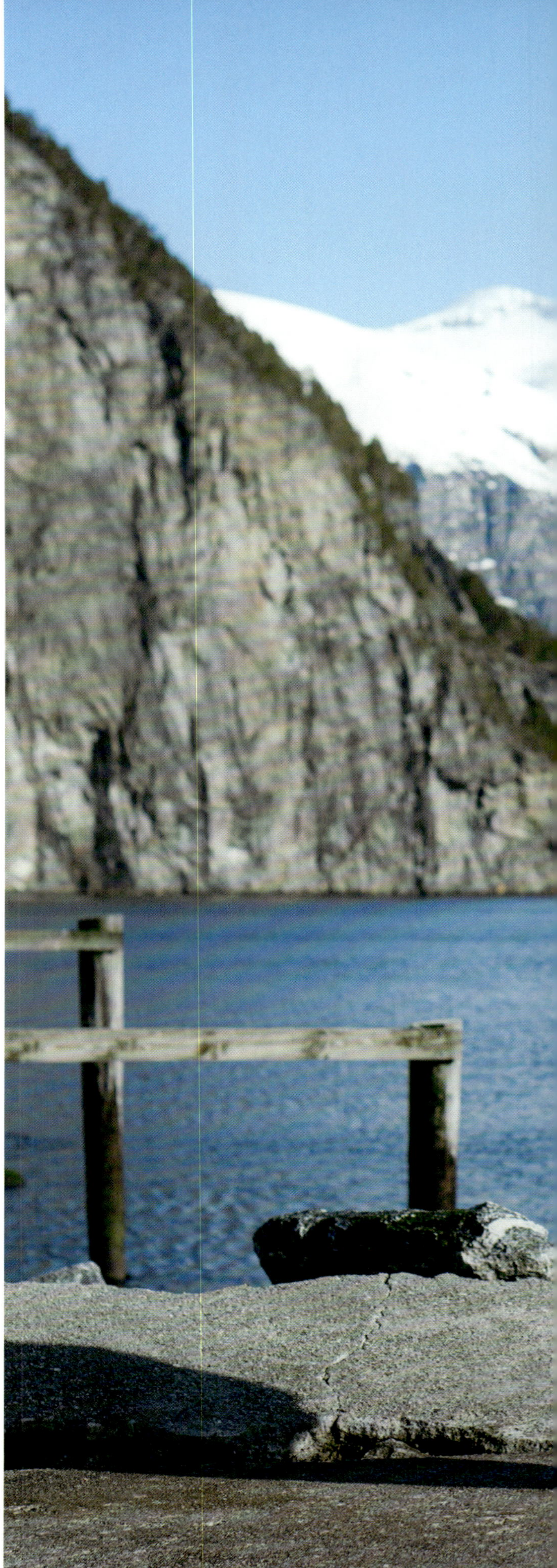

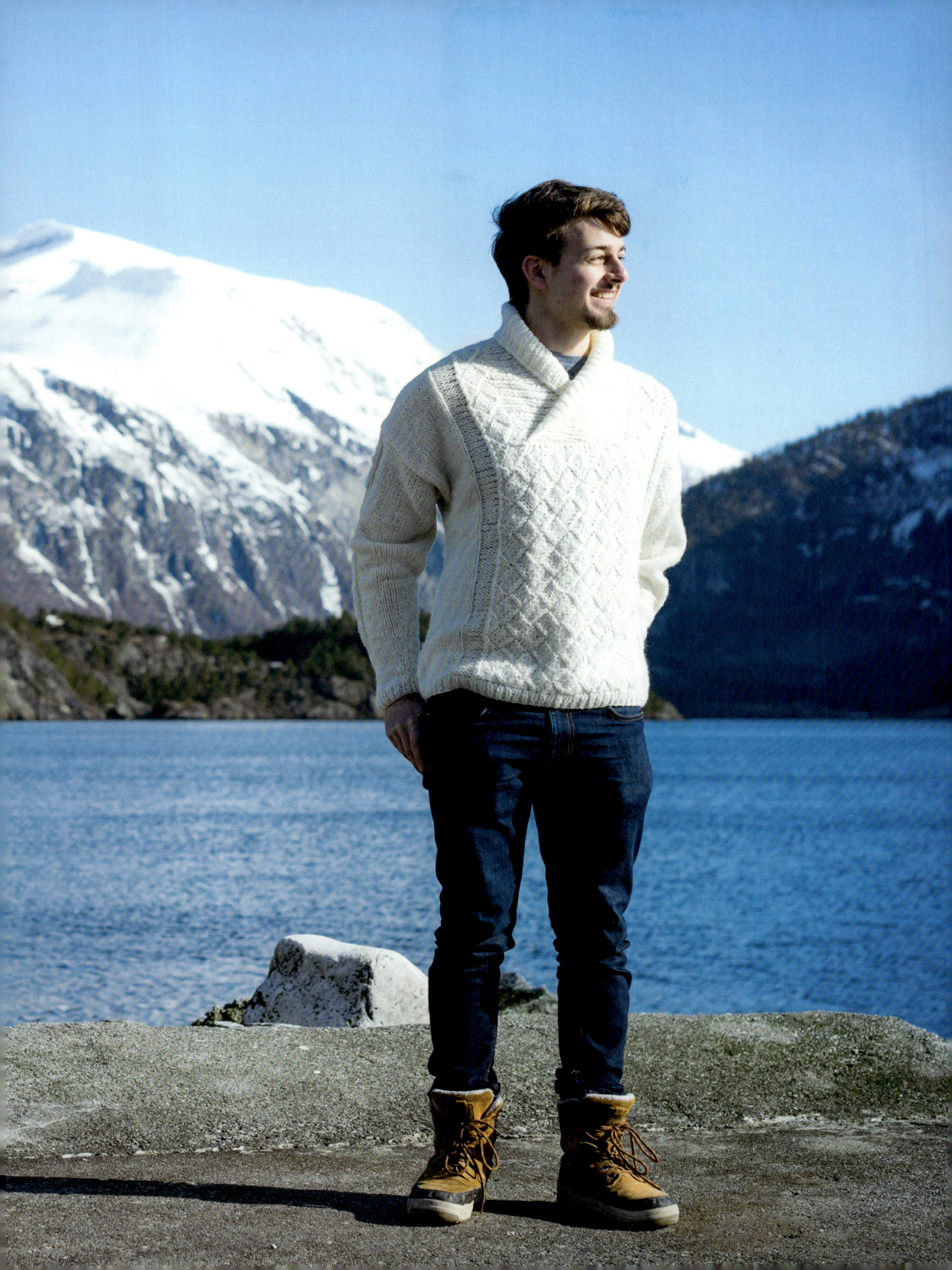

und 23 (24) 25 (26) 27 (28) Streifen mit ganzen Quadraten gestrickt sind, mit 1 Streifen halber horizontaler Quadrate über dem Entrelac enden. Die Arbeit beiseitelegen.

Vorderteil

Wie das Rückenteil str, bis die Arbeit 39 (41) 43 (45) 47 (49) cm misst oder 1 Streifen mit halben horizontalen Quadraten und 14 (15) 16 (17) 18 (19) Streifen mit ganzen Quadraten gestrickt sind. Nun über den mittleren 4 (4) 4 (5) 5 (5) Quadraten halbe horizontale Quadrate str. Die mittleren 4 (4) 4 (5) 5 (5) Quadrate in Entrelac locker abketten. Die Schultern genauso lang wie beim Rückenteil str.

Ärmel

Die Ärmel werden hin und zurück glatt re und über den mittleren M 1 Längsstreifen Entrelac gestrickt. 34 (36) 38 (38) 40 (40) M auf Nd Nr. 5 anschlagen. 4 (5) 4 (5) 4 (5) cm Rippen 1 M re, 1 M li im Wechsel str.

Zu Nd Nr. 6 wechseln. 1 R glatt re, dabei über den mittleren 6 M 1 M abnehmen = 5 M. Über diese 5 M Entrelac str. Zunächst 1 halbes horizontales Quadrat zu 5 M, im nächsten Streifen 2 halbe vertikale Quadrate arbeiten. Beidseits der Entrelac-Partie 1 M re und 5 M li, die übrigen M glatt re str. Die M an beiden Seiten der Entrelac-Partie werden gleichzeitig mit den halben vertikalen Quadraten gestrickt.

Weiter Streifen mit abwechselnd 1 ganzen und 2 halben vertikalen Quadraten str, dabei alle 3 cm beidseits jeweils 1 M vor der letzten M zunehmen, bis 23 (24) 25 (26) 27 (28) M beidseits der Entrelac-Partie für glatt re entstanden sind. Str, bis die Arbeit 49 (50) 51 (51) 52 (53) cm misst oder 1 halbes horizontales Quadrat und 8 (8) 9 (9) 10 (10) ganze Quadrate gestrickt sind. Mit halben horizontalen Quadrat enden, locker abketten. Den 2. Ärmel genauso str.

Fertigstellung

Die Schulternähte im Maschenstich schließen. Die rückwärtigen M sind für den Kragen vorgesehen. Kragen: Je 35 (35) 35 (37) 37 (37) M beidseits des Halsausschnitts mit Nd Nr. 5 auffassen und die 20 (20) 20 (25) 25 (25) rückwärtigen M auf dieselbe Nd heben. Rippenmuster 1 M re, 1 M li im Wechsel über diese 90 (90) 90 (99) 99 (99) M str. Nach 5 cm in der rückwärtigen Mitte 26 M zunehmen: 26 (26) 26 (23) 23 (32) M str, in der nächsten M 2 M zunehmen, danach in jeder 3. M noch weitere 12x zunehmen, die R beenden. Für die Zunahmen beidseits der Zunahme-M je 1 U, die U in der nächsten R ins Rippenmuster integrieren, dabei ggf. rechte M li str. Weiter im Rippenmuster str, bis der Kragen genauso breit ist wie der vordere Halsausschnitt. Der Kragen sollte sich von Seite zu Seite vollständig überlappen. Die Ärmel annähen, Ärmel- und Seitennähte schließen, alle Fäden vernähen.

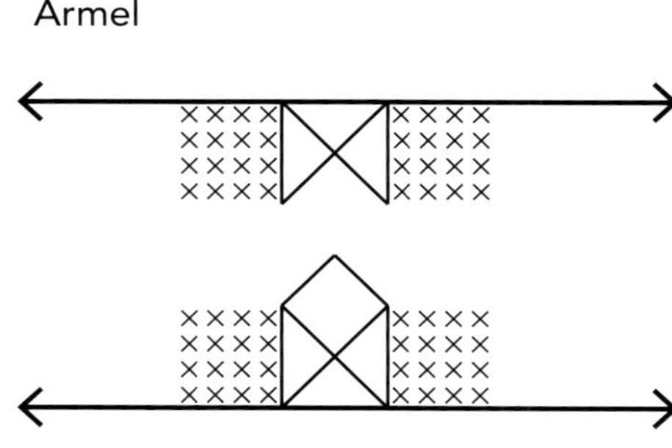

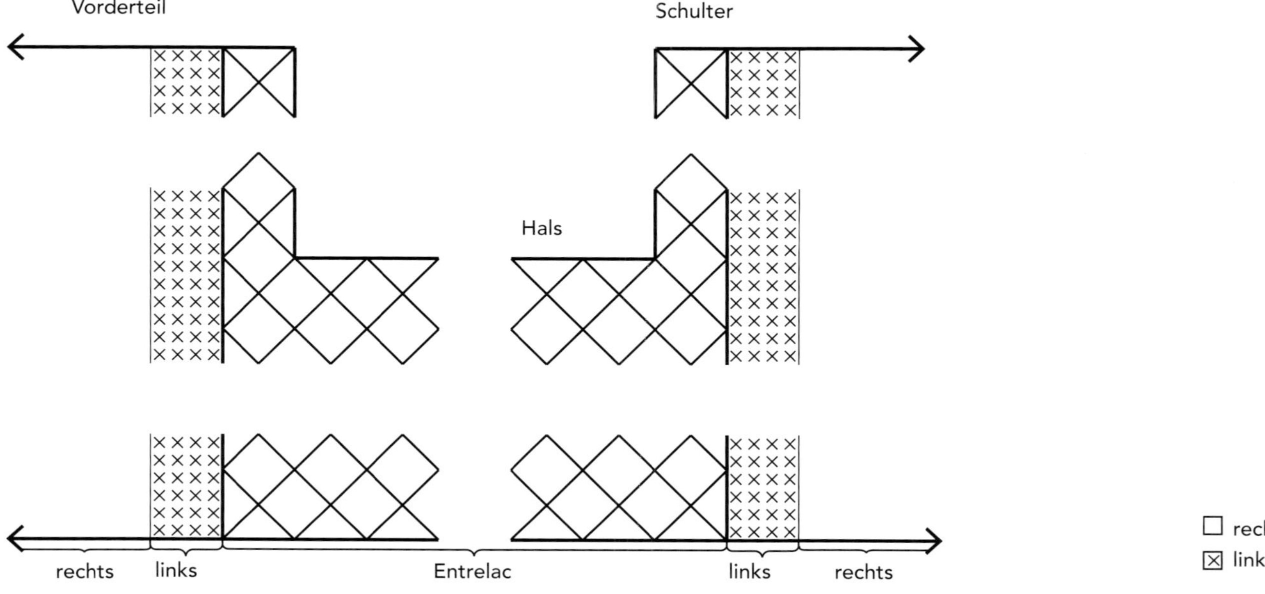

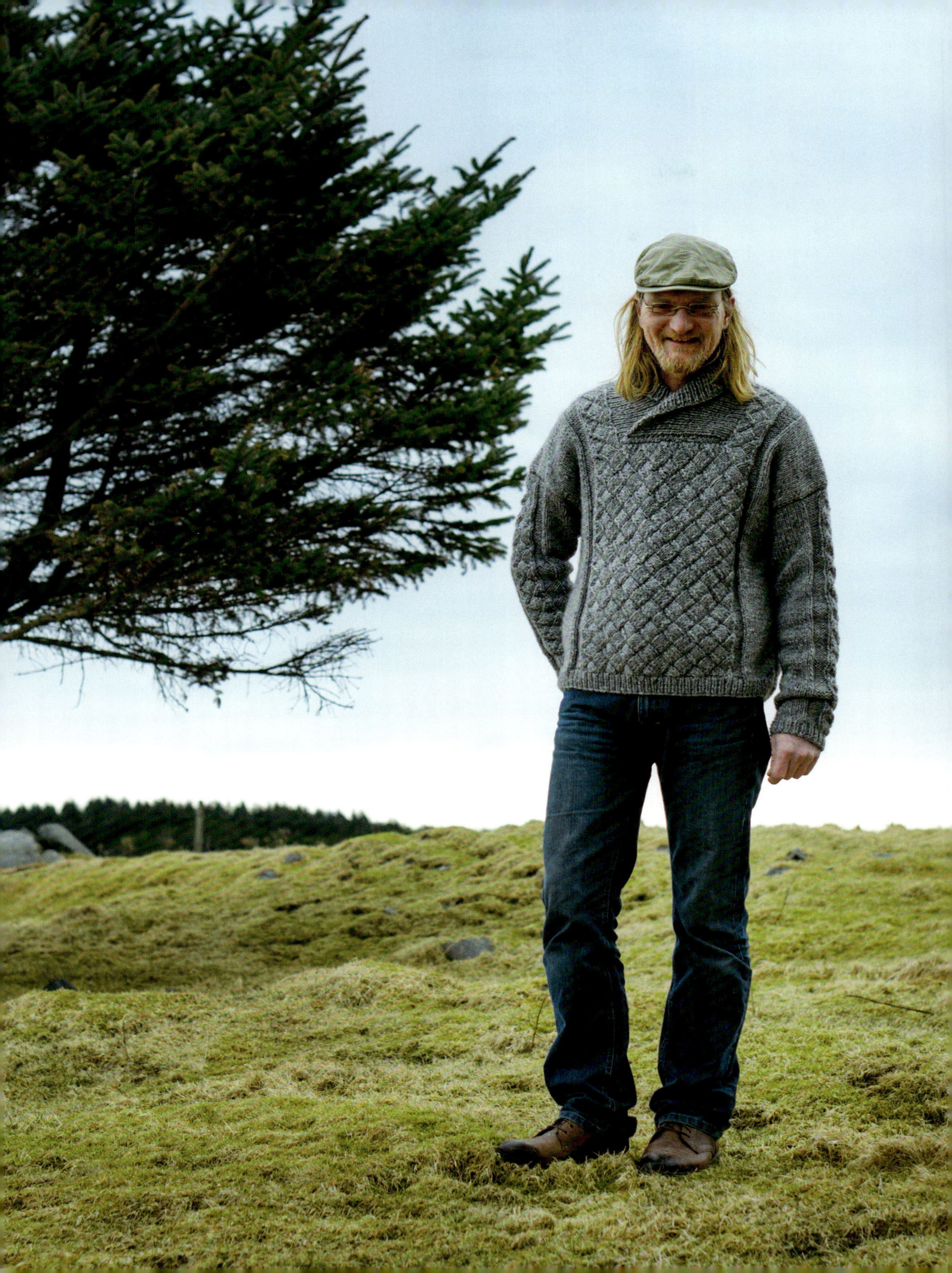

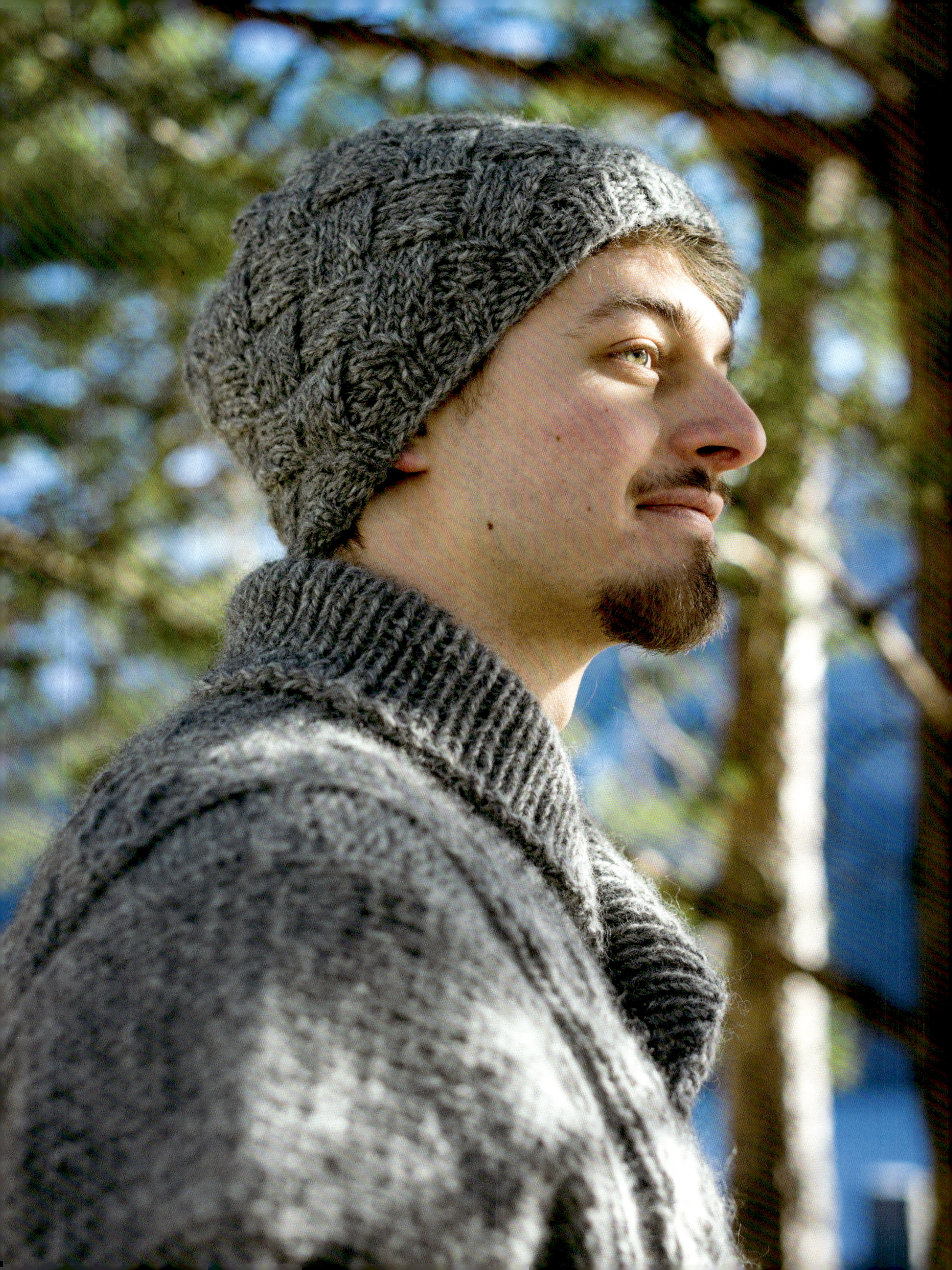

MÜTZE

Die Mütze passt perfekt zum Balder-Pullover. Die Größe kann mit der Nadelstärke reguliert werden. Soll die Mütze kleiner werden, nehmen Sie Nadeln Nr. 5, für eine größere Mütze Nadeln Nr. 5,5 oder 6.

GRÖSSE: Einheitsgröße für Herren
GARN: Blåne Pelsull von Hillesvåg oder Vams/PT3 von Rauma
MASCHENPROBE: 14 M glatt re = 10 cm
NADELN: Nadelspiel Nr. 5
GARNMENGE: Blåne Pelsull 100 g
FARBE: Naturgrau (672115)
GARNALTERNATIVE: Vams PT3 Weiß (V00) 100 g

---

72 M auf Nd Nr. 5 anschlagen. 4 cm Rippenmuster 2 M re, 2 M li im Wechsel in Rd str. 1 Rd re, dabei gleichmäßig verteilt auf 50 M abnehmen. Nun Entrelac in Rd str: 1 Streifen mit 10 halben horizontalen Quadraten zu je 5 M von re nach li und 6 Streifen mit ganzen Quadraten str.

Die Arbeit mit einer Sternenabnahme (siehe S. 15) beenden. Alle Fäden vernähen.

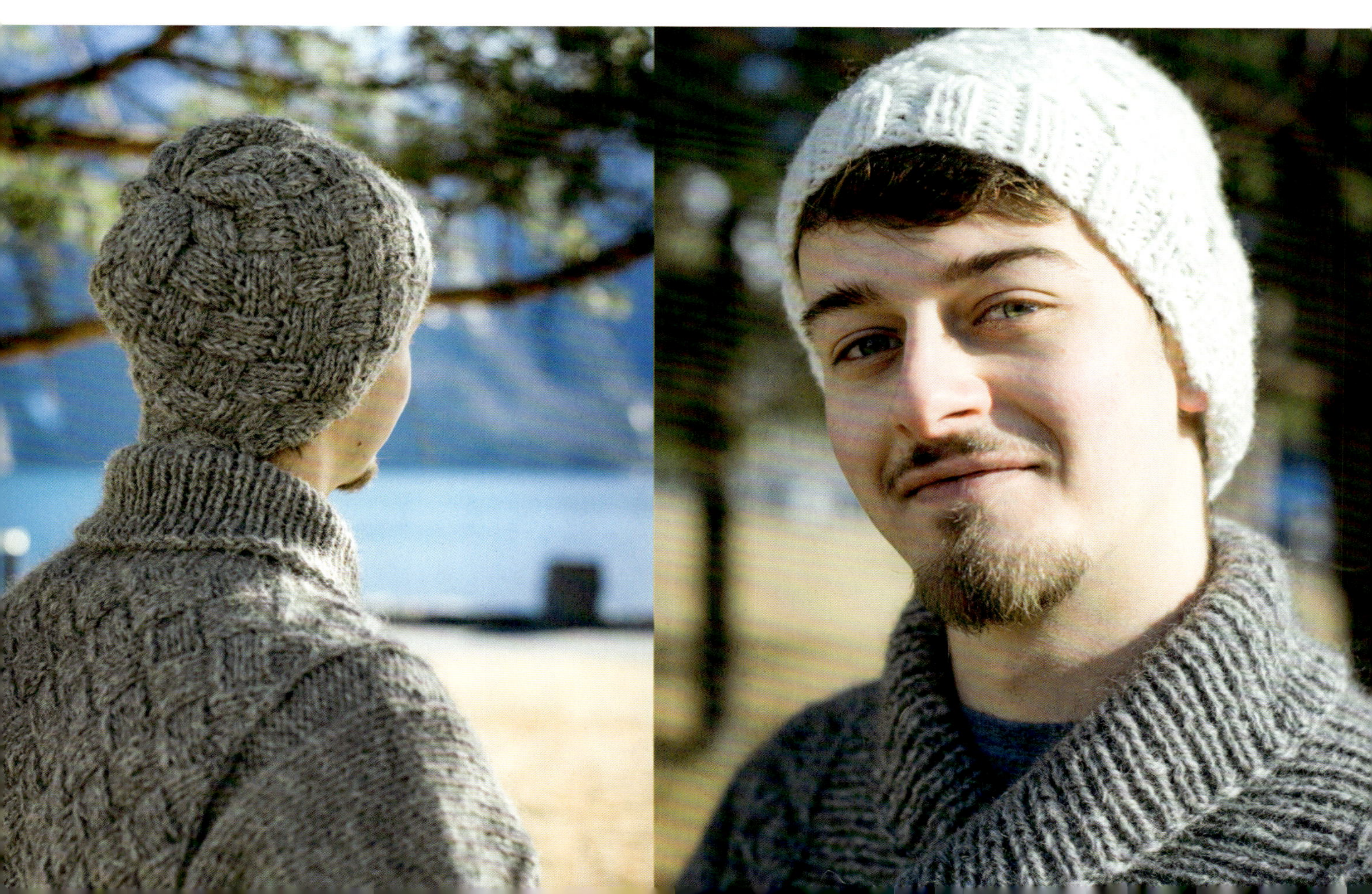

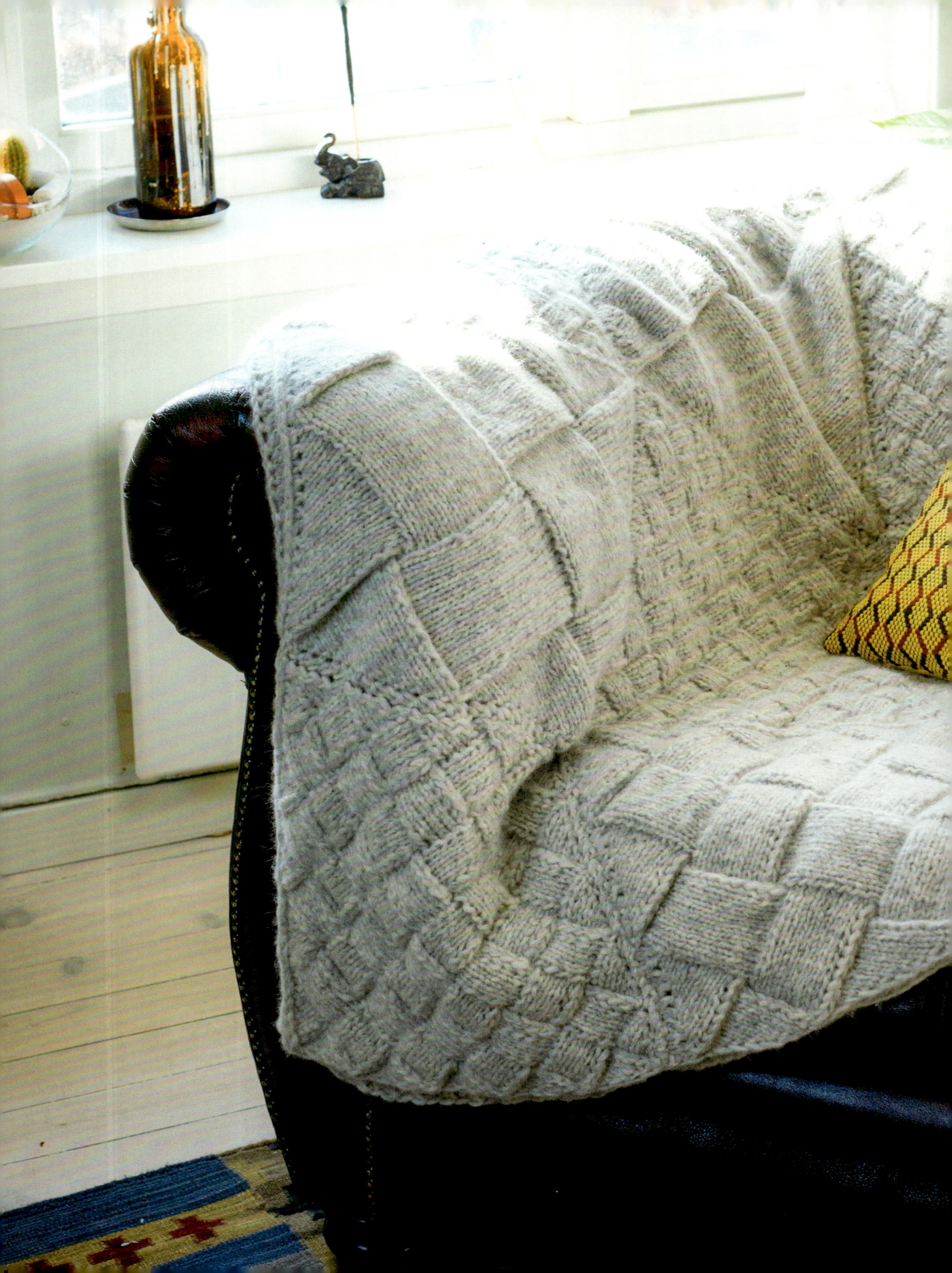

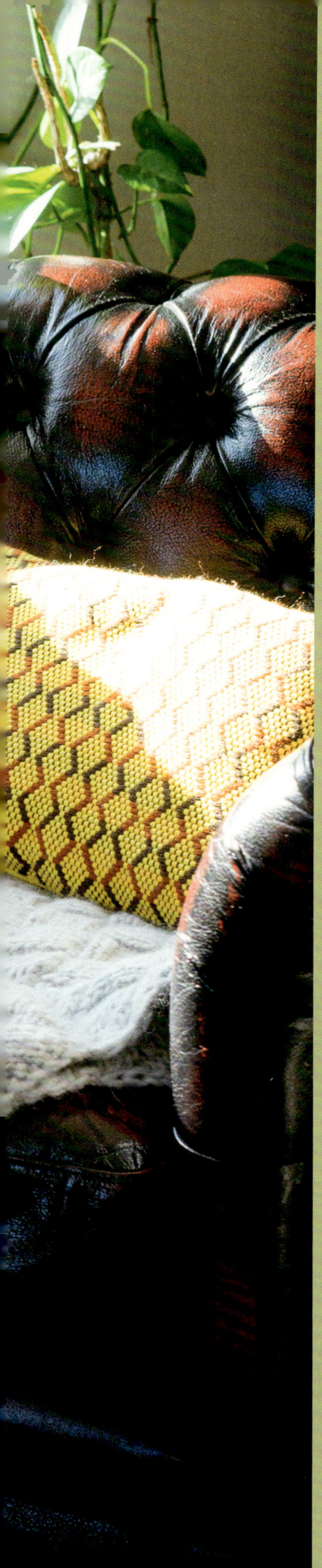

Zum Wohnen

Auch Dekor fürs Zuhause kann in der Entrelac-Technik gearbeitet werden. Ein paar hübsche Kissen und eine kuschelige Decke auf dem Sofa sind immer ein Hingucker. Entrelac in Grafik-Design sorgt für eine spannende Optik.

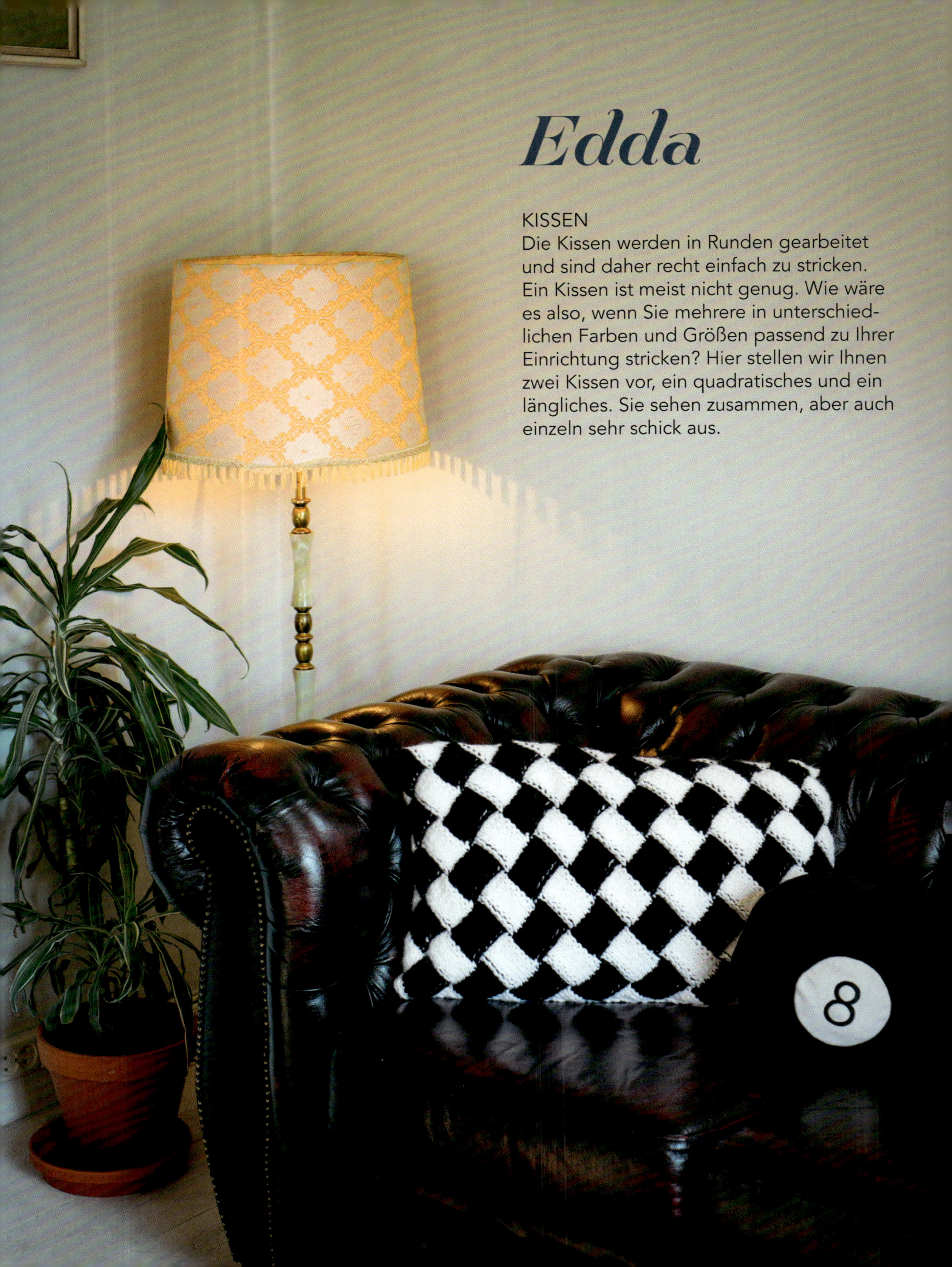

Edda

KISSEN

Die Kissen werden in Runden gearbeitet und sind daher recht einfach zu stricken. Ein Kissen ist meist nicht genug. Wie wäre es also, wenn Sie mehrere in unterschiedlichen Farben und Größen passend zu Ihrer Einrichtung stricken? Hier stellen wir Ihnen zwei Kissen vor, ein quadratisches und ein längliches. Sie sehen zusammen, aber auch einzeln sehr schick aus.

QUADRATISCHES KISSEN

MASSE: 50 × 50 cm
GARN: Andes von Drops
MASCHENPROBE: 10 M glatt re = 10 cm
NADELN: Rundstricknadel Nr. 8
GARNMENGE: 500 g
FARBE: Orange (2920)

---

77 M mit Nd Nr. 8 elastisch anschlagen (siehe S. 16). Nun Entrelac in Rd str: Einen Streifen mit 11 halben horizontalen Quadraten zu je 7 M von re nach li und danach insg. 10 Streifen mit ganzen Quadraten abwechselnd nach li und nach re str. Mit 1 Streifen halber horizontaler Quadrate enden. 1 Rd str, dabei locker abketten und für jede 3. abgekettete M 1 M herausstricken. Die herausgestrickten M genauso wie die anderen M abketten. Dadurch wird die Abkettkante elastisch.

Fertigstellung

Das Kissen an der Abkettkante oben zusammennähen, dabei darauf achten, dass die Quadrate aufeinandertreffen. Die untere Naht kann auf unterschiedliche Weise geschlossen werden. Wir bevorzugen folgende Methode: Die Kanten von beiden Seiten ein kleines Stück zur Mitte hin zusammennähen. Die verbliebene Öffnung mit Luftmaschenbogen umhäkeln. Eine Kordel drehen und diese kreuzweise durch die Luftmaschenbogen fädeln, fest anziehen, die Enden verknoten und in das Kissen stecken. So ist der Kissenverschluss so unsichtbar wie möglich, lässt sich aber zum Waschen gut öffnen. So sparen Sie sich einen sperrigen und ungemütlichen Reißverschluss.

LÄNGLICHES KISSEN

MASSE: 40 × 60 cm
GARN: Andes von Drops
MASCHENPROBE: 10 M glatt re = 10 cm
NADELN: Rundstricknadel Nr. 8
GARNMENGE:
Weiß (1101): 300 g
Schwarz (8903): 300 g

---

112 M in Weiß auf Nd Nr. 8 elastisch anschlagen (siehe S. 16). Nun Entrelac in Runden str: 1 Streifen mit 16 halben horizontalen Quadraten zu je 7 M von re nach li str. Zu Schwarz wechseln. Ganze Quadrate abwechselnd von li nach re und von re nach li str, dabei die Farbe für jeden Streifen wechseln. Insg. 9 Streifen mit ganzen Quadraten str, der letzte Streifen mit ganzen Quadraten ist in Schwarz. Mit 1 Streifen halber horizontaler Quadrate in Weiß enden.

1 Rd str, dabei locker abketten und für jede 3. abgekettete M 1 M herausstricken. Die herausgestrickten M genauso wie die anderen M abketten. Dadurch wird die Abkettkante elastisch.

Fertigstellung

Wie das quadratische Kissen fertigstellen.

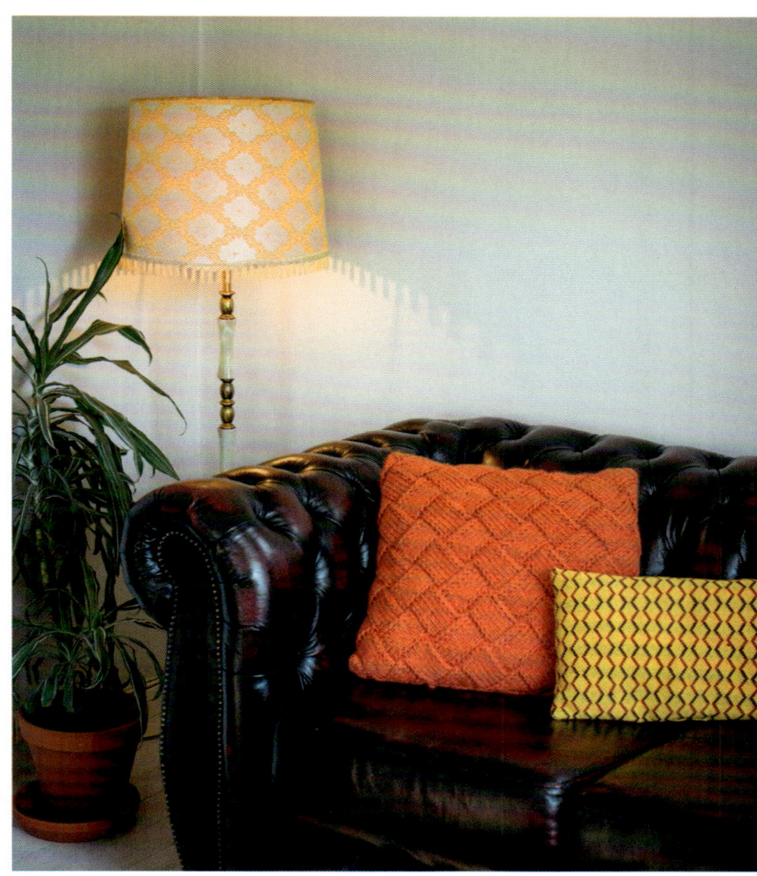

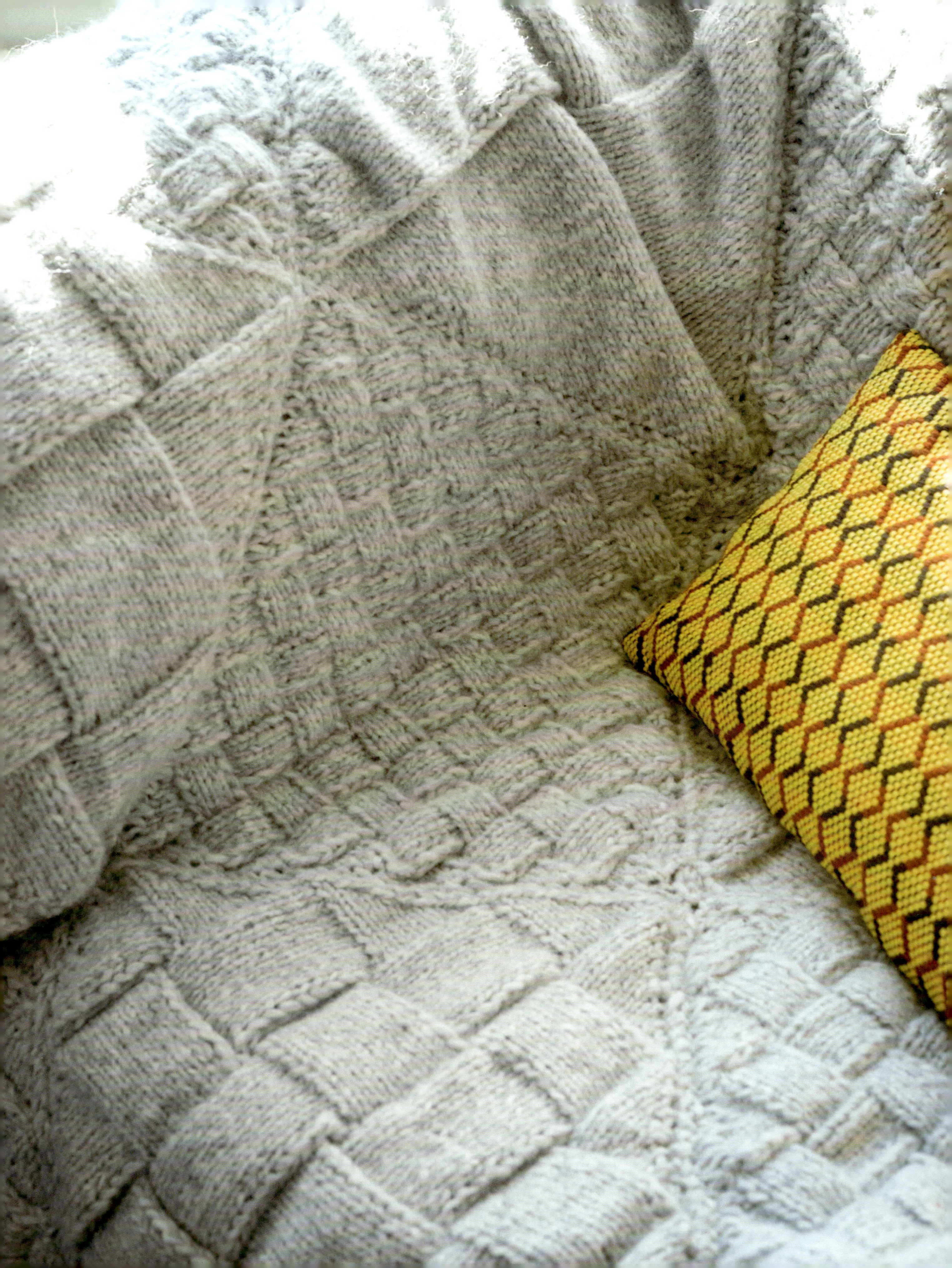

Hegelins Patchworkdecke

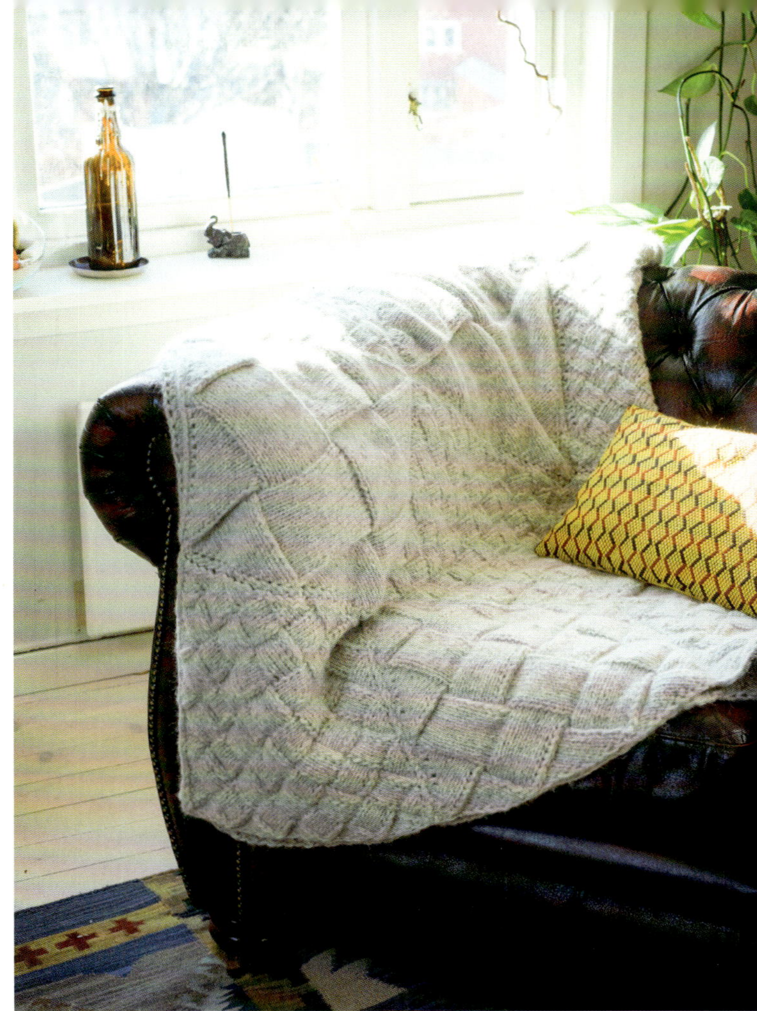

Die Decke verdankt ihre Entstehung einer Dame, die 2014 einen Kurs in der Entrelac-Technik unter der Schirmherrschaft von *Norddal husflidslag* (einer Vereinigung norwegischer Kunsthandwerker) absolvierte. Ein großartiges Projekt, trotzdem auch für Einsteiger gut geeignet. Die Decke besteht aus 20 Patches, die zu einer großen Decke zusammengefügt werden. Die Patches sind in sechs verschiedenen Varianten gearbeitet, was eine sehr schöne Optik ergibt.

MASSE: 140 × 175 cm
Jeder Patch ist 35 × 35 cm groß.
GARN: Puno von Rauma
MASCHENPROBE: 10 M glatt re = 10 cm
NADELN: Rundstricknadel Nr. 8
GARNMENGE: 1300 g
FARBE: Hellgrau (1310)

Sie brauchen insg. 20 Patches, 5 Reihen mit je 4 Stück. Die Patches nach Belieben arrangieren. ACHTUNG! Es ist etwas schwierig, Patch 1 und 6 passend zu str. Sie sollten ggf. für Patch 1 dickere und für Patch 6 eine dünnere Nadel verwenden. Evtl. können Sie nur Patch 2–5 verwenden.

Alle Patches: 32 M elastisch anschlagen (siehe S. 16). Beidseits befindet sich je 1 Rand-M, 30 M werden in Entrelac gestrickt. Die Rand-M mit den halben vertikalen Quadraten zusammenstr. Entrelac laut Anleitung bei dem betreffenden Patch str. In der Rück-R locker mit li M abketten.

Patch 1: 1 Streifen mit 10 halben horizontalen Quadraten zu je 3 M, 19 Streifen mit ganzen Quadraten, mit 1 Streifen halben horizontalen Quadraten enden.
Patch 2: 1 Streifen mit 6 halben horizontalen Quadraten zu je 5 M, 11 Streifen mit ganzen Quadraten, mit 1 Streifen halben horizontalen Quadraten enden.
Patch 3: 1 Streifen mit 5 halben horizontalen Quadraten zu je 6 M, 9 Streifen mit ganzen Quadraten str, mit 1 Streifen halben horizontalen Quadraten enden.
Patch 4: 1 Streifen mit 3 halben horizontalen Quadraten zu je 10 M, 5 Streifen mit ganzen Quadraten, mit 1 Streifen halben horizontalen Quadraten enden.
Patch 5: 1 Streifen mit 2 halben horizontalen Quadraten zu je 15 M, 3 Streifen mit ganzen Quadraten, mit 1 Streifen halben horizontalen Quadraten enden.
Patch 6: 1 halbes horizontales Quadrat zu 30 M, 1 Streifen mit 2 halben horizontalen Quadraten, mit 1 halben horizontalen Quadrat enden.

Fertigstellung

Die Patches sauber zusammennähen. Alle Fäden vernähen.

Dank

Wir danken unseren fantastischen Test- und Modellstrickerinnen: Kari Kvilvang, Anne Gry Sandmark Moen, Gerd Jorun Igland, Thea Camilla Hansen Fürst, Heidi Storstad, Ruth-Tove Sletten, Therese Kristoffersen, Kristin Stensland, Margrethe Ulvatne, Aud Brynjulfsen und Maria Danielsen Myhre.

Dank an Rauma garn, Hillesvåg Ullvarefabrikk und To strikkedamer für schönes Garn und für schnellen Service. Danke Hegelin Waldal für die Inspiration zu Hegelins Patchworkdecke.

Danke unseren Fotomodellen, die gern posierten und wunderschön lächelten, egal wie kalt es war: Britt Ekrum Melchior, Nina Sjøblom, Anne-Marie Sjøblom, Adrian Krogsæter, Karsten Eikeland, Mikkel und Oskar, Angelika und Annika, Hege Hovden, Synne Hovden, Tuva Eikeland und Oda Eikeland.

Danke dem Friseursalon Hårstua, der uns zum Aufwärmen und zum Umziehen an den langen Shootingtagen hereinließ, und dem Café Under Taket, das uns spontan erlaubte, unser Modell Misty im Café zu fotografieren.

Wir danken Livø Moen Eikeland für einen tollen Job mit den Fotos und Laila Sundet Gundersen für das Grafikdesign. Wir danken Kaja Marie Lereng Kvernbakken für sehr hilfreiche professionelle Beratung und Korrektur, Cappelen Damm, die an uns geglaubt haben, und der Redakteurin Toril Blomquist, die das Schiff sicher in den Hafen geleitet hat. Danke auch an unsere guten Designfreunde für ihre Unterstützung.

Dank an unsere Familien, die sich wahrscheinlich gefragt haben, ob wir jemals wieder ansprechbar sein werden – und ob wir jemals wieder über etwas anderes als Entrelac-Stricken, Garne, Nadeln und alles andere reden werden, was mit diesem Strickbuch zu tun hat.

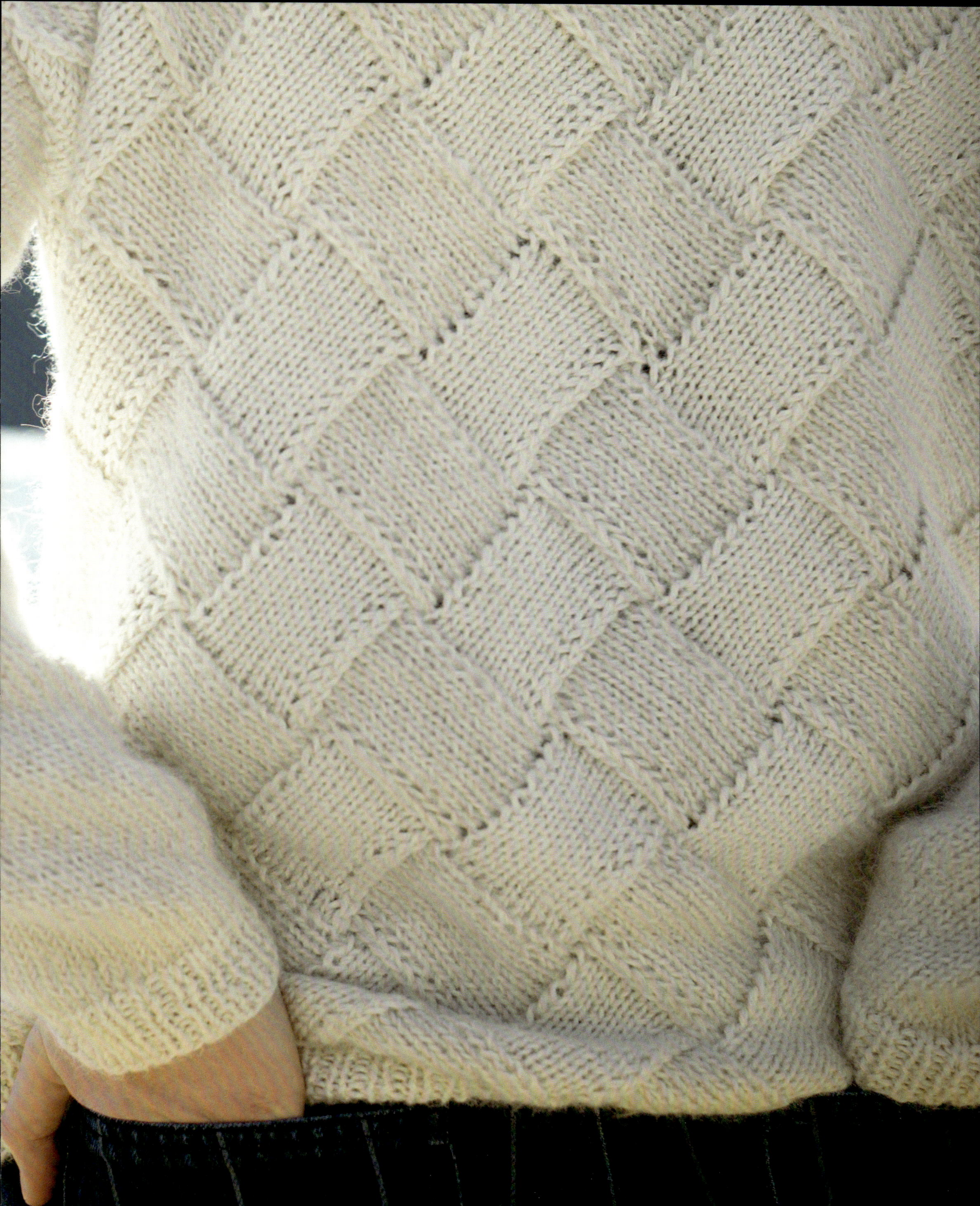

QUELLENANGABEN

Amoriza, Silje Een De, und Myrstad, Ingrid: *Vintagestrikk. Strikkeoppskrifter for smarte klær til alle og enhver 1935–1955.* Spartacus 2013 (Vintagestrick. nicht auf Deutsch; Strickanleitungen für schicke Kleidung für jedermann)
Bolstad, Ruth Gullbekk: *Kontstrikk.* Unika Forlag 2008 (nicht auf Deutsch; Entrelac)
Eikeland, Heidi, und Hovden, Mette: *Kontstrikk, enklere enn du tror.* Licentia 2015 (nicht auf Deutsch; Entrelac – einfacher, als Sie denken)
Grasmane, Maruta: *Handschuhe aus Lettland.* Sena Klets 2016
Jacobs, Kate: Fredagsstrikkeklubben. 2007 (Die Maschen der Frauen, Heyne 2007)
Saglie, Gjertrud: *Strikke – hekle – binde.* Landbruksforlaget 1989 (nicht auf Deutsch; Stricken – Häkeln – Nadelbinden)
Vottelauget: *Eventyrvotter.* Aschehoug 2015 (nicht auf Deutsch; Abenteuerfäustlinge)
Zimmermann, Elizabeth: Knitter's Almanac, 1982

INSPIRATIONSQUELLEN

Bortner, Gwen: Entrée to Entrelac. XRX 2010
Drysdale, Rosemary: Entrelac. Sixth & spring books 2010
Drysdale, Rosemary: Entrelac 2. Sixth & spring books 2014

Sollten Sie Trost oder Hilfe benötigen, finden Sie beides in der Facebook-Gruppe „Kontstrikk, enklere enn du tror", oder kontaktieren Sie uns unter pinnedans@gmail.com. Siehe auch www.pinnedans.com, unsere Facebookseite: Pinnedans, Instagram-Account @pinnedans.

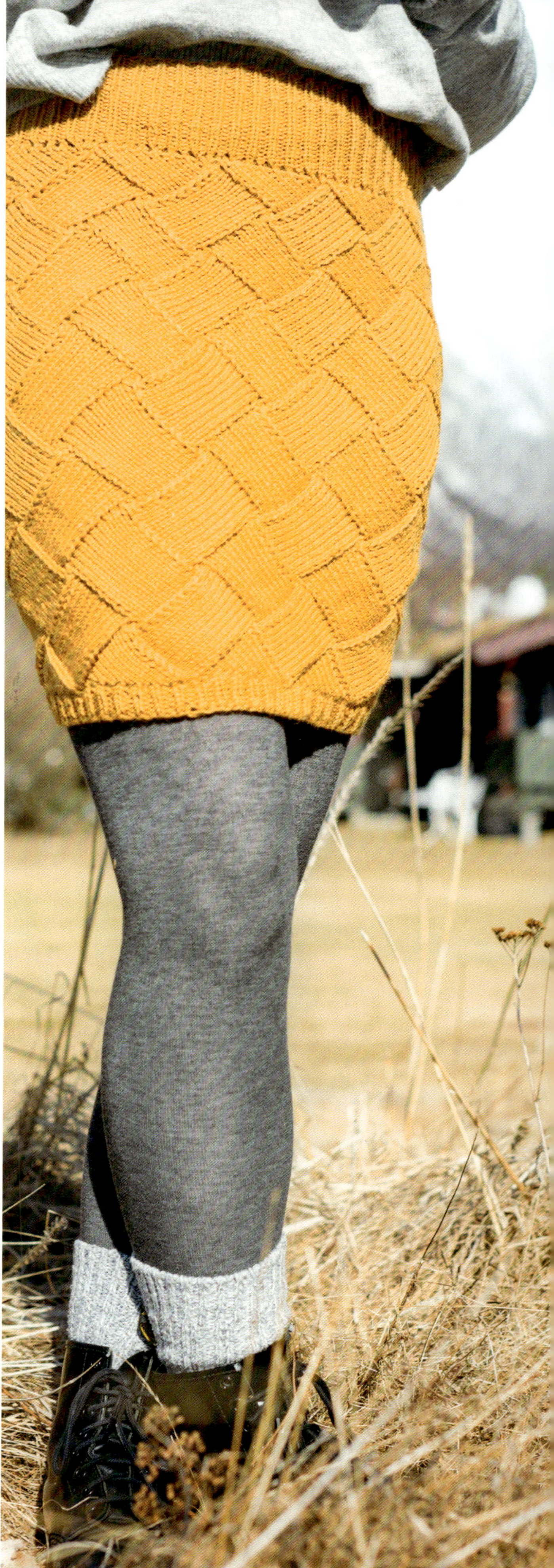

Ein kleiner Gruß zum Schluss

Wir wissen, dass man beim Stricken manchmal die Wände hochgehen könnte. Es kann vorkommen, dass manche Dinge knifflig sind und das Ergebnis nicht so ausfällt, wie gewünscht. Dann ist unser bester Rat:

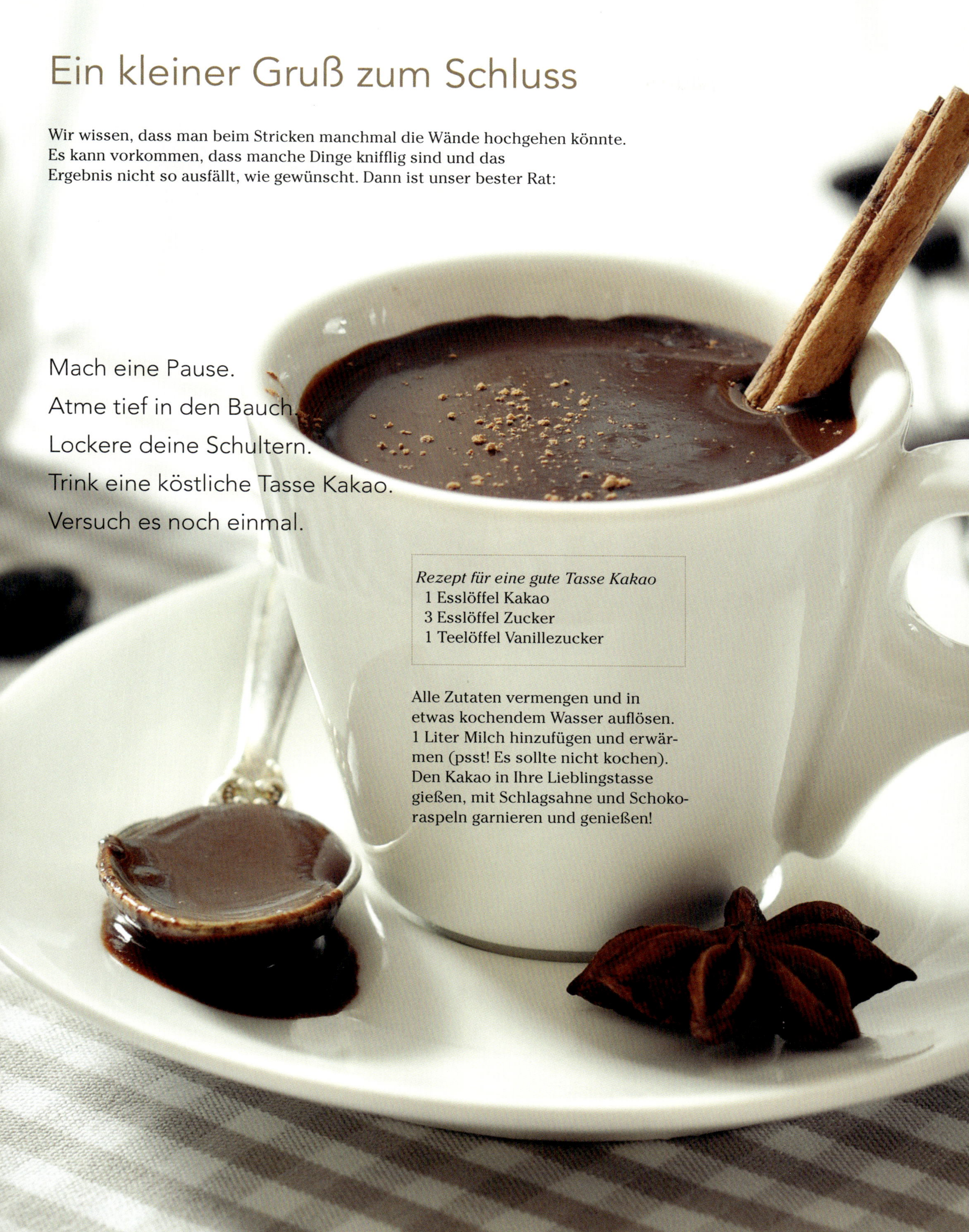

Mach eine Pause.
Atme tief in den Bauch.
Lockere deine Schultern.
Trink eine köstliche Tasse Kakao.
Versuch es noch einmal.

Rezept für eine gute Tasse Kakao
1 Esslöffel Kakao
3 Esslöffel Zucker
1 Teelöffel Vanillezucker

Alle Zutaten vermengen und in etwas kochendem Wasser auflösen. 1 Liter Milch hinzufügen und erwärmen (psst! Es sollte nicht kochen). Den Kakao in Ihre Lieblingstasse gießen, mit Schlagsahne und Schokoraspeln garnieren und genießen!

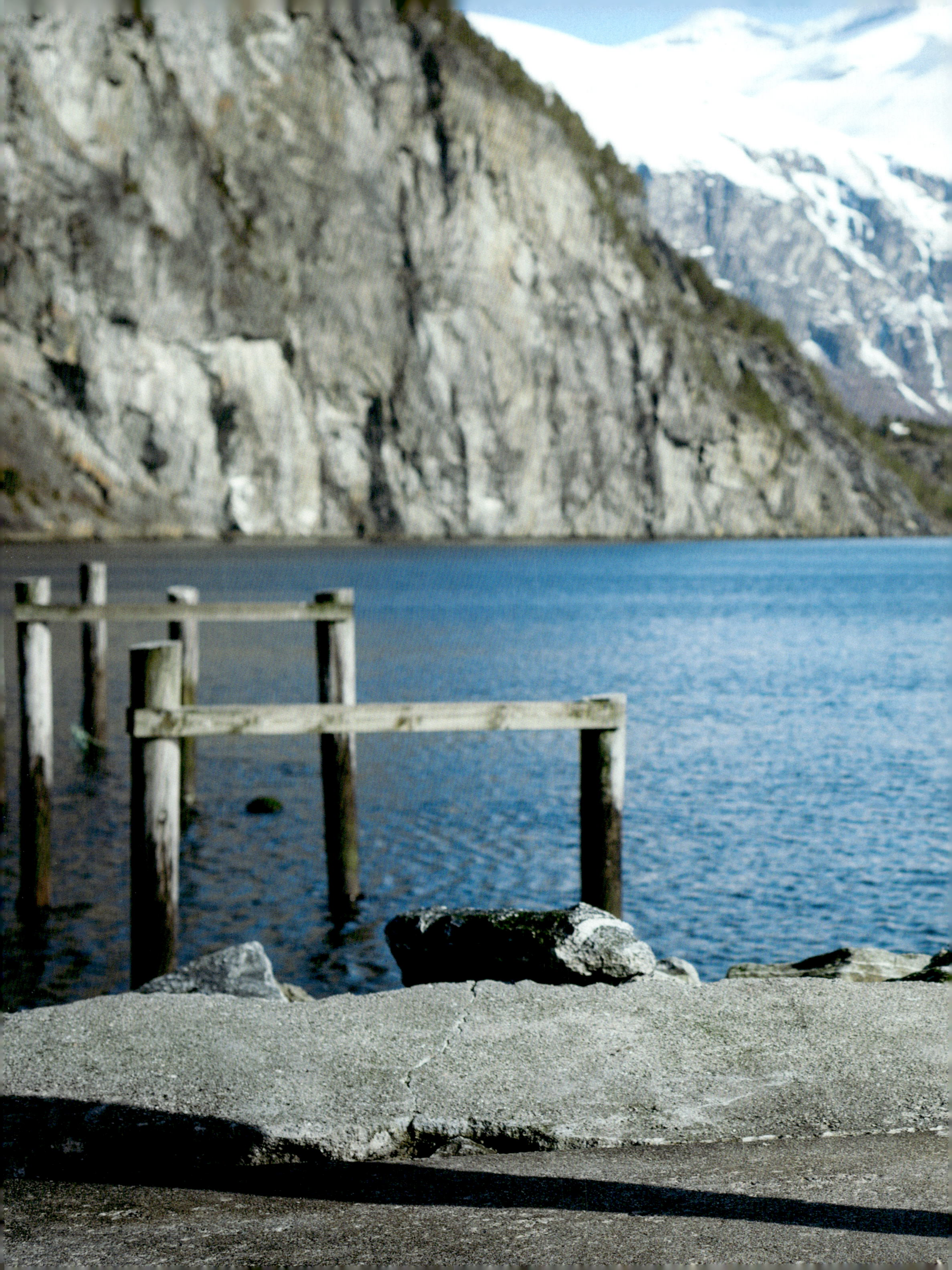